最爱古城镇TOP50

Zuiai Guchengzhen Top50

《旅游圣经》编辑部 著

图书在版编目（CIP）数据

最爱古城镇TOP50 / 《旅游圣经》编辑部著. -- 北京 : 人民交通出版社, 2014.3
ISBN 978-7-114-10966-9

Ⅰ. ①最… Ⅱ. ①旅… Ⅲ. ①乡镇－介绍－中国 Ⅳ. ①K928.5

中国版本图书馆CIP数据核字(2013)第257355号

书　　名：最爱古城镇TOP50
著 作 者：《旅游圣经》编辑部
策划编辑：毛　鹏
责任编辑：毛　鹏　周小彦
出版发行：人民交通出版社
地　　址：（100011）北京市朝阳区安定门外外馆斜街3号
网　　址：http://www.ccpress.com.cn
经销电话：（010）85285988、85285997
总 经 销：人民交通出版社发行部
经　　销：各地新华书店
印　　刷：北京市凯鑫彩色印刷有限公司
开　　本：880×1230 1/32
印　　张：11.875
版　　次：2014年3月 第1版 第1次印刷
书　　号：ISBN 978-7-114-10966-9
定　　价：39.00元
审 图 号：GS（2014）275号
（有印刷、装订质量问题的图书本社负责调换）

本图册中国界线系按中国地图出版社1989年出版的1：400万《中华人民共和国地形图》绘制

前言 PREFACE

这是一个优秀的旅游图书原创团队。《旅游圣经》团队于2005年成立，二十余位作者均为资深背包客，主要成员多为硕士以上学历。从那时起，分批委派作者赴全国各地采线，从草长莺飞的江南到冰天雪地的塞北，从风光旖旎的东部海滨到充满神秘的雪域高原，短短几年间，走过了许许多多的城镇、村庄和山川，完成了全国所有重点旅游地区的采线，近年来又不断丰富和完善。至今已在多家出版社出版三十余本旅游图书，深受广大驴友好评。

这是一套集大成的特色旅游图书。二十余位旅行达人在历经八年时间走遍中国后，为深爱旅游的朋友们奉上了这些凝结了心血的作品。既有关于城市和乡村的《最爱古城镇TOP50》、《最美城市灵魂地TOP50》、《最迷人乡村TOP50》，也有背包客视角的《最神秘探险地TOP50》、《背包客珍藏地TOP50》，还有极具特色的《小清新旅行地TOP50》、《最美隐居地TOP50》、《最震撼摄影地TOP50》。由于各类地方众多，而读者能去的

地方却有限，为此，他们在每类中精心挑选了最好的50个地方。每篇文章不仅文字优美，充满了作者鲜活的私人体验，而且有精心的视角，对每个地方的交通、美食、住宿做出了星级评判，提供了贴心的小攻略。

这是一本荟萃了《旅游圣经》团队心目中最值得推荐的50个古城镇的书。这些古城镇有的是世界文化遗产，有的是国家级历史文化古城或古镇，有的是国家级重点文化保护单位。它们共同的特征是：历史悠久，有着数百年乃至千年的历史；人文荟萃，积淀了地方的文化精华；建筑精美，保留了众多古街巷古民居。如今，它们从时光深处走来，或世界知名，旅游兴盛；或寂寂无闻，任其衰败；或百姓和睦，安居乐业。无论怎样，它们至今仍散发着迷人的芬芳，经久不散。

《旅游圣经》编辑部

目录

CONTENTS

一、云南

二、江南

三、山西

四、陕西

五、四川

六、湖南

七、贵州

八、福建

九、其他

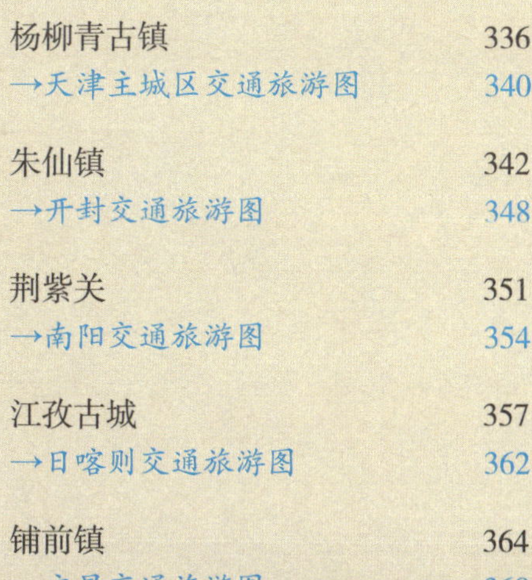

图 例

北京市	首都	已通高速公路
西安市	省级行政中心 外国首都	未通车高速公路
青岛市	地级行政中心 外国主要城市	国家高速网编号（G1 主线、G91 地区环线、GW4 并行线、G1011 联络线）
玉树市	州 盟 地区行政中心	国道及编号（312）
朝阳区	县级行政中心	省道
宝山镇	主要乡镇	县乡道（隧道、桥梁）
大营村	村庄外国、一般城镇	铁路
	河流 湖泊	国界（未定）
738（米）	山峰及高程	省级界（未定）
	港口 机场	特别行政区界
	世界遗产 国家级风景名胜区	地区界 军事分界线
	自然保护区 森林公园	长城
	地质公园 一般景区景点	

建水古城
喜洲镇
丽江古城
和顺古镇

云南
巍山古城
云南驿
沙溪古镇
丙中洛

○ 最爱五花石板路

地理位置：云南省丽江市

推荐理由：都市芸芸众生疲惫心灵的栖息之地。走过纳西人家门前的潺潺清流和依依垂柳，丽江古城的完美和精致让每个初来乍到的旅人脚步为之放慢，心情为之松弛。

特色看点：小桥流水、纳西庭院

丽江古城

推荐指数：▲▲▲▲▲

交通指数：▲▲▲

美食指数：▲▲▲▲

住宿指数：▲▲▲▲▲

解读丽江古城

丽江古城又名大研镇，地处滇、川、藏的交通要塞，自古就是茶马古道上的重镇，被誉为“东方威尼斯”和“高原姑苏”。古城迄今已有八百多年的历史，集中体现了纳西文化的精华，完整地保留了宋、元以来形成的历史风貌，1986年被列为国家历史文化名城，1997年被列入世界文化遗产。她是中国众多的历史文化名城当中惟一没有城墙的古城，据传是按八卦秘图建造，街巷基本是以四方街为中心呈放射状分布。

这么多年了，依然记得那日初见丽江的情形。早春二月，行走在新城通往古城的路上，两旁行道树开着我从没见过的亮黄色花儿，像是枝条顶端萌发的新芽，在蓝色天空的映衬下，显得异常突兀而美丽。走着走着，那个广场和那架水车迎面而来，这座没有城墙的古城就这样突然呈现在我面前。沿着新华街缓缓走入古城深处，街边的各色民居和花花绿绿的店铺吸引了我的眼睛，不急于寻找客栈，就这样一路慢慢溜达进去，终于有揽客的把我截住，正好停留在“达达娃咖啡馆”门前，这个曾经在驴友心中鼎鼎大名的店招。

随便寻个纳西风格的客栈住下，洗去一身风尘，让身心和这个纯净的地方变得一样清爽。古城内的客栈多如过江之鲫，大都各具特色，环境优美，通常是典型的三房一照壁，庭院内小桥流水，清新典雅。纳西人爱花，小院中四季充满花香，兰花、茶花、杜鹃、三角梅竞相争奇斗艳。

我爱丽江的古街。以四方街为中心，据说八卦秘图造就了这些呈放射状分布的大小街巷。在古城中漫无目的地闲逛，不用担心迷路，甚至也不需地图，“顺流出城、逆流回城”，无处不在的水流自然会带你回家。或许偶然走入纳西寻常百姓家，拉拉家常，聊聊闲话，也是一种难得的体验。极爱木府门前风景，二月暖阳，门前大柳树已发新芽，那柔软的嫩绿看的人心里软绵绵、暖洋洋。午后阳光把柳枝染成金黄，旁边的咖啡屋和潺潺溪流构成了一幅绝美的图画。多年过去，古城的这幅画面依然深留在我的心里。

我爱丽江的古桥。清晨七点，大石桥旁已然迎来数位勤奋的摄影爱好者，大石桥成为丽江的标志性景点不无道理——小巷迂回，水流宛转，石桥古意盎

○ 出售河灯的纳西族小姑娘

○ 小雨中的丽江平添暧昧的氛围

然，前方茶铺又充满生活气息，难怪成为游人镜头中的最爱。我静静坐在桥边，心里充满了对此情此景的爱恋，满街红灯笼本来显得俗气，在这清冷的早晨，竟也为此情此景增添了一份亮丽色彩。除了大石桥，古城还有300多架各色桥梁，几乎每座都有自己的独特掌故。在古城晃悠累了，坐在桥头歇息片刻，听清澈的流水从桥下叮咚而过，心里非常宁静。

夜幕降临，大石桥边的酒吧一条街变得热闹起来。丽江的酒吧和古城一样充满了韵味，酒吧大多由古宅改建而成，烛光摇曳，人影晃动，古典雅致和现代时尚在这里结合成一种奇怪而独特的风尚。酒吧门口一群青年男女亮开嗓门放声歌唱，那边厢的纳西小妹也毫不示弱，唱起自己的山歌，一时间歌声嘹亮，你来我往，引来无数人群围观和喝彩。这样热闹的夜啊，不知为何却突然感觉落寞——其实我多么快乐，只是偶尔忍不住有点小小忧伤。

晨曦微露，踏上雅致斑驳的五花石板路，街灯还没有完全熄灭，把石板映照出荧荧亮光。偶尔看见有人从街上走过，不知早起还是晚归。天空呈现深邃的黑蓝，一夜狂欢过去的街头显得那么萧索。白天的古城人头攒动，热闹异常；而在清晨或深夜，石板路上回荡自己踢踏的脚步声，古城展现出它静谧和悠远的一面。

黑龙潭

这样一个小小的丽江古城，却是都市芸芸众生疲惫心灵的栖息之地。走过纳西人家门前的潺潺清流和依依垂柳，丽江古城的完美和精致让每个初来乍到的旅人脚步为之放慢，心情为之松弛。坐在鲜花环绕的庭院，温柔的狗狗在身旁摇着尾巴，懒懒地让午后暖阳渗透身体的每一寸肌肤。远离烦躁，逃脱困扰，这样的日子恰似神仙。

小贴士/TIPS

交通：丽江有通达昆明、北京、上海、广州、深圳等国内众多城市的航线。也可以先乘火车到达云南的大理或四川的攀枝花，然后改乘汽车前往丽江。

门票：无

作者手记：

1. 如果黄金周期间或暑期前往丽江，一定要提前预定住宿。大假期间的丽江人潮汹涌，吃住价格也随之上涨。
2. 从四方街到大石桥一带分布着众多的饭馆、小吃店和酒吧、咖啡屋等。新华街是酒吧一条街，也能找到不少可口的美食。不过，从性价比角度考虑，建议还是去新城吃饭。

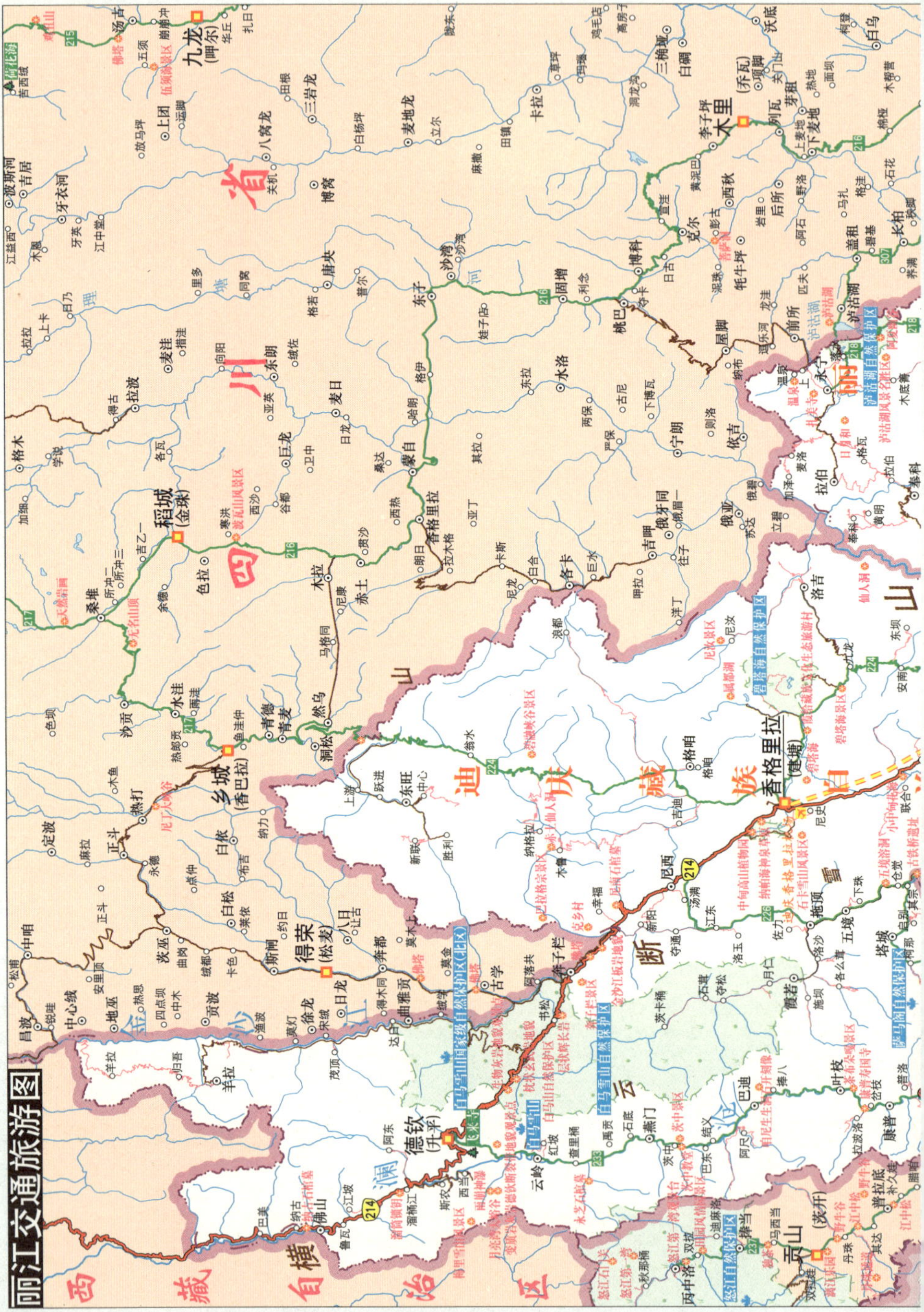

丽江交通旅游图

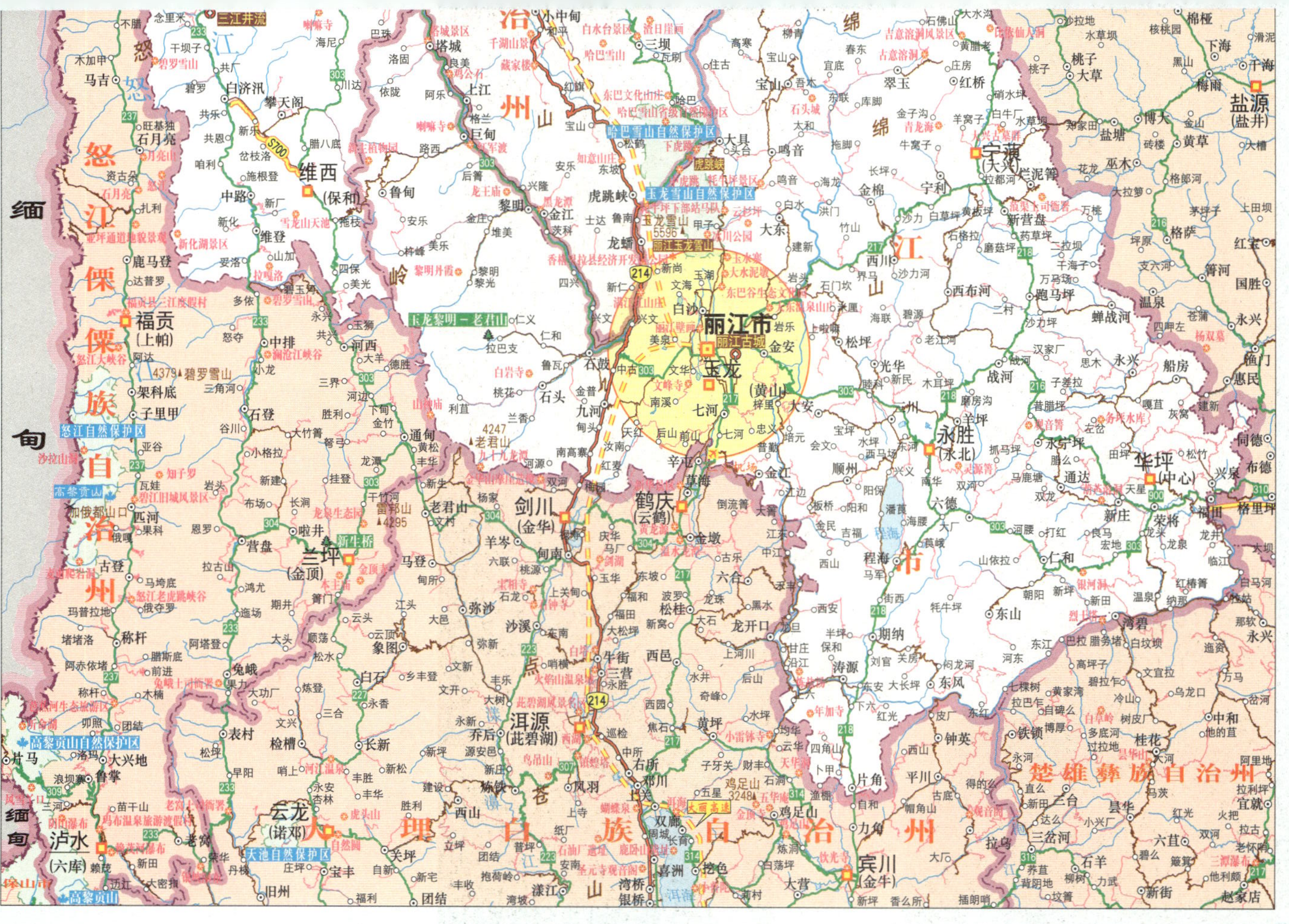
丽江市
丽江古城
玉龙
永胜(永北)
华坪(中心)
宁蒗(大兴)
鹤庆(云鹤)
剑川(金华)
兰坪(金顶)
维西(保和)
福贡(上帕)
泸水(六库)
云龙(诺邓)
洱源(茈碧湖)
宾川(金牛)
盐源(盐井)
楚雄彝族自治州
玉龙雪山自然保护区
哈巴雪山自然保护区
怒江自然保护区
高黎贡山自然保护区
缅
甸

○ 朱家花园每天上演开门仪式

地理位置： 云南省红河哈尼族自治州建水县

推荐理由： 建水有着1200多年的历史，青砖墨瓦书写着曾经的辉煌和璀璨。比起很多太有名的古城，它有着难得的安静和悠闲。

特色看点： 古色古香的城楼、独特的民居、散布小巷里的古井、有名的朱家花园和张家花园、全国第二的文庙。

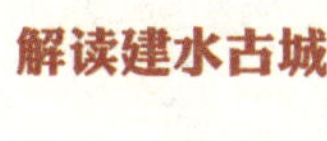

解读建水古城

建水城最早为南诏时修筑的土城，明朝时扩建为砖城。这里在元代就始建庙学，清代先后建立了四个书院，当时在云南科举考试中榜者中，临安府（明清时建水叫临安）就占了半数左右，堪称云南之冠，故建水被誉为“文献名邦”、“滇南邹鲁”。1994年被列为中国历史文化名城。古城中至今保存有五十多座古建筑，可谓“古建筑博物馆”和“民居博物馆”。建水文庙知名度在全国名列前茅，仅次于山东曲阜孔庙。

建水古城

推荐指数：▲▲▲▲

交通指数：▲▲▲

美食指数：▲▲▲▲

住宿指数：▲▲▲

建水是一个有故事的悠闲小城。

上午十点，穿过小巷，到达古城深处的朱家花园，就会看到门口正上演一场动人的歌舞剧。我们都假装回到久远的古时，长衫长裙陪某公子去最大户的朱家。号称“滇南大观园”的朱家花园果真是大户人家，里面的雍容华贵自不必说了，最普通不过的开门迎客也要有隆重的一番礼节。某公子带领的高跷队清一色是漂亮美眉，一边踩着高跷一边舞着扇子。大红的扇子上下左右飞舞，很有种流光溢彩的感觉。接到通报的朱公子乐呵呵出门，主客二人不免互相拱手作揖，一番礼数和寒暄。紧跟高跷队后面的是舞龙队，还是清一色美眉。腾云驾雾的长龙穿梭了几个来回，大帮的小伙子在姑娘们的扇子阵里要送上鱼啊、藕啊等时令作物，而某公子更是恭敬呈上巨匾一幅，朱家公子喜形于色端详一下，然后与某公子谈笑风生，携手踱步迈入大门。

当然，这一幕，到了如今已是招揽游客的一个保留节目。可是，遥想当年，建水这个古色古香的小城，曾经就是这样隆重地过着日常的居家生活。那些有韵味的点点滴滴，穿过岁月渗入这块古老的土地。所以，当我们今天行走在上面，忽然会感觉呼吸到口中的空气，都带有一种蕴含了历史的厚重的浓香。

说起来，建水古城真的很久远了。最早它是南诏时修建的土城，改朝换代到现在，已经有1200多年。在这漫长的岁月长河里，它曾经是滇南耀眼的一块宝地。它有着很多美誉："文献名邦"、"滇南邹鲁"。

跟很多古城一样，建水有城楼。建水的标志性建筑就是朝阳楼。很多有历史的地方都有朝阳楼，可建水的朝阳楼与众不同。从远处乍一看到，人们都会产生一种错觉，这不就是天安门吗？只是好像没天安门那么大。没错，朝阳楼和天安门就是一模一样的形状。然而，朝阳楼建在前，天安门却整整晚了28年。已经过去六百多年，期间还历经多次的灾难与战乱，到如今朝阳楼还依然巍峨屹立，雄姿不减。为此，建水人着实骄傲，他们并不介意朝阳楼被冠以"小天安门"的称谓，他们宽容而自豪地把这当作一个笑谈。

其实，更让建水得意的是另一个古迹——文庙。建水文庙知名度在全国也是名列前茅的，仅仅次于山东曲阜孔庙。但如果只停留在这表面形式上未免过于浅薄。建水文庙的背后，藏着一代又一代建水人的辉煌灿烂。建水还有一个美称叫“临半榜”，这来源于明清时候。当时建水叫临安，学风兴盛，文名鹊起。开科取士的时候，云南一榜的举人中，常常临安学士就占了半榜之多。夏天的时候，站在文庙的正门，看着一大池碧绿的荷叶，想像孔子门下的学生，就着松竹就着映日荷花，读书写字，那真是一派生机勃勃。

○ 文庙

○ 古韵的味道渗透在随处可见的风景里

让人欢喜的是，建水人并没有历史文化名城的傲慢和自以为是。小城中，反而是难得的闲情逸致。路上，少见步履匆匆者。某座雕梁画栋的院门前，也许坐着一两个蓝衫的小足老太太在晒太阳，偶尔与你对视，目光清澈，笑容纯净。

沿着古城慢慢行走，路两边绿树成荫。那些高大的树木冷不丁就在半空中开出一片红花。小店里的老板说话轻言慢语，购物或者问路必定都好生招待。古城里的游客并不太多。有的时候，静悄悄地行走，没有目的地，东摇西晃，本身就是一种享受。

七拐八拐的，也许就看见古城里很著名的古井。建水是一个井城。两眼井、三眼井、四眼井，有着最古旧的颜色。青石已经磨得溜溜滑，一道一道打水时绳索留下的深痕。如果真要探访古城的历史，也许问青色古井最真切了。那些如花的面庞怎样一天天老去，镜子般的井水记载着；那些年轻的样子怎样一月月沧桑，斑驳的青石记载着；那些古老的日子怎样一年年转换，古老的石井记载着……

最幽静的是晚上。人们喝茶，或者吃烧烤，还有灯红酒绿，却仍旧掩不住小城里的安静气质。霓虹灯很少，路灯昏黄，夜色阑珊。这个时候，靠着老旧的城墙，静听夜的声音，会忍不住遐想，每块古老的砖下面，是不是都藏着一个古老的故事。

然后，不知从哪一秒开始，夜就来了。

不知从哪一秒开始，早晨又来了。朝阳楼上，长须白头的老人摆开棋盘，好像武林高手在谈笑间对阵。穿红衣的老太占了一隅，跳起烟盒舞，“嗒嗒”的弹指声抑扬顿挫。还有年轻的父母闲聊着看孩童嬉戏。而我们这些过客，就站在城楼上，享受眼前的蓝天白云、青砖墨瓦和岁月的穿梭。

小贴士/TIPS

交通：昆明有直达车可至。

门票：建水古城不收门票，文庙门票60元，朱家花园50元，朝阳楼5元，指林寺20元。

作者手记：

1．建水古城的魅力走马观花是领略不够的，最好能有一段时间住下来细细品位。

2．建水的人说话声非常柔软，尤其建水女子，让人忍不住也自觉降低音贝。大概这也是建水幽静的一个原因吧。

3．这里的烧烤很好吃，尤其是烤豆腐，一定要尝一尝。

4．如果钱不是问题，那可以去朱家花园住宿。现在二进院的四个院落中增辟了“梅馆”、“兰庭”、“竹园”、“菊苑”共28间客房，供游人体验清代起居生活方式。

5．建水老花灯已经有几百年历史，早晚都有人表演，一杯茶一盘瓜子就能舒舒服服享受地方文化艺术的熏陶。

昆明市
玉溪市
弥勒市
开远市
泸西
石林
宜良
澄江
华宁
江川
峨山
通海
建水
石屏
安宁市
晋宁
呈贡区
易门
禄丰
新平
元江
师宗

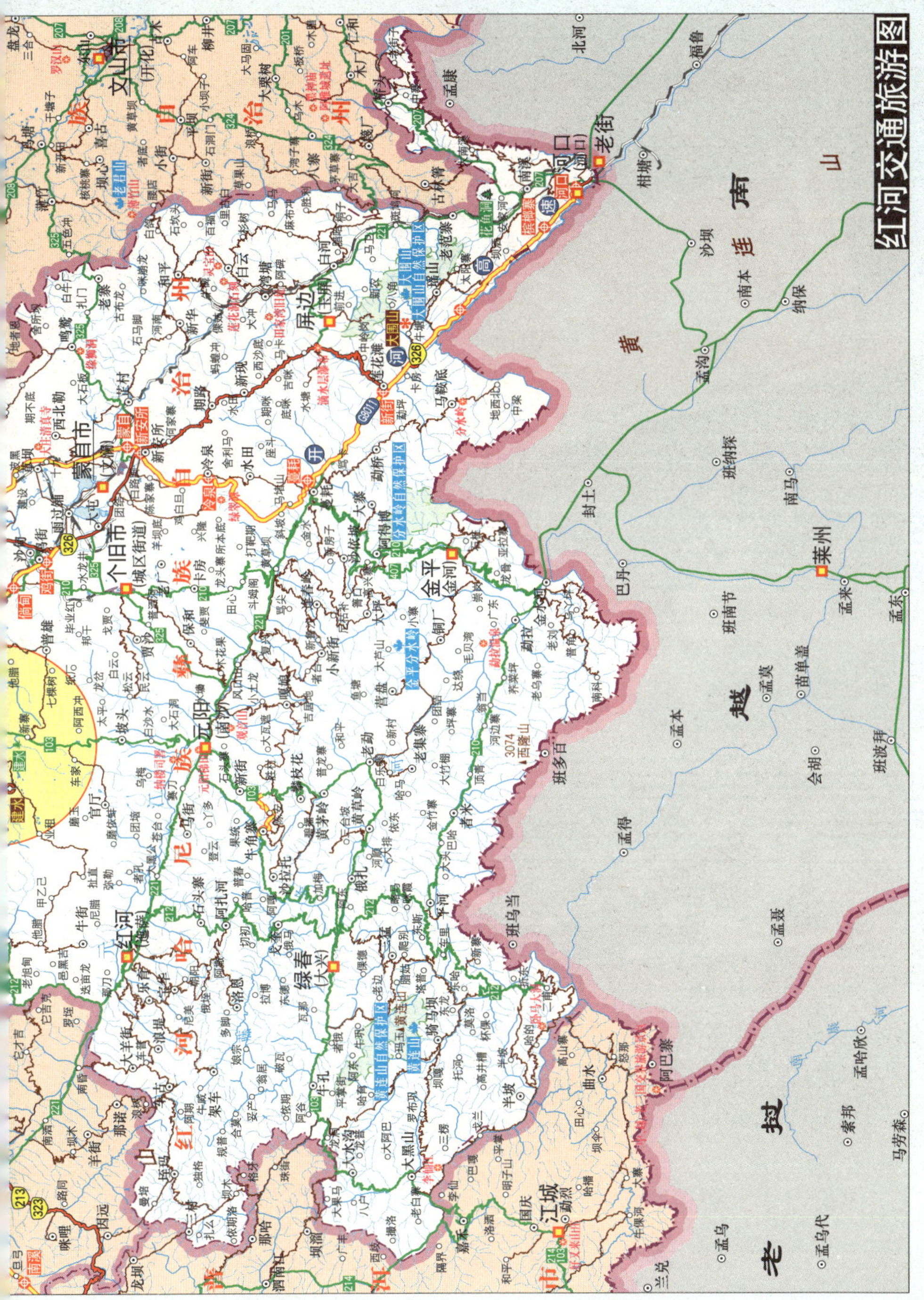
红河交通旅游图
个旧市
蒙自市
文山市
屏边
河口
老街
金平
元阳
绿春
红河
江城
莱州
越
南
老
挝

梅花和匾额都体现了和顺人的精神追求

和顺古镇

解读和顺

和顺古镇有六百多年的历史，曾被评为中国十大魅力名镇之首。民国代总理李根源称和顺为“绝胜小苏杭”。这里的传统民居多达1000多座，其中清代民居有100多幢，被誉为中国古代建筑的活化石。在这里既可领略到徽派建筑的神韵，也可以寻觅到西方建筑的元素。和顺图书馆为中国最大的乡村图书馆，前身是清末同盟会员寸馥清组织的“咸新社”和1924年成立的“阅书报社”。

地理位置：云南省腾冲市

推荐理由：一个文化底蕴深厚的西南古镇，一段惊天地泣鬼神的远征军历史。很多古宅都可以让你住进去，让你有一种穿越时空的真实感。

特色看点：古宅民居、和顺图书馆、滇缅抗战博物馆、荷花、白鹭

推荐指数：▲▲▲▲▲

交通指数：▲▲▲

美食指数：▲▲▲

住宿指数：▲▲▲▲

从梁城的土司衙门出来，直接就上了往腾冲方向的班车，前路于我依旧如此未知。公路两边大片碧绿的稻田边不时看到三两间青砖碧瓦的民居，甚是养眼。

从时间上算，就快到腾冲了，车子顺着山势绕了一个大弯，天呐，眼前骤然出现聚精致细腻和恢弘大气于一身的田园美景，是王母娘娘的后花园么？

正是荷花盛开的时候，只见大片大片的荷塘里，那粉嫩花蕾，那绽放的花朵肩并肩、手拉手，挤挤挨挨地在风中轻舞。天地间的精灵——白鹭，或在花

间田边专注捕食，或在绿色的稻田上翩翩起飞。就在这极具诱惑的前景铺垫里放眼仙境的中心，如海市蜃楼般出现古代的一个镇子，亭台楼阁、青砖碧瓦依山而建，从山脚错落有致地集结到山腰，古朴典雅又不失辉煌大气。心里灵光一闪，这必定是传说中的和顺古镇了！

人在旅途，路边经常会出现计划外的美景，然而因美色而情不自禁提前下车的地方却少之又少。和顺，我梦中的江南水乡，我带着沉重的背囊奔你而来，全然没有料到，你用一幅绝妙的水墨淡彩国画给我眼前一亮的惊喜。

一条弯弯的小河从镇前绕过，“河”顺着小镇一路流淌，和顺因而得名。村前，两个高大的青灰色牌坊后是进村的必经大路——石拱桥。走上双虹桥，只见那歪歪斜斜的老柳树倚在河边，三五只鸭子自在地在河面上游荡，孩童在一旁嬉戏。顺着用火山石铺就的石板路慢慢悠悠来到三合河边，来到湿地周

叮铃铃……骑车少年恰如其分地宣示着和顺的活力

○ 夕阳下的一袋烟升华了神仙般的悠闲生活

围。广阔的荷塘依旧，浓郁的花香依旧，荷花依旧在不计成本地肆意烂漫。

往西，魁星楼下，捷报桥边，是一条古老的千年马帮路。从青石板上那被磨得铮亮的凹凸里，我读懂了艰辛。是的，和顺，从古到今，当家的男儿都有着外出闯天下的习俗。据说，当年只有衣锦还乡、光宗耀祖的村人，才可以堂堂正正地从牌坊后的石拱桥上走过，而那些落魄的，只好在夜里从后山偷偷翻入家门。还好，今天我来，可以悠然地走过双虹桥。迎面而来的，是全国乡级最大的图书馆——和顺图书馆。坐在村中早起的看报老人的旁边，顺便一览这些日子奔波于旅途而无暇顾及的天下事。而后，来到楼上，看一看这个初成于1928年的图书馆里那为数众多的藏书。

走进在二战时作为国军指挥部的滇缅抗战博物馆那道院门，赫然看见一辆在滇缅抗战一线史迪威将军驰骋战场最爱开的那种敞篷野战车。此时后山有雾慢慢地压下来，好像要把我带到硝烟弥漫的战场……小日本的飞机炮弹刚把史迪威公路炸开一个大口，烟尘还没散尽，援华机工已经赶到抢修；从前线抬下来的国军伤兵队伍等不及通路，从乱石间小心翼翼地经过；松山之巅，正发起收复失地的最后进攻，子高地上两个最强劲的暗堡，已被挖至暗堡下安装的炸药夷为两个大坑，战士们冲上过战壕、掩体、弹坑，与日本鬼子零距离的接触中抱着、咬着、撕扯着……终于取得了松山战役的全面胜利，清理战场的时候，人们在松山坡上看到了五十多对紧紧纠缠在一起血肉模糊、残缺不全的敌我肉搏尸体，想分都分不开……从博物馆的山河破碎，走到悲壮远征板块，再到沦陷岁月、日军暴行，我的双眼已经噙满泪水。一口气参观完飞虎雄鹰、剑扫风烟、日月重光，终于长长地出了一口气，那份惨烈与悲壮依旧萦绕在四周。滇缅抗战，是中国自鸦片战争以来第一次把外国入侵者赶出国门的历史。滇缅抗战，也是一场不能、也不该忘却的历史。

在和顺的巷道间行走，会有一种柔柔的力量在吸引着你沿着石板路一直走下去，古道深深深几许？无从计量，只知道，走进建于明朝、还曾是远征军一九八师师部驻地的必美大院，青砖碧瓦下，那雕花的窗棂虽然有些陈旧，那细致描绘的花鸟鱼虫虽然有些脱色，但是给你的感觉却是鲜活的，散发着生命的灵气。穿过那种满茶花和兰花的小院落，宅院的世袭主人——一对和蔼可亲的老夫妻慈祥把你领入干净的小厢房，很低廉的房价，却可以睡在古色古香的雕花大床上做着明朝的那些梦。在小巷里，这样不期而至的古宅旅馆比比皆是，司马第民居、贤美和等等，就算你不住下，走进去了，主人依旧会很热情带你参观，还把你送到门口，叮嘱一番，一如对一个要独自出门的孩子。对了，在这里，就是一种家的感觉。

再回首，正是夕阳西下时，成千上万的白鹭，已然归家。环顾了四周这如梦似幻的美景，那后山的林海上有密密麻麻的白点，些许白点忽然起落时，我幡然醒悟，那星星点点停泊着的，正是许许多多的白鹭呀！白鹭对生存的环境的选择是相当挑剔的，它们选择了这里，已无须多说什么。

○ 洗衣亭

清末腾冲一代名医黄绮襄曾这样赞咏和顺：

远山经雨翠重重，叠水声喧万树风。
路转双桥通胜地，村环一水似长虹。
短堤杨柳含烟绿，隔岸荷花映日红。
行过坡坨回首望，人家尽在画图中。

小贴士/TIPS

交通：从腾冲打出租车10元可达，也可在腾冲百货大楼前坐小巴前往。
门票：无

作者手记：

1. 和顺的美，是随时随地点点滴滴敲打着你的心坎、让你砰然心动的那一种。
2. 夏天来和顺，最好先从田野里走近她，身边会有荷花白鹭陪你一路走过。

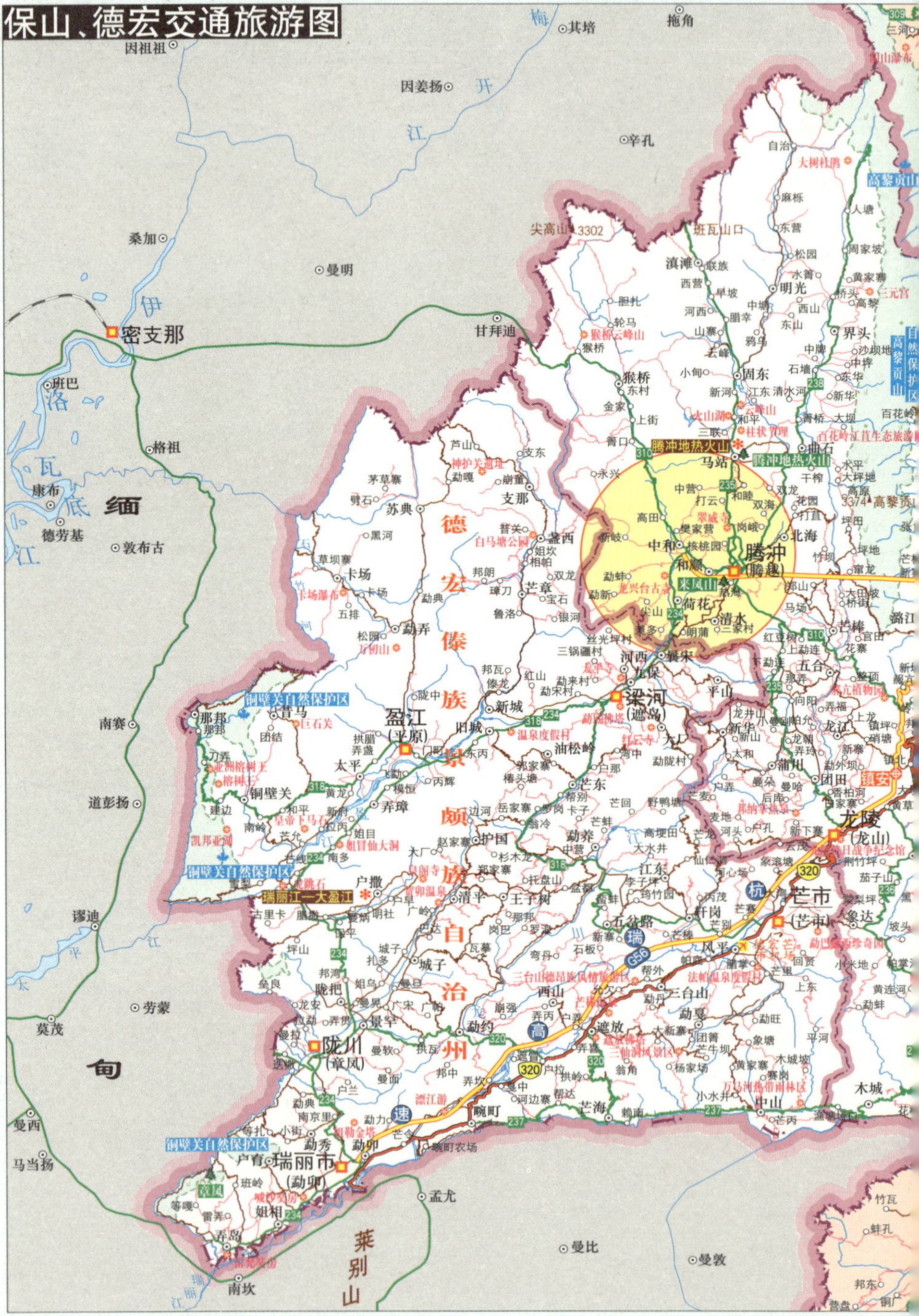

保山、德宏交通旅游图

缅甸
德宏傣族景颇族自治州
密支那
甘拜迪
腾冲（腾越）
梁河（遮岛）
盈江（平原）
陇川（章凤）
瑞丽市（勐卯）
芒市（芒市）
龙陵（龙山）
腾冲地热火山
瑞丽江—大盈江
铜壁关自然保护区
高黎贡山
伊洛瓦底江
莱别山
因祖祖
其培
拖角
因姜扬
辛孔
桑加
曼明
班巴
格祖
康布
德劳基
敦布古
南赛
道彭扬
谬迪
劳蒙
莫茂
曼西
马当扬
孟尤
曼比
曼敦
南坎
尖高山 3302
班瓦山口
滇滩
明光
界头
猴桥
固东
马站
曲石
中和
荷花
清水
芒棒
五合
蒲川
团田
镇安
象达
三台山
遮放
芒海
畹町
姐相
弄岛
户撒
清平
王子树
勐约
景罕
护国
勐养
芒东
油松岭
新城
旧城
支那
苏典
卡场
勐弄
太平
铜壁关
那邦
昔马
芒章
盏西
轩岗
江东
风平
新华
龙江

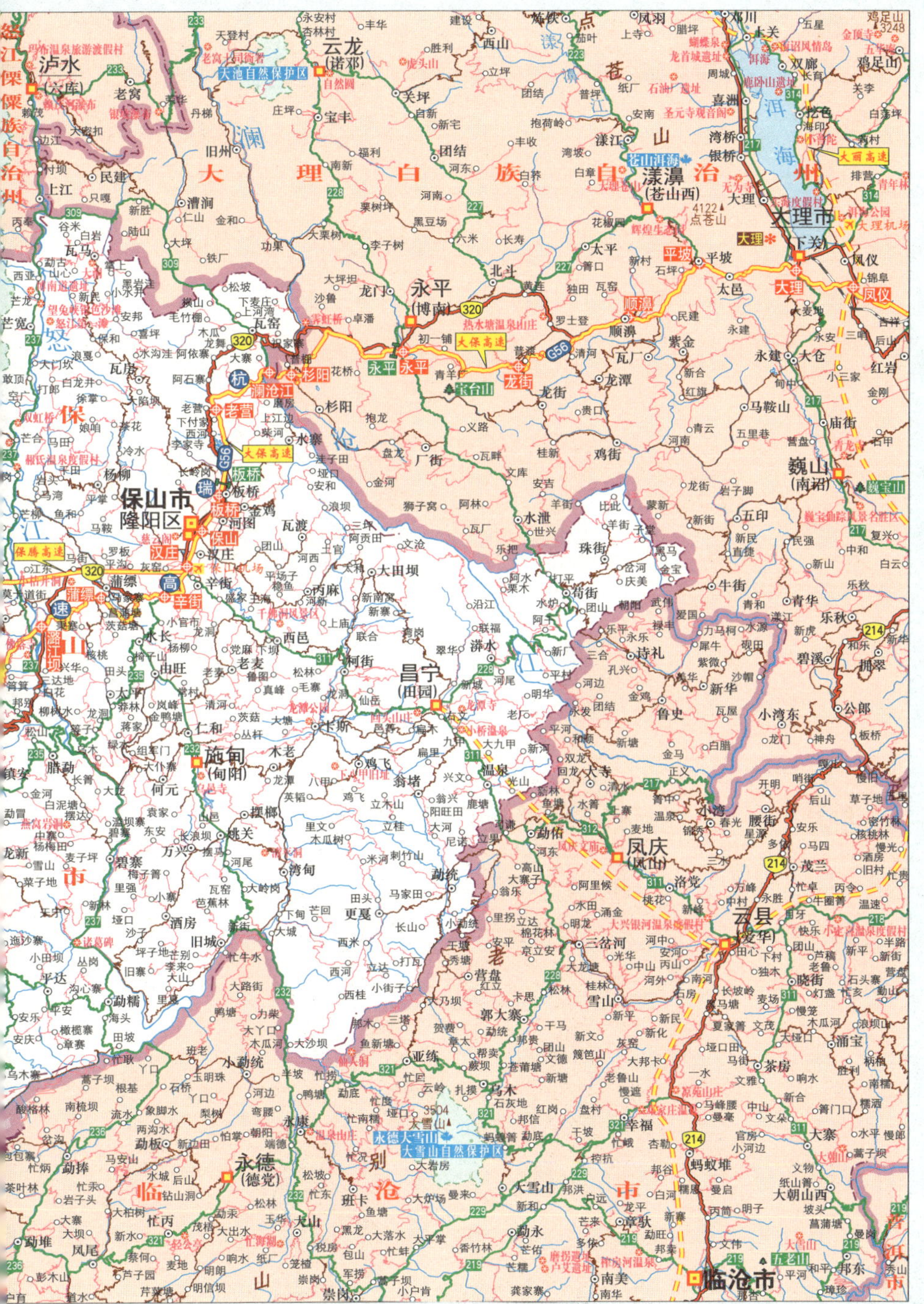
泸水
(六库)
怒江傈僳族自治州
云龙
(诺邓)
大池自然保护区
大理白族自治州
永平
(博南)
漾濞
(苍山西)
苍山洱海
大理市
(下关)
洱海
点苍山
大理
凤仪
平坡
巍山
(南诏)
巍宝山
大保高速
大丽高速
保腾高速
保山市
隆阳区
保山机场
澜沧江
杉阳
水寨
瓦渡
昌宁
(田园)
施甸
(甸阳)
湾甸
凤庆
(凤山)
云县
(爱华)
永德
(德党)
永德大雪山
大雪山自然保护区
临沧市
临沧
蒲缥
潞江坝
龙陵
漾江
顺濞
永建
南涧
公郎
茂兰
勐佑
三岔河
雪山
大寨
漫湾
小湾
蚂蚁堆
五老山
G56
320
214

喜洲民居的门楼

喜洲镇

喜洲是大理文化的发祥地之一，也是电影《五朵金花》的故乡。古镇共有明、清、民国以及当代各个时期各具特色的上百处白族民居建筑。喜洲的白族民居建筑群以“三坊一照壁”、“四合五天井”封闭式庭院为典型格局，不仅以古朴典雅、大方实用而著称于世，其精湛的雕刻工艺也独树一帜，尤以木雕和石雕最为有名。2001年被公布为国家级重点文物保护单位。

地理位置： 云南省大理白族自治州大理市北部

推荐理由： 进到镇里，仿佛是到了英国的剑桥。街旁到处流着活水，一出门便可洗菜洗衣，而污浊立刻随流而逝。有像王宫似地深宅大院，都是雕梁画栋，有许多祠堂，也都金碧辉煌。

特色看点： 大大小小的白族世居庭院，每一处都是沉甸甸的史诗。

推荐指数： ▲▲▲

交通指数：▲▲▲

美食指数：▲▲▲

住宿指数：▲▲

喜洲。单是这样的名字就已经叫人心生欢喜，还未去到，就仿佛已看见那一派天真纯良的生活场景。

老舍曾在《滇行短记》里这样描述它：

“喜洲镇却是个奇迹，我想不起在国内什么偏僻的地方，见过这么体面的市镇，进到镇里，仿佛是到了英国的剑桥。街旁到处流着活水，一出门便可洗菜洗衣，而污浊立刻随流而逝。有像王宫似地深宅大院，都是雕梁画栋，有许

○ 门楼装饰

多祠堂，也都金碧辉煌。不到一里，便是洱海，不到五六里，便是高山。山水之间有这样一个市镇，真是世外桃源啊！”

从大丽路上拐进喜洲牌坊，一路往南，背后苍山，眼前平畴，远处洱海，一枝三角梅斜斜地伸出青瓦白墙，错落东西的白色房子，飞檐斗拱，曲线丰富，屋檐上丛生着枯黄的草，古老的黑瓦，仿佛一段久远而沉默的日子，安静且诗意，就像老舍先生说的，“她静静地，在这条游人如织的路上，做一个安静的小镇，等待她的知音。”

喜洲的房子，照例是白族特有的三坊一照壁，四合五天井。后来读张锡禄的白族文化专著，才知道，原来白族民居照壁上的书写，通常都隐含着姓氏，比如杨姓宅子照壁的外墙上一般书“清白传家”——剥去杨树的树皮，露出的是白色的树心，“清白传家”四个字，即表明姓氏，也表白清高。赵姓一般题书“琴鹤家风”，只因赵姓先人赵抃当年进士及第，赴四川做官时，全部行囊只一张古琴，一只白鹤，高雅不俗，质洁如水。

喜洲最好的房子，都是上世纪初，以严子珍、严宝成父子为代表的“喜洲商帮”所遗留，严、董、杨、尹四大家族和“八中家”、“十二小家”商海沉浮的传奇故事，还有这大大小小的世家庭院，每一处都是沉甸甸的史诗。

严家大院，是严子珍于1919年建成的宅邸，在喜洲四方街的南面，如今已经被辟成旅游景点，因为翻修过，颜色未免过于新鲜，有些唐突。但庭院当年的规模和气势还在，一进四院，走马转角楼连接起南北两座“四合五天井”和一座“三坊一照壁”，楼上回廊，楼下天井，粉白短灰墙，水墨青山水，最绝色的当然是飞檐高挑的宅门，半是气派，半是清雅。严家大院占地2500多平方米，据说有110多个房间，那该是怎样的一幅大户人家的生活画面呀，遇合之人，离散之事，至今仿佛仍在深深庭院里走走停停。当时，严子珍已将“永昌祥”的生意做到了欧洲，走马转角楼的环廊上就绘有两幅西洋风情画，1938年，严子珍又在最后一进院子的南面建起一栋洋楼，丹漆门窗，白色大理石围栏，绿色瓷砖，小巧的木楼梯，据说当时所用的材料包括水泥都是从国外进口。

严子珍的一生，若拍成电视剧，剧情延宕曲折，绝对荡气回肠——自幼丧父，随母改嫁，备受歧视，少年坎坷，挣扎复挣扎，十两银子创业，终成一代巨商大贾，喜洲人后来尊称其为严三老爷。“严式成功”，足以让每一个草根奋斗者在压抑之中找到极度励志。但据说，后来严子珍发达，一位乡间的酸秀才将他的经历写成一本书，名叫《随娘子的故事》，严家知道后，勃然大怒，找到出版商，出巨资将版权全部买断，然后将书稿付之一炬。

天井里传来五朵金花的欢声笑语

○ 喜洲白族民居的照壁

在严家大院仔细阅读了严子珍生平，印象最深的，还是他与喜州商帮“达则兼济乡亲”的精神——他们共同出资在喜洲镇开设义米仓，长年赈济缺粮人家；兴办淑川两级女子小学校，兴办私立五台中学，让喜洲所有的孩子都有书可读；接纳为躲避战乱而南迁的华中大学长达八年之久，徐悲鸿大师就在当时的喜州大慈寺里，为华中大学的学生们上课。可以说，整个喜洲从街道，到图书馆、警察局、宗祠，都离不开喜洲商帮的捐助，到上世纪40年代末，喜洲及附近40%的村庄都用上了电灯，这在当时落后的云南滇西北极为罕见，更是一个商帮回馈社会的实例。

也正是因了这样的善举，四大家族之一的董澄农，缘结一代名家徐悲鸿，并于1942年获悲鸿先生赠《奔马》图。曾经挂在董家大院的这匹马，在2007年的一次国内拍卖中，以165万的价格拍出。

董澄农作为喜州商帮后起之秀，累积的财富甚至超过了他的远房表哥严子珍，在喜洲，董家大院是最大的一所民居大院，占地超过10000平方米，建筑面积约4000平方米，同样由一组白族六合同春院落和一幢西式洋楼组成，其中那幢法式别墅洋房，因抗战时期著名抗日将领宋希濂和一些高级将领居住过而称为“将军楼”。可惜的是，董家大院已经被改建成五星级酒店“董苑迎宾馆”，门禁森严，若非投宿，无从入内参观，只能从门前一瞥其花木葳蕤、修竹绕篱。

相比之下，喜洲著名的杨家大院，其主人杨品相就没有那么声名显赫，反倒是现在的租客——美国人林登和他的华裔妻子珍妮，因为在杨家大院里开办“喜林苑”客栈而越来越受人关注。这家旅馆甚至被一些媒体冠以“乡村中国的最优雅住所”。

杨家大院差不多在整个喜洲镇子的最北端，周围全是农田，春季种豆，夏天种稻，鼻边总是洋溢着难以形容的香气。这幢院子年代并不久远，建于1947年，6年后即被没收充公，先后做过仓库、大杂院。2004年，当林登和珍妮相中它的时候，二进院已经近乎坍塌，前院倒还好，开了一个幼儿园。经过与当地政府长达两年漫长而曲折的谈判，2006年，他们终于取得了杨家大院的长期租赁权，之后，又经过近100名工人9个月的工作，最后，杨家大院脱胎换骨变成了“喜林苑”。

杨家大院的修葺完工之后，当地政府评价这事“墙内开花墙外香”，美国人林登则兴奋地说完成了他的梦中花园。但我想说的是，配着黄色围墙，欧式石拱门楼，新赞赞的院落，“喜林苑”应该已经与“杨家大院”无关了吧。喜林苑是不允许随意进入参观的，——话又说回来，即使允许进入，又有多少富有年代感的东西值得一看？

如此想着，便兜兜转转到了大界巷里的赵家院，这是一幢将近200年历史的老房子，建于1839年，主人是清朝嘉庆年间进士赵廷俊，一进四院，谐的是“进士”之音，轴线前四坊倒座穿堂大开正门，南北两厢回廊曲折婉转，青石墙基，墙上美妙的丹青手书，山水纵横，家训诚恳。院子里花红柳绿，花香阵阵，每进院落的一角，都有一口井，或方或圆，井口用青石板砌起，上面青苔泛绿，井沿上也磨出一条条绳子的痕迹。

赵家院里住了十多户白族人家，并不是大富人家的后代，而是土改时分到田地房产的本镇村民。家门都不上锁，虽时不时有游客闯入，但居民们仍是安之若素，照常煮饭洗衣，种花养草，闲时安坐院中晒太阳，扯闲篇。若不请自入，他们也并不恼怒，只友好地微笑着，见来人友善，还会好茶好吃的款待，——如此随意好看，才是我想像中真正的喜洲。

小贴士/TIPS

交通：从大理下关开往双廊、江尾、蝴蝶泉的班车很多，任何一部都会经过喜洲。强烈推荐从大理古城骑自行车去喜洲，沿途皆是白族村庄，风景怡人。

门票：严家大院、宝成府门票分别为50元，进镇子不设门票。

美食：喜洲四方街上小吃很多，最著名的就是喜洲破酥粑粑。四方街旁边的金花饭店和四方街饭店是两家有些年头的餐厅，生皮、酸辣鱼是白族名菜。

住宿：喜洲镇上的客栈不多，推荐杨家永祥居，离喜林苑不远，一幢三层白族民居。电话：0872-2452361。

作者手记：

1. 喜洲的老宅子很多，不一定非要去已经开发的那几个，那些美丽而古老的房子都藏在小巷子里，需要你慢慢去发现。
2. 除了严家大院，喜洲现在又有了一个“严家民居”，其实是严家后人新盖的一幢房子，门口穿白族服装的小妹会告诉你说这就是严家大院，切记不可上当。
3. 四方街上每天上午都会有小型赶集，除了日常用品之外，还有些民间小玩意。

云南驿

解读云南驿

古代西南丝绸之路的重要驿站，清代茶马古道上最重要和最繁华的集散地，当时从这里过路的马匹每天多达四、五千头。二战期间，云南驿成为中缅战区的重要军事基地，举世闻名的滇缅公路由此通过。云南驿机场是著名的驼峰航线的航空转运站，是国民党空军某部驻地和国民党中央航空军官学校校址。当时许多来华参战的盟军军人不知道云南，但都知道云南驿。

地理位置： 云南省大理白族自治州祥云县下川坝

推荐理由： 当今唯一集中了马帮、公路、铁路与航空等各同时代运输方式的地方，是人类交通发展史的活化石。

特色看点： 青石板街、云南马帮文化博物馆、二战中印缅战区交通史纪念馆、机场遗址

推荐指数： ▲▲▲

交通指数：▲▲▲

美食指数：▲▲

住宿指数：▲

在云南，怕是没有哪个小镇像云南驿一样，曾经的两千多年里都处在时代的风口浪尖，一路承载兴衰跌宕，风雨鸡鸣。

汉代，云南驿初设，中国西南边陲，从此便有了一个美丽的名字——云南。

之后的两千年间，蜀身毒道、五尺道、博南道、灵官道、茶马古道、官方驿道先后从这里经过，小镇只有热闹，未曾寂寞。

二战期间，云南驿成为滇缅公路和驼峰航线上的重要军事基地，大量的抗

蜿蜒的石板街

这里以前是云南驿镇子上最大的一家马店

战物资通过这里运送到抗日前线，铁血年代，小镇不乏英雄气概。

直到上世纪最后一年，楚大高速（楚雄—大理）和广大铁路（广通—大理）同时通车，小镇突然便被撇在了一个死角，仿佛一夕之间沉入深深水底，再也听不到一丝回响。

现在的云南驿，保留的古驿道只剩不长的几条青石板街，顺着地势蜿蜒而上，当地人称“引马石”，旧时的马店、民居、商铺分散在街道两旁，局促，沉默，斑驳不堪，但却真实，真实到忽然让人有些疼痛的感觉。

两千年的繁华，就这样衰败了，迅速得让人目瞪口呆，甚至来不及感叹，就已经房倒屋塌，断壁颓垣，荒草蔓延。一些人迁走了，去城里过上更便利、现代的生活，还有一些人留了下来，默默地和古道相伴，——偶尔，也会有古道千年的散碎轶事，和彩云南现的古老荣光，在他们记忆中闪现吧。

“云南马帮文化博物馆”和“二战中印缅战区交通史纪念馆”，是古街上仅有两间修葺过的老房子，隔着丈余宽的青石板街，静静相望。

马帮文化博物馆是一间有着一百多年历史的老马店，号称茶马古道上现存最大的一家马店，五百多平方的三进院落，堂屋里供奉着各路神灵的牌位，香炉里厚厚一层香灰，记录着马帮虔诚的拜祭，最后一进院子的后墙根，有一眼古井，传说马店老板美若天仙的小妾，因为受不了大老婆的欺凌，在这里投井自尽，想来，这又是马帮故事里悲情的一出。

这幢三进深的院子，几乎集齐了马帮文化的所有元素——除了那些鲜活个性的赶马人。饮马槽，马驮子，大陶缸，正待缝补的马鞍，粗皮子的马笼头，锈迹斑斑的马灯，野外烧茶用的吊架，熏黑的茶壶，桌上账簿随风翻卷，仿佛花白胡子的账房先生刚刚走开，二楼简陋的床铺前，赶马人穿的鞋子似乎还余汗未消，——然而，就在倏忽间，正在马槽吃草的骡马一个猝不及防的响鼻，便惊醒了人们对于马帮生活的所有想象。

但其实，这家马店的历史早已无从查考，门口的牌子上只是语焉不详地写着“创建于清初，衰于民国”。从清初

到民国，正是整个云南驿马帮生意最红火的时期，当年，从云南驿过路的马匹每天多达四、五千头，这条不到一千米长的街上，就云集了40多家马店，20多家小吃铺，正可谓商旅云集，人喊马嘶，空气里整天弥漫着马粪味道。据说，那时候云南驿镇外的十字路口，竖着一根两三丈高的木杆，每天晚上，都有专人在木杆顶上挂出信号灯——红灯表示还有少数马店空着，绿灯表示空马店还较多，而黄灯则表示已经客满，马锅头们就根据信号灯的颜色，决定进镇还是另寻驻地。

对面，二战中印缅战区交通史纪念馆的老宅院要略小一些，土木结构的两层一进四合院，一楼东西厢房分设四个小展室，讲述战时交通运输线建设的故事，二楼整整一个大厅，陈列的全是飞虎队的英勇事迹，也有近几次飞虎队老兵及其后人回访云南驿的记录。

整个二战纪念馆里，最让人印象深刻的，莫过于一楼，为飞虎队莫尼中尉单独设立的那个展厅。1940年至1943年间，日军曾三次轰炸云南驿机场，在

孩子们沿着古老的青石板路走出小街，去镇子上上学

○ 古老窄巷，古老的石狮子

一次空袭中，莫尼中尉率先驾机起飞，击毁了日军长机，但他的飞机也中弹起火，而同时，另一架敌机迎面朝他冲来，莫尼中尉的飞机在决然撞断敌机机翼后，拖着浓烟向祥云城里坠去，为了避免飞机坠落民居，他放弃了最佳跳伞时机，操控着飞机滑过县城上空……由于失去了必要的跳伞高度，当他从火焰中跳出机舱的时候，未等降落伞打开，就重重地摔落地上。

莫尼中尉牺牲的时候，年仅22岁。

从纪念馆里出来，心情未免有些沉重。沿着坑洼不平的青石板街道，慢慢走到镇子后面小山上的白马寺，山下小镇，被一条蜿蜒古道串联，小巷小街仿佛大青树主干上的许多枝蔓，几百户人家就是叶子和果实，在这千年古镇上，生生不息。

小贴士/TIPS

交通：从大理西南客运站乘坐到祥云的中巴，昆明西部客运站也有去祥云县的大巴。到祥云客运站后，站外坐8路公交车到老南站，转乘到下庄的中巴，在云南驿下车。

门票：40元。

食宿：出了古街，镇子靠公路一边，有一些小吃店，供应饵丝、面条等，但没有旅馆。

作者手记：

1. 云南驿是一个古老的商旅驿站，破败而真实，山上有白马庙，村中有钱家祖祠、李家祖祠、官升殿、成贡寺，古驿道两旁的商铺、马店都完好地保留着，马槽、石槽、铡刀、栓马桩、客栈招牌等遗物仍留存不少，村中用青石铺设的古驿道，是南方丝绸路上保存得最完整的一段。
2. 二战时期修建的云南驿机场，遗址还在，大部分地方都长满了野草或玉米，只有一条黄土砂石铺就的跑道还在向人们骄傲地展示它昔日的荣光，在高速公路两边，有几个凸起于平地上的马蹄形土坡，土坡上全是树，就是当年用来隐藏飞机的“机窝”。
3. 古镇附近，有一个小场院，里面保存着许多当年修筑滇缅公路时轧路用的石碾子，很难想象，当年数以万计的民工就是拉着这些几顿重的石碾子，生生压出一条公路来。

巍山古城

推荐指数：▲▲▲▲▲

交通指数：▲▲▲▲

美食指数：▲▲▲▲▲

住宿指数：▲▲▲

解读巍山古城

中国历史文化名城，南诏国的发祥地。古城较为完整地保持了600多年前建城时候的棋盘格局，是中国保存最完好的明清古建筑群之一。城内街道以拱城楼为中心，呈标准的井字结构。巍山小吃品种多样，风味独特，素有“魅力巍山，小吃天堂”的美誉，2011年被评为“中国名小吃之乡”。巍山的扎染具有民族传统工艺特色，曾被文化部命名为“中国扎染艺术之乡”。

地理位置：云南省大理白族自治州巍山彝族回族自治县

推荐理由：曾经的南诏国旧都，茶马古道上的重要驿站，遗世独立的化外之地。

特色看点：各色店铺、拱辰楼、南诏古乐

“夕阳已经在做一天中最后的挣扎了，余晖渐淡，丛林深处的崎岖小道越来越模糊，马锅头急促地吆喝马匹。路不是路，仅是依山就势凿开的栈道，悬崖峭壁林立，凶险四伏。马蹄忽深忽浅，马驮子东摇西晃。虽然风尘仆仆，饥渴交迫，但马帮汉子们却是情绪激昂，精神抖擞。他们知道，再涉一条江——黑惠江，再过一道关——鸟道雄关，前面就是蒙化驿站了。那里宾朋满坐，美酒飘香，那里彝家姑娘浓情似火……”

艾芜《南行记》里的蒙化驿站，就是现在的巍山，曾经的南诏国旧都，茶马古道上的重要驿站。

如今，旧都成尘，马帮没落，而古城里的人们，却似乎浑然不觉世事沧桑，依然天真纯朴地沉浸在历史之中，照着固有的传统朝夕劳作，仿佛功利时代里，一个遗世独立的化外之地，小吃摊、剃头铺、制鞋店、古董铺、花圈店、寿木店、面条厂，从街头走到街尾，便有时空转换的错觉。

穿过拱辰楼门洞，是一家马具店，马笼头、串铃、马绳、篾帽，手掌大小的草鞋，当年茶马古道上的赶马人必不可少的器具，如今只是作为家居摆设或旅游纪念品出售，最惹眼的是用灯芯绒布和上等稻草做成的草墩，据说，过去只有马锅头才有资格买草墩坐。还有一些普通的马笼头、马响铃、套口等，多是来自南涧、弥渡、临沧等地的养马人家来买。

古城始建于1390年、明洪武年间，迄今已六百多年，城方如印，砖墙石基，古城中央的星拱楼是印柄，那古老的红砖门洞，如今却成了县城的公共布告栏，总是贴满各种信息、启示。其中最让人印象深刻的，是那些红红绿绿的讣告，遣词文绉，笔迹工整，大有乡间秀才风范。

巍山古城拱辰楼

○ 走在街上的藏族老奶奶

而古城街北上，的确前后紧挨着有好几家代人润笔的铺子，店名都文绉绉的，习兰亭、风雅颂……风雅颂的店里坐一位60多岁的老人，体型微胖，须发尽白，戴一幅金丝眼镜，穿戴非常体面，灰色中山装，米色羊绒围巾，胸口左边的袋子里别着钢笔，远远望去颇似旧时私塾先生。多数时间，总见老先生手提狼毫，或蝇头小楷，或飘逸行书，儒雅闲逸，气度不凡。

这样的场景，益发让人感觉，巍山的时光还停留在过去，停留在遥远年代的阳光、阴影和缝隙里。

古旧的红色木制联排门板，开启时总发出咯咯叽叽的声音，传统剃头铺子里只有老式的发剪、笨拙的木椅，老式裁缝店里，挂着长衫、马褂、中山装、旗袍。隔壁便是药店，一半西药一半中药，红木百子柜，铜扣个个都磨得锃亮，“蒙化永发祥”鞋店的窗台上，永远都摆着各种尺码的布鞋，每天太阳还未完全升起，老屋里便传出铁锤敲打的叮当声。还有专门卜卦算命的小铺，光线昏暗，静坐着一位精瘦老人，悄没声息将一叠土黄纸交于顾客。算卦铺子隔壁是花圈店，一大蓬纸扎的花红柳绿整天对着街面，十分醒目。

○ “一根面”煮之前就像这样盘在一个大茶盘里

早上，拱辰楼旁边的老王粑肉饵丝店最热闹，柜台前一位中等身材的本地妇女，相貌普通，月白衫子蓝布裤，清爽又和气，店里的炖猪脚是无比的香。有街坊专门拿着硕大的搪瓷口缸，笑眯眯来讨要香喷喷的猪脚汤，店主也不吝啬，黑红结实的手灵活地转动一下，一大铁勺肉汤就冒着热气装进了大口缸，有时还要撒上切得细碎青白的葱花，于是，来者便称心如意地双手捧着大口缸，小心翼翼地往回走。

字永义的无名小店就在花圈店斜对面，专门做纸钱、纸马和其他的纸扎贡品、宗教用品。他的腿有残疾，每天都在这间小屋里，坐在一张矮凳上，用一支半圆形的凿子在一叠叠黄纸或白纸上砸出金银纸钱，砸累了，就挪到高一点的台子前，用自己雕刻的印版，在纸上印刷出各种各样的纸马、包封……巍山是个被众多神灵、众多教派垂青眷顾的小城，寺庙、道观、祠堂星罗棋布，一年二十四个节气，一生中的各个关口，包括婚丧嫁娶、起屋搭棚、出行屠牲，巍山人都要用各种纸制祭品来禳灾祈福。整个小城终日弥漫着一股浓郁而杂乱的神灵氛围。

离星拱楼不远，是一家小小五金店，四十多岁的陈师傅总在埋头给一杆秤仔细打磨，旁边围了几个孩子，叽叽喳喳地闹着，陈师傅不动声色，笑眯眯自顾自地忙碌。他从十多岁就跟随师傅学习制秤手艺，十八岁自立门户，二十余年时间，制了几万杆秤，是巍山周边小有名气的手艺人。制秤需耐心，只有心静才能做成一杆完美的秤，这是当年老师傅传授给他的法则。旁人看不出，小小一杆秤，却有一百多道工序，选料、制坯、刨圆、套铜套、配砣、装钩、分级、打眼、磨光、校正……最精细的是分刻度，得先根据秤量在秤杆上定好尺寸，测出准星的位置，然后用分度尺划分刻度并打秤花。无论大小秤杆，都要打上上百个秤花。现在，电子秤大行其道，杆秤已经渐渐隐退，对此，陈师傅的态度却像小城一样淡定，“有活干就做，没活干就休息，反正也饿不死人。”

古城街上的小铺大多前铺后屋，穿过店内的一扇小门，便可进入后面的四合院内。庭院清洁,古井森然，桃李粉红，茶花灿白，照壁下一定种着兰草，还有不知名的花草开着五颜六色的花。主人家的房内，阳光透过木窗照着古老而俭朴的家具，反射出陈旧悠远的光，正堂上的木雕佛龛已被烟火熏黑，供着祖宗的牌位。有些人家的佛龛两边，还会贴上中外领袖的头像甚至比基尼美女，看了，便有些忍俊不禁。

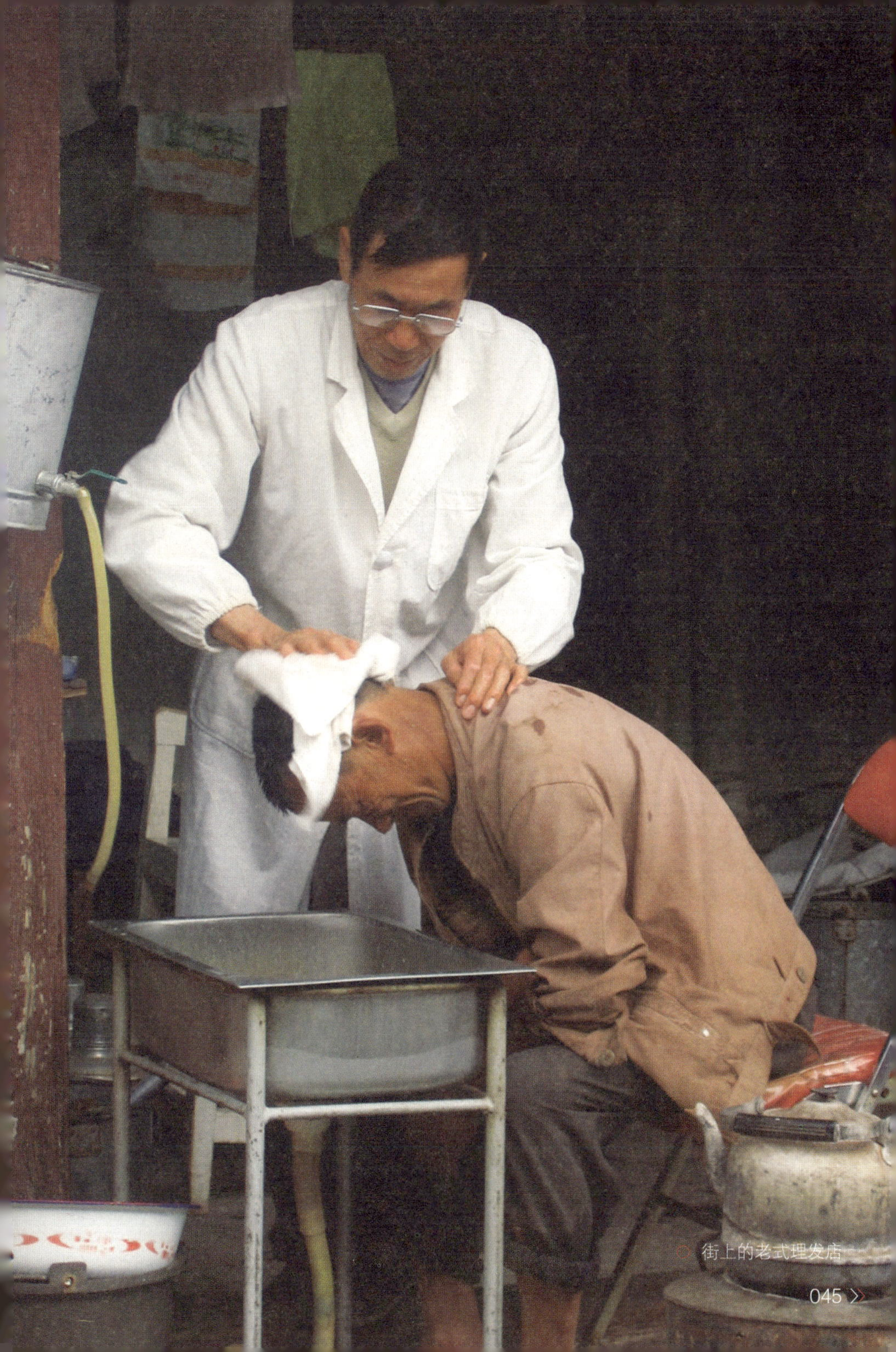

街上的老式理发店

天静静地暗下来了，冬天的太阳回去得早，家家户户便抬出火盆，在漆黑的过道上点燃柴火，男女老少围炉而坐，烤着炭火，喝着烤茶，谈论着家长里短。城外，群山环抱着狭长的坝子上，袅袅炊烟正轻浮在山边的村落上空。

小贴士/TIPS

交通：大理下关风车广场旁边的西南客运站，每天从早上7:10到下午17:00都有班车开往巍山县城，人满即走，滚动发车。回下关可在县城客运站乘车。

美食：巍山小吃很出名。老王粑肉饵丝店离拱辰楼不远。后所街上有阿弟的一根面，当地人叫“扯扯面”。北街上李朝阳家的卷粉也是食客盈门。

住宿：巍山的旅馆不多，没有多少选择余地，推荐蒙舍驿站，过了古城星拱楼，南街蒙化老家隔壁就是这家民居客栈，电话13988527772。拱辰楼旁边还有南诏古城客栈，也是白族风格的民居客栈，电话13708647225。

作者手记：

1. 巍山古城的老街，目前经过修葺之后的只有一条步行街，以星拱楼为界，分为南街和北街。但其实，步行街之外的巍山古城也有很多古老、生动的风景可看，千万不要错过。
2. 甲马是巍山特有的纸印宗教用品，是一种用于禳灾祛病、祈福祈喜的民间木刻版画，很有民俗意味，到了巍山古城，可去寻访专门制作甲马的店家。
3. 每年农历六月十五火把节、七月十五中元节，都是巍山古城最具传统意义的民间节日，如果对民俗感兴趣，不妨在这两个时间前往巍山。
4. 拱辰楼里晚上不定期有南诏古乐演出，既有宫廷音乐的庄严，又有民间音乐的飘逸和美丽。
5. 巍山民风淳朴，百姓善良，是一个放松心情的好地方，强烈建议放下行李，在古城住上几天。

沙溪古镇

解读沙溪古镇

历史悠久的千年古镇，茶马古道的重要驿站，曾经繁华一时。古镇作为离盐井最近的茶马古道集市，曾被称为茶马古道的盐都，成为西藏、滇西北地区的食盐供给的集散地。寺登四方街是沙溪的灵魂与核心，是一个集寺庙、古戏台、商铺、马店、古树、古巷道、寨门于一身，功能齐备的千年古集市。2001年入选《101个世界濒危建筑保护名录》，该名录中指出："中国沙溪（寺登街）区域是茶马古道上惟一幸存的集市，有完整无缺的戏院、旅馆、寺庙、寨门，使这个连接西藏和南亚的集市相当完备。"

地理位置： 云南省大理白族自治州剑川县西南部

推荐理由： 茶马古道的重要驿站，入选《2002年101个世界濒危建筑保护名录》。寺登街是沙溪的灵魂与核心。

特色看点： 兴教寺、魁星阁戏台、民居建筑

推荐指数： ▲▲▲▲

交通指数：▲▲

美食指数：▲▲

住宿指数：▲▲▲

四方街上的古戏台

夜晚到达沙溪古镇的寺登街。街上路灯如豆，正是天光黯淡，马蹄声寂。四方街边几家咖啡店的红灯笼点亮了，加上古戏台的轮廓灯，站在路中间，兀自想象，几百年前，这里三日一小集，五日一大集的热闹。兴教寺前，那盏当年由镇子上家家户户轮流点燃，声言永不熄灭的“天灯”，终于还是在某个早晨悄然熄灭，并且再也没有点亮过。

记得四年前来时，三家巷客栈的欧阳海育大叔曾经指给我看，兴教寺门前石狮身上果然有个圆形的小孔，那里面原先撑着一根红色木杠，上面挂一盏很大的油灯，防风防雨，村民轮流值守，每天太阳落山的时候，值守户便要往灯里加油、点灯，第二天早上把灯熄灭，再交给下一户值守。

黑惠河上古老的玉津桥

那一年，寺登街刚开始收门票，为了帮我们省下门票钱，欧阳大叔特地在黄昏的时候带我们去四方街，暮色中的古街异样静谧，人迹稀疏，兴教寺的古朴恢弘之气迎面扑来，戏台下，只有几个少年在滚铁环。欧阳大叔指着门前那个点“天灯”的小洞说：“那是寺登街的守护灯，夜里对面山上赶路的马帮看到它，就知道歇脚的地方到了，才有力气继续往下走。”

四年后再来，这里的门票已经取消了，欧阳大叔的白发更多了，他的身形也益发消瘦。三家巷院内依然花木繁多，干净敞亮，早上起来，就见北京来的一对小情侣双双仰在躺椅上，听树上各种小鸟叽叽喳喳叫个不停，庭院里，石榴树花开正盛，大理菊大得惊人，月季花也秀丽，欧阳大叔手工制作的绢梅花似乎一并散发着芳香，他的儿子正在院子里忙碌，打扫树叶，修剪兰草，——陋巷深处谁家院，何处门墙几度春?

提起沙溪，不能不说建筑师黄印武。他毕业于东南大学，留学瑞士联邦理工大学，2003年起担任沙溪复兴工程瑞士方代表，在沙溪做具体的建筑保护工作，一做就是八年。在充满了媚俗商业符号的古镇复兴运动中，黄印武和他的团队在沙溪，以考古式的严谨修复古建筑，完整地保持了沙溪的每一个历史片段。

正是因为黄印武的努力，才让沙溪避免了沦为修旧如旧的“假古董”结局。最典型的例子是兴教寺的修复。

兴教寺是我国仅存的白族密宗阿吒力佛教寺院，也是这里保存最为完整的古建筑之一。沙溪形成的原因，不是因为马帮，而是因为兴教寺。这里曾是千里奔波的马帮们精神寄托之所在。

兴教寺现在的格局是，沿中轴往西有门楼、过厅、二殿和大殿，依次构成三个院落，空间逐渐扩大，标高逐步提高。过厅位置原来是观音楼，1921年和兴教寺大门一起被土匪一把火烧毁，后来就在原来的位置简单建了几间民房。现在的门楼，在2003年以前一直是乡政府办公的地方，而大门的最早样式也无人知晓。对兴教寺进行修复，需要对兴教寺的大门进行重新设计。黄印武认为，四方街的整体性最为重要，所以不能因为兴教寺大门的重建而改变四方街的历史格局。他的新设计就保持了原有办公楼的大体样式，并在大屋面之下加盖了两间小披檐，安排了哼哈二将站在檐下，这样，兴教寺便能与周边民居的尺度取得了协调。

屋檐荒草，破损瓦当，岁月流转，留下多少沧桑痕迹

从兴教寺出来，隔四方街正对着的，就是魁星阁戏台，这是整个寺登古街的标志性建筑。古戏台建于清嘉庆年间，飞角高挑，却已经寂寞如斯。不过，现在来寺登街的游客已经明显比四年前多了许多，外国人，中国人，都在四方街、古戏台一带游走，用各种不同档次的相机，对准寺登街的每一个角落。古戏台下，依然有小男孩在嬉戏，一个小女孩儿坐在街面窗台上一言不发，老人坐在家门口默默抽着水烟，妇人们还在幽暗的屋子里纳鞋底。

四方街中央，是株三百多年的大槐树，树影巨大，甚至遮住了兴教寺的门。现在，这里开了一家咖啡吧，老板张锡飞，老板娘叫小芹，都已两鬓斑白。老两口来自深圳，因为厌倦都市喧嚣而隐居于此，他们自制的咖啡和烘烤的面包很香，让人闻到就走不开。小店生意很好，经常连门口都支起桌子，游客们在此来来去去，聊天玩乐，活像当年，那一批又一批的马帮，在傍晚时分，坐在小摊前喝酒嬉闹。

四方街四周，那些古老的民居建筑群，现在都成了一些客栈、酒吧和商铺，都是近几年外地人来沙溪搞起来的，叶子的店、老街小屋、爱伦酒吧、沙溪老马店、58号小院、古镇鞋铺、语溪、木刻店……好在，酒吧都还安静，陈设上也都各具特色。黝黑老屋里，几把鲜艳油纸伞，几盏式样别致的灯，小书

欧阳大院的正门

架，小摆设，古朴雅致，让人心安。

沙溪最有名的欧阳大院，也开始做起了客栈生意。自称“半院主人”的欧阳盛先每天都叼着烟斗，在属于自家的那半边院里悠闲踱步。沙溪沉寂多年又热闹起来，欧阳家的后人也试图把大院变成仿古客栈，但自从2008年欧阳大院被评为世界濒危保护遗产之后，几兄弟之间便为家产而反目，争得不可开交，开发之事无限期搁置。欧阳盛先只得先将自家的两间房改做客房，而另外的半边院，依然处在无人打理、年久失修的状态。当年的琉璃瓦当更显古老，房顶上荒草更深，岁月流转，在这里体现得尤为沧桑。

小贴士/TIPS

交通： 大理下关汽车客运北站每天从6:25到19:00每隔15分钟发一班车往剑川。丽江客运站每天有6班车往剑川。昆明西部客运站也有班车发往剑川。剑川客运站门口有微面专门跑沙溪，客满即走。

门票： 无。去兴教寺看壁画需付20元讲解费。

美食： 这里没有什么像样的餐馆，通常游客都是在客栈里吃饭，各家旅馆都有自己的特色，或白族家常菜，或西式套餐。四方街一带开了几家咖啡吧，供应餐饮、咖啡的同时，也可提供简单的西餐。

作者手记：

1. 沙溪很小，若只是随便逛逛的话，半天足矣，但其实，它丰富而深厚的内涵，是需要静下心来慢慢品味的，因此，强烈建议至少停留一晚，不要太过匆忙。
2. 寺登街有东、南、北三个寨门，却独独没有西门，这是因为商旅行路之人有忌讳，“西门”便是上西天的死亡之门，大有避忌。出了东寨门，远远就可望见黑潓河上的玉津桥。
3. 欧阳大院是这里最吸引人的老民宅之一，被称为“茶马古道上的五星级马店”。现在，进去参观要付给主人家5至10元不等的费用。
4. 沙溪离石宝山很近，大约半个小时车程，但没有班车同行，只能步行或包车。

丙中洛

解读丙中洛

怒江大峡谷深处的秘境，遗世独立的世外桃源。茶马古道在云南已基本为现代交通所取代，唯有丙中洛通往藏东南地区的马帮队今天仍在古道上穿行，可谓“活着的茶马古道”。丙中洛是一个多民族多宗教并存的地方，怒族、独龙族和藏族在此混居，原始宗教、佛教、天主教和基督教在此和谐相处。导演田壮壮曾在此拍摄电影《茶马古道》。

地理位置： 云南省怒江傈僳族自治州贡山独龙族怒族自治县北部

推荐理由： 人神共居的香格里拉，多种宗教并存的世外桃源。

特色看点： 怒江第一湾、石门关、田园风光

推荐指数： ▲▲▲▲▲

交通指数：▲

美食指数：▲▲

住宿指数：▲▲

重丁天主教堂

聊天

○ 诵经人无论大小，都那么认真

一路北上，一江怒水从六库经福贡到达贡山，此时丙中洛已近在咫尺。清晨，在贡山的客栈被窗外奔腾的江水唤醒，那些怒江上的精灵——洁白的云雾正在山腰游荡，在水面嬉戏。山城的街道，永远不会像都市般拥挤，几个山民背着满背篓的桃李从身边走过，留下一路芬芳清新。

在县城最中心的那个街边固定候车点，从早到晚都停着开往丙中洛的中巴车，二十分钟一趟。我只是背着随身小包经过，开车的白族小伙子轻轻招呼了一句：丙中洛哦，去吗？如同被蛊惑，我便径直上了车。

车子在白云缭绕、绿草茵茵的江边驰骋，我的心也跟着飞到了怒江上空。居高临下，忽然看见某一处，江水绕着一座布满密密麻麻松树的尖山来了一个大拐弯，恢宏的气势让我心中一震：这莫不就是传说中的怒江第一湾？然而，车子并没有停下，而是继续沿着公路拐了几个湾，才在路边停下是的，车子为了我一个人停在气势磅礴的第一湾，司机更是建议我爬到车顶去获取最佳的拍摄角度。回到车上后，我看到了车上乘客善意、理解和宽容的目光。这一程短短的48公里，车程一个多小时，我从这里开始一个人的旅程，然而，感觉到的不是孤独，而是油然而生的内心深处的莫名感动。

峰回路转，忽然在路的尽头，在高高的贡嘎雪山下，出现了被田园包围的丙中洛全景——到了！还没来得及细细远观，忽然看见路边来了一个旌旗飘飘、锣鼓声声的队伍。为首的喇嘛撑着一把圆形的黄红为主色调的罗盖，紧跟着一个打鼓的小喇嘛，后面排着十几个着怒族服装的村民，口中念念有词，向空中撒着类似谷物的东西。那一刻，我看傻了，真的没想到，丙中洛，竟以一个古老的原始宗教仪式作为见面礼欢迎我的到来。那个可爱的白族司机，干脆直接停车把我赶下，抛下一句话：你跟着他们慢慢走到丙中洛吧!

就这样在经文的呢喃中，在旌旗的摇曳里，我跟随原始的宗教仪式一步一步走进传说中人神共居的丙中洛。

丙中洛这天正逢圩日。赶马人把马系在路边的电线杆上，径自走进铺子，挑了一幅马鞍给马儿套上；身着怒族服装的妇女，牵着一个可爱的小孩在街边蹲下来，买了几根引火用的油柴；市场的一角，卖炭的，卖野菌的，卖山果的，都用竹筐装着他们的物品。那一刻，竟有些恍惚，这是我生活的年代吗？马路上没有来来往往的汽车，人们任意穿行在马路中央。街边的三两间店铺挂着各民族色彩艳丽的服装。丙中洛十里八村的妇女，喜欢在圩日时拿着织好的布匹放到店铺寄卖，这种卷成一捆捆的布匹正是我们所说的怒毯和独龙毯。一位友善的大姐，除了会做民族服装，还会用剩余的小布块制作很有民族特色的手机袋，她拿出店里色彩艳丽的布匹，教我如何识别独龙毯和怒毯。一经指点，这才知道，怒毯的经线在中间处色彩织得特别宽，而独龙毯各种色彩一般都是均匀分布。小店还有一种纯手工布匹，用野生麻经十几道工序而成线，而后纺织成布，全程使用原始工艺。那些褂子挂在墙上，古朴而原始。

正和店主聊着，两个山民走进来，从背篓里拿出一匹独龙毯。看我喜欢，

○ 开心一刻

店主便让给了我，还替我滚上花边，拼接缝制成床单。这样，回去之后，我还可以躺在上面，在消失的地平线上梦想关于丙中洛的故事。

丙中洛真的很小，十分钟，就已经走到街的尽头。反正不是赶路之人，我轻松地在曾经的茶马古道上漫步。正是夕阳西下，不远处，怒水奔腾，白云悠悠。偶一回首，蓦然看见被西面的独龙族和东面的怒族视为神山之首的嘎娃嘎普峰上方红霞满天。传说中丙中洛坝子被十大神山守护，而且每座山都有自己的神主，他们分别是：一是甲衣更念其布，指的就是卡娃卡普峰；二是巴拉生更格布，指贡当崖；三是正桶都吉江才，指怒江第一湾西面的雪山；四是信炅干嘎日浓，指怒江第一湾西部的信炅乃仙人洞；五是衣当都吉帕姆，只纳依夺村北的帕姆乃仙人洞；六是扎朵达雅初姆，指赤科当背后的悬崖；七是杰才木拉日吧，指达拉村南箐头的雪山；八是登雀其吉布卓，指石门关东岸的登雀乃仙女洞；九是将太下炅信木，指纳依夺村背后的石崖；十是阿妮日宗甲姆，指贡山与德钦交界的日宗山，民间传说是管牲畜和管钥匙的女神。小小一个丙中

雾里村里的怒族妹妹

洛呀，神灵绝对不止这些，那奇峰怪石，那大树小溪，都有主宰人间万象的神灵。这些神山圣灵到底属于原始宗教的遗留？还是属于普化寺里衍生出来的喇嘛教门下？概念已经模糊了，这些其实都无关紧要。在丙中洛，除了原始宗教和喇嘛教，天主教和基督教更加欣欣向荣，人们在多种宗教并存的世外桃源里修炼了一幅与世无争、彼此和睦共处的心境。

在丙中洛的日子，是放松的、悠闲的、享受的，是和神仙同吃同住同在云里雾里的时光。每一户人家，只要你踏进去了，没有人把你当外人，他们慢悠悠地架柴烧水泡茶，跟你一起吃刚从石板上煎好的苦荞饼。有时候，喝了一些自酿的酒从村民家里出来，会忍不住在小溪边的大石头上躺下，听水磨被水花有节奏地推出声响，看流云在眼前聚聚散散。是呀，这样的时刻，有山风，有白云，泉水叮咚，鸟语花香。人生至此，夫复何求！

小贴士 / TIPS

交通： 贡山县城到丙中洛有很多车。丙中洛每天有一班车直达昆明，到贡山则是滚动发车。

门票： 100元，学生半价。收费处设在从贡山出发快到丙中洛的地方。

作者手记：

1. 丙中洛有几家条件相对较好的宾馆，也能找到小旅店。
2. 徒步线路为丙中洛—重丁教堂—石门关—秋那桶桥（旁边是已废弃的朝红桥）—秋那桶乡政府（过桥后左转）—秋那桶（沿简易公路到森尼打拉桥，旁边有个磨房，过桥后向左走约10分钟到山溪边的公路桥，不过桥，沿山溪小路上行，遇木桥过去上山即到）。全程约需4小时。

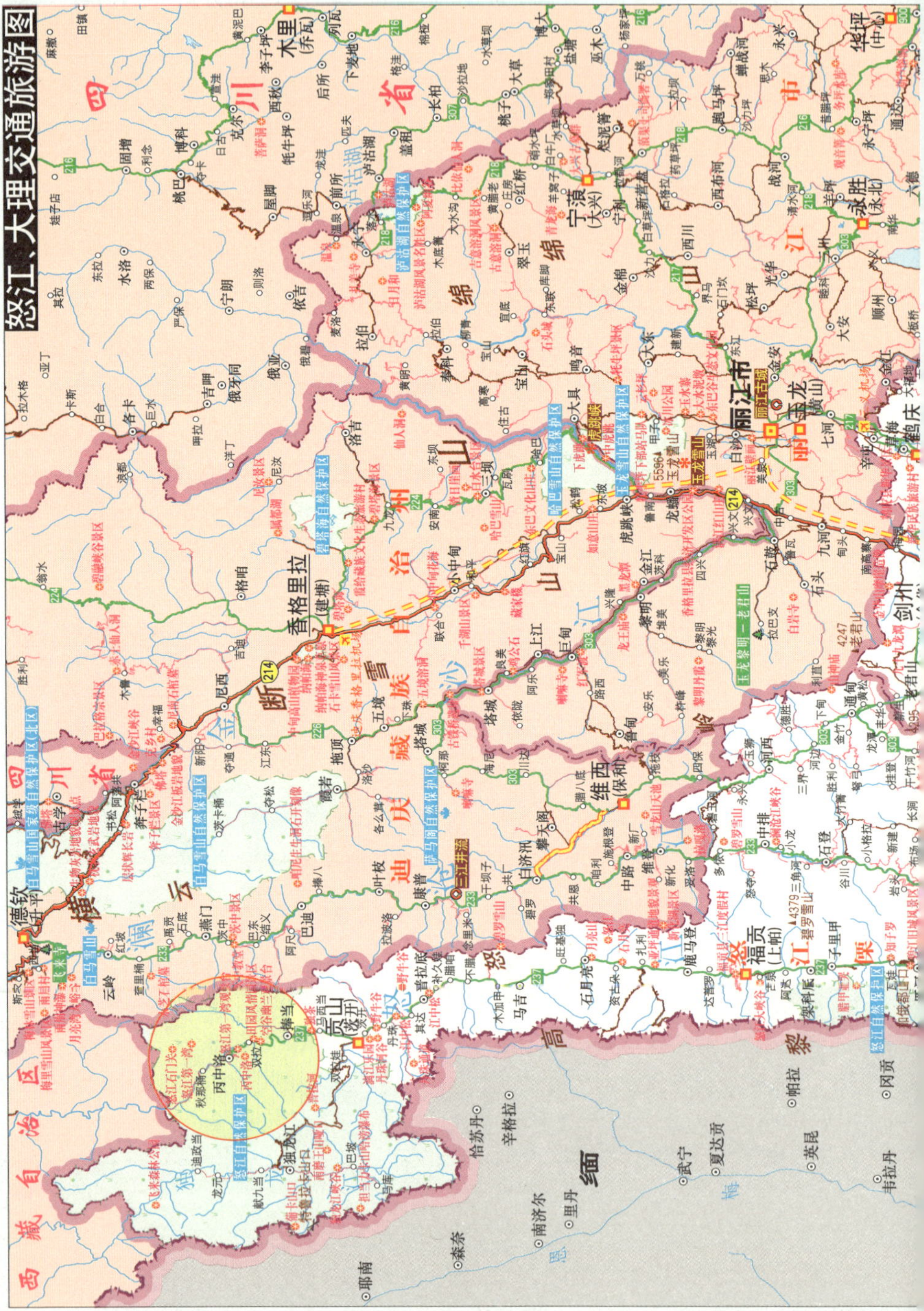

怒江、大理交通旅游图

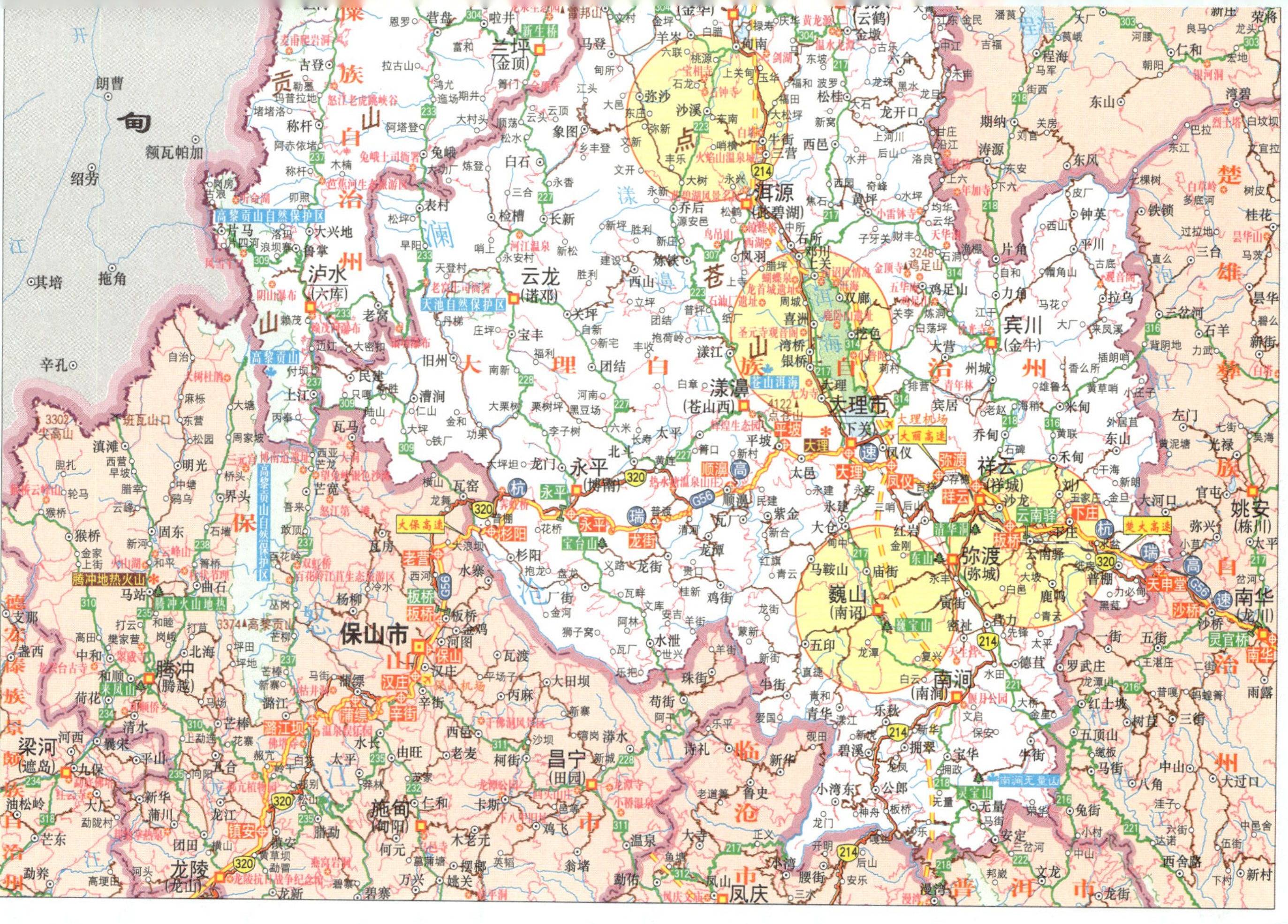
大理市
保山市
宾川
(金牛)
祥云
(祥城)
弥渡
(弥城)
巍山
(南诏)
南涧
(南涧)
漾濞
(苍山西)
永平
(博南)
云龙
(诺邓)
泸水
(六库)
腾冲
(腾越)
龙陵
(龙山)
昌宁
(田园)
施甸
(甸阳)
洱源
(茈碧湖)
姚安
(栋川)
南华
(龙川)
凤庆
梁河
(遮岛)
兰坪
(金顶)
缅甸

西塘
角直
周庄
同里

江南
南浔
乌镇
朱家角
枫泾

○ 双桥

地理位置： 江苏省苏州市昆山西南部

推荐理由： 中国第一水乡，江南水乡的代表，既有古代富商的宅院遗存，又有现代艺术家的杰出作品。

特色看点： 古宅院、石桥

周庄

推荐指数：▲▲▲▲▲

交通指数：▲▲▲▲▲
美食指数：▲▲▲
住宿指数：▲▲▲▲

解读周庄

中国第一水乡，中国首批十大历史文化名镇。荣获了联合国迪拜国际改善居住环境最佳范例奖、联合国亚太地区文化遗产保护杰出成就奖、美国政府奖，还被列入联合国世界文化遗产名录预备清单。周庄镇自古为泽国，因河成街，傍水筑屋，呈现一派古朴、明静的幽雅，是典型的江南古镇。元末明初周庄人沈万三得天时地利，成为江南巨富；近代柳亚子、陈去病等南社发起人曾在此聚会饮酒吟诗；当代名人到周庄采风者更不胜枚举，旅美华人画家陈逸飞创作出油画《双桥》后闻名世界。

周庄被誉为“中国第一水乡”，并不仅仅因为发现得早、保存得好，更不是纯粹出于宣传的因素。几年以来，江南古镇的后起之秀不断发掘，各种微词也不时响起，然而周庄依然是水乡古镇的典型，游客的首选之地，绝非偶然。一样的小桥、流水、人家，别的古镇都是水网纵横于内，而周庄根本整个就是位于水中，就凭这一点而言，周庄就是独一无二的。

周庄有的并非只是这得天独厚的地利条件，早在900多年前的宋代，周庄

○ 在阿婆茶居里小憩的阿婆

就已经在这里扎根了。因为四面临水的天然屏障的缘故，周庄躲过了历次的战火波及。元末明初出了沈万三这位江南巨富，明清两代留下了沈厅、张厅等百余座古典宅院，加上多条繁华的石板路和14座形态各异的石桥，一派古朴明洁的景象。坐上轻摇的小船，徜徉于小河之上，穿桥过洞，更是令人沉醉。

从古牌楼正对的照壁处左拐，到贞固堂前可看到双桥。两条小河在这里交叉为十字，两座小桥成十字形分架于两河之上，这本是江南水乡极其寻常的情形。可这两座小巧的桥梁，一高一低、一拱一梁、一圆一方，搭配得如此别致，可谓妙绝。因为很像古时使用的钥匙，当地人称之为“钥匙桥”。其中园形拱桥名世德桥，方形梁桥名永安桥，都是建于明朝万历年间。加上河道岔口另一侧建于清代的太平桥，一眼可见三桥并峙的景象，十分难得。

周庄双桥本是默默无闻的古镇小景，1984年春天海外青年画家陈逸飞到周庄写生，把所作油画带回美国展出，一时引起轰动。以周庄双桥为题材的《故乡的回忆》更是传为佳话，周庄从此声名大振，双桥也成为了周庄的象征。

张厅在永安桥南的临河小街北市街上，是周庄目前留存不多的明代宅院之一。原名怡顺堂，相传为明代徐达之弟徐逵于明代正统年间所建。清初出卖给张姓人家，改名玉燕堂，俗称张厅。走进门厅是一个绿意盎然的天井，正对是布置着明式红木家具的敞亮大厅，墙上一幅对联尤为引人注目。上联“轿从门前进”，指的是旧时一般不开正门，家人进出都走东侧那条窄长幽深的陪弄，每逢喜庆婚丧或者贵客来访，才抬进轿子。下联“船自家中过”，到后院小花园一看就阔然开朗，小河直接通至此地，从码头乘船可直达南湖。这幅对联可谓贴切地点明了张厅最大的特色。

沈厅位于张厅以南的南市街上，从张厅往南走几分钟就到。提到沈厅，当然不能不说说那位富甲江南的周庄商人沈万三。沈万三原名富，因排行第三而被人称沈万三，元末明初因做海外通商而富可敌国，连明太祖朱元璋修筑南京

水巷渔舟

城墙都凭他捐资三分之一。不料狂妄过甚，口出大言想替皇上犒劳三军而惹怒朱元璋，被发配云南充军，沈家也因此大受打击。如今的沈厅虽不是当年沈万三所居，而是由其后裔沈本仁于清乾隆七年建成，但仍宏大无比。前后七进院落一百多间房屋，中轴线长达100多米，比其北的张厅要气派得多，是整个周庄古镇中最具代表性的建筑。

在张厅和沈厅之间的中市街东端，富安桥横跨南北市河。桥为元至正年间所建，单孔石拱桥，原为青石面，清咸丰年间改成花岗石。这样的石桥本无太多特异之处，但配上桥身四角的桥楼，就十分珍贵了。桥名富安，即是富贵之后祈求安康的意思，据说是沈万三之弟为吸取哥哥的教训捐资修葺时所起。桥上有五块武康石，分别作为栏杆、桥阶和桥头，是采自浙江德清县的山崖间。石面有细小的蜂窝眼，不易磨损也不会打滑，在江南一带十分罕见，足见桥之用料考究。

从迷楼经福洪桥返回古牌楼的路上，在后港西街有一座利用古民居开设的周庄博物馆。馆内前厅后堂中间一小天井，主楼可以登临，后边还有一个小

临河阁楼

院。现主要陈列镇北太史淀湖底出土的良渚文化印纹陶遗物，也有来自现代艺术家的文艺作品，当然最特别的还是那些反映水乡人民劳动、生活、娱乐的器具。游完古镇离开之前，可以去参观一下。

小贴士/TIPS

交通： 从苏州火车站前广场或汽车北站乘旅游车前往，6:45-17:00每30分钟一班，行程1.5小时。

门票： 周庄门票成人票100元，儿童票50元。夜游周庄门票80元。环镇水上游门票40元。若在早上7:30之前进周庄无需门票，但无法进景点参观。

住宿： 贞固堂民居客栈是教育家沈体兰的故居，电话：0512-57212009。江南人家家庭客栈电话：0512-57216568。周庄国际青年旅舍为清同治元年所建古老建筑，紧邻双桥和古戏台，电话：0512-57204566。

美食： 初到周庄的游客，都会惊异于镇上那街头巷尾无处不在的万三蹄，这是“万三家宴”中的一道名菜。周庄的特产“蚬江三珍”（鲈鱼、白蚬子、银鱼）也是四时不断，颇受游客钟爱。

作者手记：

1. 节假日游人很多，黄金周更是人头涌涌，难以感受那种水乡风情，交通吃饭住宿也很成问题，应尽量避免。
2. 过去周庄只能依靠摆渡进入，后来建起了周庄大桥，可以在车站坐上人力三轮直达古镇入口处的古牌楼。
3. 镇上有《四季周庄》演出，这是一部呈现江南原生态文化的水乡实景演出，每年11月底停演，次年过清明后再次开演。

○ 钱塘人家

地理位置： 浙江嘉兴市嘉善县

推荐理由： 吴根越角之地的千年古镇，千米廊棚下尽享精致婉约的水乡风情。

特色看点： 石桥、千米廊棚、弄堂、民居、夜景

西塘

解读西塘

江南的古镇粗看上去都是相差无几：蜿蜒的河流、轻巧的桥梁、灰瓦白墙的老房子，连廊棚也是几乎每个古镇都必备的。然而没有哪个古镇的廊棚能象西塘的这么长、这么完整、这么诗情画意。它把沿河1000多米长的古老民居紧密地联结到了一起，高低错落绵延不断，即使刮风下雨也行走无碍，实在是西塘一绝。西塘的古弄是另外一绝，尤其那条窄窄的石皮弄，更是绝中之绝。

推荐指数：▲▲▲▲

交通指数：▲▲▲▲▲

美食指数：▲▲▲▲

住宿指数：▲▲▲▲

昨夜梦回西塘，水远天长，念念不忘仍是那亮着红灯酒旗飘展的水岸人家，桨橹摇过的声音，搅不碎清梦依稀；我想再走入那画一般的江南小镇，忘了身系何处，一晌贪欢。

西塘真是一幅画卷，从窄窄的里弄走进，谁想那一头竟宛然另一个世界。我被这个小镇古典而又自然的气质所折服，石板小路两旁的店铺，古旧的门板漆着崭新的招牌，摆着的是古玩器皿，偶尔还能看到一张旧上海的招贴画；再就着满街米粉肉的香气，闪过的人力车的身影，恍惚间还以为走入某部电影摄制场景，一时间竟辨不清现实真伪。桥边卖馄饨和豆腐脑的老人也在表演，那推车象极了道具，唯有用料却是货真价实，滑嫩的豆花和鲜香的汤头回荡在唇齿之间，不知不觉中你也跟着入了戏。

这日又是薄雾冥冥，画桥当路，临水双朱户，好生羡慕那水岸人家，抬眼之际便已尽揽风月，船橹悠悠，载得动，许多愁。漫步长长的遮雨廊棚，嗅着湿润的水乡味道，突然好想能走下台阶，弯腰伸手之间搅动一池绿波。杨柳风轻，眼前的画卷与想象中描摹了无数次的江南水墨竟是如此的相似，在别人看惯了的小桥流水人家里，我重重地迷失，想北方的雕栏玉砌在威严和尊贵中可曾有这般的温润与古朴？想都市的尘埃蒙蔽了双眼，真实的生活画面却也疑作镜花水月。

原来这就是西塘，就是别人的字里行间描绘了好多次的西塘，烟雨的西

水乡写生

塘，洒意的西塘，水墨的西塘，也终于在徘徊中找见了那一处处熟悉的字眼。窄窄的石皮弄走到尽头，静怡轩掩在灰瓦青苔之间，旁边的粉墙果然都被信手涂鸦，有人说这是西塘的随意，那就随它吧。钱塘人家的生意总是太好，第二天的午饭都要预定，只好辗转又一村，终于得以凭窗临水，鱼虾鲜活，黄酒醉人，最普通的满街都在叫卖的熏青豆原来最是口角噙香。只有那修饰一新的送子来凤桥显得与这片粉墙黛瓦格格不入，好在还有廊棚，千百年来遮风挡雨的廊棚，现而今成就了游人可以倚靠的阑干。望极春愁，黯黯生天际，想象自己仿佛也是个娇慵妩媚的江南女子，轻轻地走过了，不带走一片云彩。

小小的西塘镇，两条路，两座桥，不知走过了多少个来回，走到天色渐暗，游人散去，白日里沸腾的小镇终于安静了下来。店铺冷落，早早关张，也好，上了门板，露出的才是本来面目。游人们怎么如此轻易放弃这样傍晚的西

古镇水巷

○ 西塘船家

塘，这样宁静安详之中的落落大方，几乎是空无一人的街道，静悄悄地听自己的脚步声，偶尔跑过一位背着沉重摄影器材的家伙，追随他们的目光焦点，搜索这座古城的角角落落。

等待天黑，等待西塘的夜色。看那一盏盏红灯扮靓下的水岸风情，钱塘人家的位置真是得天独厚，夜晚的灯光也是璀璨夺目。独立小桥风满袖，月华初上，只是仍不想归去，长久地倚在那个被摄影家们集体光顾过的角落，身披树影婆娑，陷入深深的黑暗里。白日里漂泊的船只都已安睡，只有流水不眠，浮光掠影下洗尽繁华。可惜我没能睡在那静怡轩的小姐闺房里，否则整夜梦魂情脉脉，不为笛声，为头枕流水潺潺。

离去的最后一日，却迎来了稀罕的阳光灿烂。在这样阳光照耀下的西塘像位眉清目秀的少女绽开笑颜，只是少了那一点婉约，一丝哀愁，不再是昨日慵倦妩媚的江南风韵。

梦也曾到此，问青芜杨柳可会将我挽留？似水年华流逝，那画墙栏杆又会再倚谁的身影？

小贴士/TIPS

交通： 上海有直达西塘的班车，从苏州、杭州等地出发也可以先到达嘉善，嘉善开往西塘的班车非常多。嘉兴汽车北站到西塘有直达班车，早上6:30第一班，半小时一班车，车程大约50分钟。

门票： 古镇门票50元，联票100元（含五姑娘主题公园及11个景点）。

住宿： 西塘客栈很多，大都是民居，干净整洁而简单。尊闻堂本身就是一处明代的古民居，电话：13867340158。彩云堂国际青年旅舍曾经是尊闻堂的后院一部分，电话：0573-84569171。留云阁客栈前身为西塘老字号源源绸布店及震泰昇杂货店，有酒店化的管理模式、古典而现代的装饰理念，电话：0573-84568600。

美食： 西塘比较有特色的菜有“送子龙蹄”，小吃有钱氏豆腐花、陆氏小馄饨、老马荷叶粉蒸肉等，也别忘了喝喝西塘的黄酒。夏天去的话，可以吃到六月红河蟹。

作者手记：

1. 西塘夜色很美，一定要在古镇住一晚，早上和傍晚游客少，能尽情浏览美景。
2. 古镇游主要是感受那种江南水乡的风物精致，并不一定要去看那些联票的景点。很多喜欢玩古镇的人都不在意景点，他们喜欢的是这整个古镇的氛围，如果你也是属于这一类人的话，建议不要买联票，普通景点对你意义不大。

同里

推荐指数：▲▲▲▲▲

交通指数：▲▲▲▲

美食指数：▲▲▲▲

住宿指数：▲▲▲▲

解读同里

同里是一座千年园林古镇，拥有各大古镇里惟一能与苏州名园一道跻身世界遗产的退思园，拥有以嘉荫堂、崇本堂为代表的众多深宅大院，拥有在其他古镇里不多见的并峙的太平、吉利、长庆三桥。“一园、二堂、三桥”，就是同里的精华所在。镇内水多、桥多、明清建筑多，是江苏省保存最完好的古镇，与周庄有异曲同工之妙。和周庄的喧闹相比，同里多了几分静谧，而且河道开阔，街道宽敞，绿树成荫，鸟语花香，更具园林气质。同里因知书重教，历代名人雅士也层出不穷，历史上出过一位状元和数十名进士。这些文人学士辞官还乡后，相继建起了一批居住和园林相结合的江南传统宅院，也将自己的情趣融入其中，而形成了同里园林的兴盛。

地理位置：江苏省苏州市吴江区

推荐理由：江南六大名镇之一，有“东方小威尼斯”的美誉

特色看点：石桥、古宅、园林

去年，今日，你在哪里？

去年，今日，我在同里。

某年，某月，某日，你在这里，我在同里。

《情归同里》是顾长卫为同里量身打造的形象宣传片，也许它会让所有的文字变得苍白无力。

悠扬琵琶声中，一个清美的同里缓缓而来。苍翠欲滴的香樟，穿桥而过的小船，小巷古宅，漫步行人。果然“无爱不美”，所以是“艳遇千年，今生同里。”或许，这也是因为清丽古镇与爱情，总是有那么几分相似，纯净，甘愿，凌驾于时间之上。

同里位于太湖之畔、古运河之东，四面临水，八湖环抱。其古镇镶嵌于同里、九里、叶泽、南星、庞山五湖之中。镇区被川字形的15条小河分隔成七个小岛，而49座古桥又将小岛串为一个整体。建筑依水而

河景

立，以“小桥流水人家”著称，是目前江苏省保存最为完整的水乡古镇，也是省重点文物保护单位，已列为太湖十三大景区之一。

同里的湖是真的漂亮，江南小镇，很少有这么得天恩宠的。坐车到同里的路上，你就能看到这一汪碧水。若是日光晴好，恐怕要误认为看到了海湾。

在这样的江南水乡，桥当然是必备的交通设施，在同里49座石桥中，最是有意思的，当属三桥。许多古镇都有双桥，那这同里的三桥是怎么回事呢？三桥是指位于古镇中心的太平桥、长庆桥和吉利桥。三桥呈“品”字形，分

珍珠塔后花园内的小兰亭

布在丁字河道交叉口之上，形成环形通道。其中太平桥为梁式，吉利桥为半月形拱形，长庆桥亦为拱形石桥，三桥体量都不大，但排列在一处，就显得尤为独特。建于明清时期的三桥是同里的宝，当地至今延续着古时传下来的“走三桥”风俗——依次步行走过这三座桥。因为在同里人看来，这三座桥是消灾消难，吉祥幸福的象征——走过太平桥，一年四季身体好；走过吉利桥，生意兴隆步步高；走过长庆桥，青春长驻永不老。每逢婚嫁喜庆，这里更是热闹非凡，当地人都要喜气洋洋地去走走“三桥”，图个“太平吉利长庆”。

三桥附近古宅遍布，南边就是嘉荫堂。这是一处民国的宅院，是镇上的大宅之一。宅主柳炳南是著名爱国诗人柳亚子的同宗，柳亚子先生也曾在此居住过。嘉荫堂庭院四进，不算太壮阔，然而宅中门窗梁栋非常考究，处处可见各种故事题材的雕刻。门楼上枋刻“暗八仙”浅浮雕，下枋刻“福禄寿”三星的深浮雕，门楣上刻“厚道传家”四个大字，在江南古镇常见的门楼之中，算得上是精品之作。

退思园

走到院子里，不妨抬头看看。嘉荫堂也是江南典型的徽派建筑，所谓“青砖小瓦马头墙，回廊挂落花格窗”样样具备。在那蓝天黛瓦之下的马头墙上，或许你会看到一株青翠的茂竹迎风摇曳。如若喜欢摄影，必定不要错过了。

嘉荫堂隔河对岸，就是崇本堂了，门前的长庆桥沟通着这二堂。崇本堂要稍早一些，是民国元年钱幼琴购买顾氏“西宅别业”部分旧宅翻建而成。宅共五进，前后分别为门厅、正厅、前楼、后楼和厨房，面积不大，但里面的雕刻非常的精致，和嘉荫堂又各有不同。

江南人多地狭，院落一般都比较小，但叠上湖石花台，种上天竺红枫，非常有生趣。看来这原来的主人家也是个慢活主义者。崇本堂的建筑结构也十分科学，正厅和堂楼之间有封火墙隔断，门楼和过道之间有“蟹眼天井”，既可通风采光，又能有效防止火灾。一侧也有江南大户常有的窄长备弄，可以从内

◎ 耕乐堂花园

宅直接通向门口，避免穿越厅堂，还有防火之用。除却这作用，从中穿行而过，很是有江南小镇的感觉。

优于其他古镇的一点，就是同里多园林，更是有名的，便是已被列入世界文化遗产的退思园。许多初到同里人，通常都是直奔退思园而去，因为退思园就位于古镇中心那条中川北路的右面，园壁显然是新近粉刷过，白得有点耀眼，但外观并不富丽堂皇，也许是园主藏富的心理所致，这也是江南园林的普遍风格。园主任兰生，原是清末的官吏，因被参劾罢官，回归故里，感于“进思尽忠，退思补过”之言，而将自己的宅院命名为“退思园”。

同里的古弄，因为河道的关系，分布十分不规则。这些里弄都又细又长，两侧是高墙兀立，脚下是石板漫铺，有的中间还不时会有人字形的小小凉棚遮盖。里弄的数量多不胜数，如尤家巷、同泰弄、西弄、仓间弄等等，其中又数鱼行街上的穿心弄最美。三百多米长的西弄，走在上头脚下会发出“哐哐”声响，原来石条下竟是空心的，故意铺得参差不齐，留下大大小小的空隙，也就有了这样的声音。不知这百千年来，多少人曾从这穿心弄走过，这儿，又发生了多少故事。所谓袖口相碰便是前世缘，穿心弄一遇，直教人守候千年。

同里还有一座比较特殊的博物馆——中华性文化博物馆。这是一座私人博物馆，也是中国第一所性文化博物馆。博物馆位于古典园林退思园东侧，馆址曾是中国近代最早的女子学校之一：拥有近百年历史的丽则女校。馆长是上海大学社会系教授刘达临。进门便可看到由著名社会学家费孝通提笔书写的“五千年来第一展”。一部分房屋是清末民初的西洋建筑风格，另一部分则是典型的江南古园林风格。园内分为三个展馆，馆内展品为刘达临教授等人花费十余年从国内外各地收集而来，再从4000件藏品中挑选出来的，它的质量，特别是古老程度是一般性博物馆难以企及的，其文化品味和学术水平是第一流的。虽然门票要另买，也是值得一看的。

这些古镇，多少为盛名所累，黄金周等假期总是有点人满为患的感觉。若是能避开这高峰来这里，最好不过了。

如果说，生命是一场旅程，那同里便是这旅程中，不可多得的艳遇。

小贴士/TIPS

交通： 从苏州火车站前广场或汽车北站乘旅游车前往，6:00到19:00约每20分钟一班，行程30分钟。

门票： 联票为100元。

住宿： 这里客栈很多，敬仪堂民居客栈原址是太湖水利同知署，电话：0512-63338805。同里国际青年旅舍电话：18913050199。

美食： 同里多为江南美食，状元蹄、糕里虾仁、三丝春卷、香油鳝糊和用白鱼、鲈鱼、桂鱼、甲鱼等河鲜烹制的水乡名菜，以及时鲜蔬菜等等一般各家餐馆都有。闵饼已有400多年历史，清代曾是朝廷贡品。

作者手记：

1. 同里的普通街巷绝少有利用古民居破墙开店的，店铺大都集中在明清街上。入口就在镇口小桥的右边。
2. 阳光灿烂自然是喝闲茶的好日子，但同里的雨天也别有风味。油绿绿的烟雨江南，让人更觉温柔细致。如果有幸碰上，撑一把伞，毫无目的地四处漫步而去，听风吹过树叶的嬉笑，听雨滴落河水如珍珠投入玉盘般的乐曲，很是惬意。

甪直

解读甪直

一个相信没几个人能正确念出来名字的江南小镇，没有周庄的巨富之宅，也没有同里的官绅名园，然而却有着前两者无法比拟的厚重的历史渊源。走进那座外表寻常得似乎随处可见的小庙保圣寺，里面那几尊残缺不全的罗汉塑像就有上千年的历史，而寺的创建时间更是在早于塑像数百年前的南朝梁代。这还不是甪直的全部，由此再上溯一千年，这里就是吴王离宫的所在，难怪被费孝通先生称为"神州水乡第一镇"了。著名的现代文学家叶圣陶早年在此任教，离开后就一直未能忘情，把甪直称为其第二故乡，死后也长眠在了这里。

推荐指数：▲▲▲▲

交通指数：▲▲▲▲▲

美食指数：▲▲▲

住宿指数：▲▲

地理位置：江苏省苏州市吴中区

推荐理由：有着2500多年文明历史，近代孕育两大著名的教育家，被费孝通称为"神州水乡第一镇"。

特色看点：叶圣陶纪念馆、沈宅、萧宅、保圣寺、古桥

叶圣陶故居

○ 廊棚

有着2500多年文明历史的甪（音“陆”）直，位于江苏省苏州市吴中区。《甫里志》载：甪直原名为甫里，因镇西有“甫里塘”而得名。后因镇东有直港，通向六处，水流形有酷如“甪”字，故改名为“甪直”。又传古代独角神兽“甪端”巡察神州大地路经甪直，见这里是一块风水宝地，因此就长期落在甪直。故而甪直有史以来，没有战荒，没有旱涝灾害，这“丰衣足食”，竟然延续了几千年！

甪直，许是江南六大古镇中最默默无闻的一座，甚至那么多人无法正确念出她的名字。甪直也不大，走走串串，不小心就把每条街都走遍了。不过，也许你不知道，甪直用其厚重的历史文化孕育了两大著名的教育家。

提到叶圣陶，大家绝不会陌生，虽说叶老是苏州人，但这甪直之与他，可是非比寻常：他年轻离家踏上社会的第一站，就是甪直。1917年春，仅23岁的叶先生应同学之邀，到“五高”任教，这一住，便是四年多。叶先生与校长、教师们关系融洽，这淳朴的水乡古镇，让他喜爱不已，每天早晚业余时间，以操刀刻印为乐。怀揣着理想的叶先生在教育上，也不甘于循规守据的旧式教育方法，而是开始自己摸索着进行一系列的教育改革实验。

比如叶先生开辟了一个小农场——生生农场。“生生”即先生与学生的意思。因为叶先生特别重视学校与社会的沟通，重视学生的课外活动，所以在这里创办了“生生”农场，与学生一起种植瓜豆蔬菜，一起分享劳动的欢乐，既培养了劳动观念，又沟通了先生与学生的感情。而这个农场，至今保留在角直。

在角直任教这一时期，北方新文化运动蓬勃展开，叶老与俞平伯、顾颉刚、欧阳予倩等文化人士书信往来频繁，《新潮》杂志传递的新文化气息犹如春风扑面而来，这“操刀刻印”的兴趣，于是转移到写作上了。翌年三月，他发表了第一篇白话小说《春燕琐谭》。如同打开了创作的闸门，短短三年里，竟发表了小说、散文百余篇。他深情地将古镇角直比作“母亲的乳汁”，哺育自己创作成长的“摇篮”。即使在离开角直之后，叶老创作的诸多名篇也是取材自角直。比如有名的《多收了三五斗》就是以角直镇上的万盛恒米行为原型而写成的。这万盛恒米行最初由民国时期镇上沈、范两家富商合伙经营，是附近首屈一指的大

○ 角直街上有名的青团老人

米行，不过现在虽保留着“前店后场”的格局，却已不再卖米，改成了农具陈列馆。

这个他所熟悉的乡村，带给他太多灵感。看着他热爱的农民被黑心的商贩压榨，叶老不由同情万分，他便用一片《多收了三五斗》来揭示旧世道“谷贱伤农”的黑暗，表达了他的愤怒之情。

叶圣陶先生在最后弥留之际，还心心念念这个“第二个故乡”，银杏树、斗鸭池、清风亭、保圣寺、生生农场，无不牵动着他。叶老的留恋，也最终把他带回了这个第二故乡，现在，他静静地长眠于甪直的土地上。为了纪念叶圣陶先生，也为了保护因年久失修而已成“危房”的叶先生旧居与任教过的校舍，以及周边的女子楼、四面厅、鸳鸯厅等旧迹，甪直人在这里修建了“叶圣陶纪念馆”。

甪直还有一座建于清同治年间的沈宅，就是另一个著名教育家沈柏寒的私邸。沈柏寒可是真真正正的甪直人。光绪年间重建甫里书院的沈宽夫，就是他的祖父。沈家是镇上有名的后起富户，房产甚多，当时甚至有“沈半镇”的说法。他曾东渡日本，进了早稻田大学教育系攻读，但过了两年因家事辍学回来。当时科举已废，各地都在兴办新学，而沈柏寒在日本学过两年教育，便把甫里书院改为甫里小学，开设了语文、算术、史地、图画等课，还要做体操，当地人称之谓“洋学堂”。他还设计建造了一座幼儿园，还有钢琴教唱。

现在那些小学幼儿园都已经不在，只留这前后共有五进的沈宅，不过开放的只是宅院的西部。正厅乐寿堂前后作重轩，因此高大宽敞。厅内雕饰繁多气派，是整个镇上最豪华的建筑，让人不由心生羡慕。

不过这镇上保存最好的清代建筑，却是不远处的萧宅，即里中望族萧冰黎的房产。若喜欢看港片，一定不会对萧芳芳这个名字感到陌生。《梅姑》、《女朋友》、《不是冤家不聚头》、《女人四十》、《方世玉》等作品中有精彩表演的萧芳芳，在2009年还被香港电影金像奖协会宣布授予其香港电影金像奖“终身成就奖”，以褒扬她善用天赋才华为香港电影界做出的贡献。这香港

甪直河道

影视界的红人萧芳芳，就是萧宅主人萧冰黎的孙女。因此现在萧宅辟为萧芳芳演艺馆，展示许多萧芳芳的照片资料，都是她本人亲自送来的一手资料。看绝代佳人从情色动人到风华正茂，再到温润如玉，也让人嗟叹一把时光。

这沈宅与萧宅之间，有一座双桥，分别是万安桥和三元桥。两座都是梁式石桥，一高一矮，一宽一窄，是很奇妙的搭配。这是甪直比较有名的一座桥，却也只是甪直现存41座古桥之一。甪直的桥不可小觑，一平方公里的古镇区原来甚至有宋、元、明、清时代的石拱桥72座半。多孔的大石桥、单孔的小石桥、宽敞的拱光形桥、狭窄的平顶桥，散布在镇内的河道之上；两桥连成直角的双桥就有五处之多，造型各异、各具特色，古色古香。真可谓是“水流纵横、桥梁密布、贴水成街”。

石桥虽古，这镇上最古的，却是一座寺庙。走进那座外表寻常得似乎随处可见的小庙保圣寺，殿内有几尊残缺不全的罗汉塑像，只剩残缺不全的九尊，却是艺术的瑰宝，有上千年的历史。相传是唐杨惠之所塑，罗汉筋骨外露，造型夸张生动，构图独特新颖，是国内的孤例。站在殿内，能感受到那种摄人的气魄。而寺的创建时间则是在早于塑像数百年前的南朝梁代。由此再上溯一千

◎ 万盛米行

年，这里就是吴王离宫的所在！

大殿外的青石经幢和铁钟也是宝贝。左侧是唐代的经幢，全称“尊胜陀罗尼经咒石幢”，分为七层，由多块石柱堆建而成，每块石柱上面都有盘盖，上刻各种佛教造型，是不可多得的珍品。右侧铁钟铸于明末清初，钟上铸有“国泰民安”、“风调雨顺”、“五谷丰登”、“八方无灾”等吉言，是佛寺的镇山之宝。

历史如此悠久，又是孕育名人志士之地，难怪，会被著名社会学家费孝通先生称为“神州水乡第一镇”了。

小贴士/TIPS

交通：从苏州火车站前广场或汽车北站乘旅游车前往，6:10到19:30约每15分钟一班，行程约1小时。

门票：联票为60元。现役军官证免票。在汽车北站可以买到甪直门票，只需50元，且可免去甪直的车票。

作者手记：

到了甪直，甫里蹄和甫里鸭是不容错过的，据说这两者都跟晚唐时的大诗人陆龟蒙有关，现在已经成了居民宴客的必备菜，也是喜庆中的主菜。甪直的萝卜也是苏州的名特产品，风味独特，行销于苏南一带。河边那条长长的廊棚之内，藏匿了许多美食人家，店前摆上几张蓝印花布铺面的小桌，四面放上几把椅子，就是一处不错的品尝美食之所。

定胜糕与乌米饭

镇

解读乌镇

乌镇是江南古镇里较小的一座，布局也十分简单。一条笔直长河，几座横架小桥，两条并行街道，众多临水人家，就是给人一目了然的印象。然而就这么一个唐咸通时才始置的小镇，在宋嘉定年间还曾分为两半：以车溪河（今市河）为界，河西为乌镇，属吴兴县（今湖州市），河东为青镇，属桐乡县（今桐乡市）。直到1950年，两镇才重新合并，统称乌镇。乌镇因出了茅盾这位近代文学名人而知名，而到了乌镇以后，你还可以从中发现更多乌镇的知名之处。

地理位置： 浙江省桐乡市北端

推荐理由： 有六千余年悠久历史，素有“鱼米之乡，丝绸之府”之称。

特色看点： 茅盾故居、茅盾纪念馆、赵家厅、修真观

推荐指数： ▲▲▲▲

交通指数：▲▲▲▲▲

美食指数：▲▲▲

住宿指数：▲▲▲

冬日温暖的阳光下，一个叫默默的女孩子跳出家门，双脚清脆地击叩在青石板路上，立定，扬起一个迷人的微笑，然后如小鹿般朝前跑去。

这里就是中国最后的枕水人家，乌镇。这就是乌镇的似水年华。

李心洁的面容其实一点都不古典，但不知为何，身处这枕水江南，居然也分外融洽。

乌镇西临湖州市南浔区，北接江苏苏州吴江市，为二省三市交界之处，具有六千余年悠久历史，素有“鱼米之乡，丝绸之府”之称。

如今的乌镇景点，由市河分为东西两处，东栅与西栅。早先来过乌镇的人都知道，当年所谓的乌镇，其实仅仅是指东栅，而这西栅，则是经过修葺后

2007年才开始对外开放的。东栅最先开发，除却修整了古街两旁的老房子外，还开发了很多有古韵的小景点。相比之下，更显热闹。

东栅

进了东栅，首先入眼的便是财神湾了。财神湾旧时叫转船湾，因乌镇的水系比较特殊，呈“十”字型，越到栅头河道越窄，船只也不易掉头，所以当地人就在这儿开塘挖河造了一个能使船只调头的地方，同时为了区别于其他地方的转船湾，便借用旁边的财神堂命名为财神湾。财神湾是一个水乡的缩影，小桥、流水、船港、厅堂、廊棚、水阁，错落有致的民居群延伸着幽幽古街，廊棚水阁与碧水蓝天相接，水乡美景浑然天成。

财神湾边有一座带廊棚的石桥，就是逢源桥。这桥比较独特，左右是分开的，中间隔一木板墙。据说这是因为古时有男左女右的习俗，男女到这里得分开走，因此又生出左右逢源之说而名为逢源桥。但附近的居民说左官右财，走左边可以保佑以后的人生道路官通亨运，走右边可以财源滚滚，孰是孰非就看

赛船

大家自己想了。过去这桥是水路进出关卡，现在桥下还有水栅栏分隔，但已经不再使用了。

乌镇的有名，原因种种，但一定有一条是因为她是“我国现代文学巨匠”茅盾的故里。茅盾从出生到抗战爆发离乡前都居住在这里。其故居是传统的江南民居风格，砖木结构的一般江南民居，主体是四开间两进深的二层楼房。后园是茅盾先生三十年代亲自改建的书斋，一直作为起居、读书和会客之处。现在这里是国家级重点文物保护单位，游人如织。

茅盾故居旁的立志书院是茅盾的母校，现在改成了茅盾纪念馆，两者是互相连通的。立志书院于同治四年创建，院落五进，进门过天井是讲堂，之后是教学楼，第三进是厨房，最后一进是张扬园祠，学生多时也作为宿舍。书院隔街对面还有一座文昌阁，也是书院的附属建筑，里面奉祀先师孔子，是读书人心中的圣地。阁楼环形拱门下面是通道，直通沿河的码头。码头两侧的民居略微伸入市河之中，以水里立柱支撑屋身，二层甚至于更往外探出，充分利用有限的空间。这就是乌镇独有的水阁式建筑。

在茅盾故居以西的路北不远，有座木雕馆。西塘也有木雕馆，但乌镇的木雕馆有个特别的地方，就是它把一些平常看起来不搭边的构件组合在一起，创作而成一组形式夸张但外观生动的作品，摆放在厅堂正中，颇有几分新意。四周陈列的木雕作品，一样是从乡里民间采集而来的，个中也不乏精雕细刻之作。

从木雕馆继续沿东大街往东走路北，又称赵家厅，是一家专门收藏馆。古老的木架大床相信不少人小时候都睡过，但来到这里会发现原来这床还有这么考究的学问。展馆前后共分三个展厅，以明清和近代为主，主要精品有明马蹄大笔管式架子床、带镜红木雕花床，清拔步千工床等，还有一些休闲实用的罗汉床、嵌骨架子床等，令人大开眼界。

从兴华街过兴华桥后有个修真观，是乌镇最大的一处道教宫观。原观已于解放后拆除，近年为发展旅游业，当地政府又斥资重建。新建的修真观恢复了三重院落，前后依次为山门、东岳大殿、玉皇阁，两旁还有十殿阎王、瘟元

老木头酒吧门口的大木椅

帅、财神等配殿。山门前广场对面的戏台则还是修缮过的旧物。戏台不大，歇山式屋顶，飞檐翘角，典型的江南建筑风格。过去镇上的人们，每逢庙会、集市则会聚集于观前的广场之上，看神戏、唠家常，那就是小镇人家莫大的乐趣。毫无疑问，这里就是古镇的活动中心所在。

蓝印花布是江南古镇里十分普遍的一种民间传统手工艺，已有上千年的历史，原料是十分简单的土布和蓝草染料，就连图案都是乡间常见的花花草草一类，乡土气息十分浓厚。若要说乌镇印象，必定有一条就是这蓝印花布。东大街上有个“宏源泰”染坊，里面就是蓝印花布馆。一进门便会被那些晾晒在高大木架上的布条迷住，日光下娉婷起舞，如这水乡弯弯曲曲的河道般要延伸到天际去。

一两三白酒，唇齿幽香固。除却这清湛风情的蓝印花布，还有就是乌镇赫赫有名的三白酒了。高公生糟坊和蓝印花布馆一样，是利用原来的酒坊设立的，距离也不远。不同的是这酒的巷子还真比较深，要穿过一条窄窄的巷道才能看到，不过未见酒坛就先闻酒香了。酒坊所产的三白酒，就是用“白米、白面、白水”为原料，将糯米蒸煮成饭而后冷水淋凉，拌上酒曲饼料并倒入酒缸密封，并经二蒸二酿而成。整个过程在酒坊里据实再现，“土气”十足，那堆放在院子里的一坛坛美酒散发出的浓郁香气也十分诱人。可以看看那些正在发酵的酒，再亲自尝尝那55度现酿的三白酒，岂不是“偷得浮生半日闲”？

西栅

走进西栅，放眼望去，就是一片开阔的蓝天碧水白墙黑瓦，洁净清微。西栅有12座小岛组成，由60多座小桥把它们串在一起，河流密度和石桥数量均为全国古镇之最。所以到西栅，最美就是这古镇本身。不必拘泥于路线景点，信步慢走，感受双脚落地时石板的厚重，听听小船划过水面的温柔絮语，便是一日享受了最美光景。

进门可以坐免费的摆渡过去，也可以走过去，如果人不是很多，推荐坐船过去，毕竟来了这古镇，坐小船悠游很是享受。

乌镇的邮政历史起源于秦代，当时是以步行传送文件。到了唐代邮驿昌盛期，乌镇与外界频繁的信息交流更加发达，到了元朝已经正式有了马驿和水驿之分。在乌镇镜内设置的大部分为水驿，驿站内设有固定船户，负责传递官方

蓝印花布

文书。在西市河畔就有个砖瓦结构的老邮局，一扇西式的铁门，整个房屋中西合璧，店内有一台制作纪念明信片的机器，可以传上你自己拍的照片，或者是现场拍，做成独一无二的明信片，寄给家人、爱人、朋友、甚至你自己。

但要说到最美，莫过于西栅的夜景。盈盈满月，一片深蓝的夜空，一片通透的枕水瓦房，一池流水中，又一个美轮美奂的乌镇！

刘若英说，“生活在梦里的乌镇”，确实，美得让人不忍醒来。

小贴士/TIPS

交通： 嘉兴汽车西站大约每半小时就有一班车去乌镇，也可先乘车到桐乡，那里到乌镇的车更加多。约1小时车程。

门票： 东栅门票为100元，西栅门票为120元（17:30前），西栅夜游票价为80元（17:30后）。东栅、西栅联票为150元。持有老年证、三十年教龄证、现役军人证、中小学生证及1.1-1.4米的儿童享受东栅60元，西栅80元的门票优惠。1.1米以下儿童免费。

住宿： 由于乌镇管理部门不允许景区内住户随意做生意，所以景区内的住宿都比较贵。但是乌镇的夜晚也很好看，尤其是西栅的夜景。所以可以选择住价格较低的青年旅舍，或者是夜游完西栅之后住到景区外。若是条件允许，住在枕水人家当然更好。

美食： 乌镇最有名的地方特色菜是红烧羊肉，酥酥的，甜中带辣，特别是冬至后的羊肉味道最为鲜美。乌镇白水鱼也是当地的特色菜。乌镇西栅民宿各家可以就餐，不多不少就两桌，住户们自个儿吃完了才会仔细为你准备饭菜。当地小吃首推乌米饭与定胜糕。

作者手记：

1. 乌镇东、西栅的发展定位分是水乡古镇风情观光区与世界遗产级休闲度假景区，白天可以选择游览东栅，然后漫无目的地逛逛西栅的古街。
2. 乌镇是一个传统作坊的聚集之地。穿越那条石板漫地的东大街，两旁老旧的木栅后面很有可能就正在制作着蓝印花布或者三白酒。东大街上茅盾故居斜对面的林家铺子，据说是茅盾作品里《林家铺子》的原型。在宏源泰染坊、高公生糟坊等展馆里，也能买到很有古镇特色的蓝印花布、三白酒等传统工艺品。

○ 百间楼之晨

地理位置： 浙江省湖州市南浔区

推荐理由： 中国近代史上罕见的巨富之镇，百余家丝商巨富被称为“四象八牛七十条金黄狗”。

特色看点： 嘉业堂藏书楼、小莲庄、古宅

南浔

解读南浔

南浔给人的第一感觉，并不是很惊艳。如果说单从外观看起来有什么特别之处，那就是它相对比其他古镇要大得多的面积。然而透过高大院墙之内的豪门巨宅，你却能想像得到这座有着750多年历史的古镇之豪富。这是中国近代史上罕见的一个巨富之镇，被称为“四象八牛七十条金黄狗”的百余家丝商巨富所产“辑里湖丝”驰名中外，成为“耕桑之富，甲于浙右”。丝商们利用其雄厚的资财建起了豪华庞大、中西合璧的宅园，这在江南古镇中绝无仅有。

推荐指数：▲▲▲▲

交通指数：▲▲▲▲

美食指数：▲▲▲

住宿指数：▲▲▲

六七月的夏天，总让人惧怕着骄阳不敢出门。但是有些地方，却正好适合这夏日畅游，比如这江南水乡古镇南浔。南浔位于湖州市南浔区城区以东，在明清时代就是江南水乡名镇和旅游胜地。南浔自南宋淳祐季年（1252）建镇至今已有740多年历史。

小莲庄

说最宜夏天来，只为南浔小莲庄内盛夏时节“出淤泥而不染，濯清涟而不妖”的一池莲花。小莲庄是清光绪年间南浔首富刘镛的私家园林，始建于1885

年，后经刘家四十年的经营，由其孙刘承干于1924年建成。小莲庄由刘氏家庙、义庄、园林三部分组成，以荷花池为中心，依地形设山理水，形成内外两园。内园是一座园中园，处于外园的东南角，以山为主体。茂密的小灌木间有一条曲折的小路，仿若此行是要去探访一位隐居在此的高人，让人喜不自禁。外园就是那广约十亩的荷花池了，盛夏时来到这里，就可以看到青翠的荷叶悠然舒展，粉红的荷花不胜娇羞。到了秋天，沥沥细雨下，恰是“留得残荷听雨声”，别有一番意味。不过，最特别的是偌大一个池子，看不到一丝水面，全被这茂密的荷花荷叶覆盖了！这样的景象在江南古镇里是独一无二的。这一片热闹的荷花池，在炎炎夏日里带来了丝丝的清凉，让旅人心旷神怡。

主人家顾着这荷花，沿岸都有小路，可绕着散步，还有亭台楼阁可供人歇脚喝茶，欣赏美景。比如荷池南岸的“退修小榭”，临池而建，设计精巧，堪称江南水榭建筑的精品。此榭的溪曲廊连“养新德斋”，是主人的书房，因为院内种植了许多芭蕉，所以又称“芭蕉厅”。荷池北岸外侧为鹧鸪溪，沿溪叠有假山并植有矮竹护堤，堤上建有六角亭。堤的东端建有一座西式牌坊，其门额上的“小莲庄”三字为著名学者郑孝胥所书。荷池东岸原建有的“七十二鸳鸯楼”于抗战时被毁，东岸南侧有百年紫藤，似卧龙参天盘卷，枝叶茂密，伸达五曲桥顶。每到花季，藤条宛如紫色的彩带悬绕于桥顶，美不胜收。荷池西岸还有一个“东升阁”，是一座西洋式的楼房，也叫“小姐楼”。楼内雕花圆柱，百叶窗壁炉，皆为法式建筑风格，倘若有喜欢欧式风格的游客，在这古镇上看到东升阁岂不开心！西岸长廊的壁间嵌有《紫藤花馆藏帖》和《梅花仙馆藏真》刻石四十五方，刻石书法真、草、隶、篆各体皆备，刻工精妙，字体遒劲，文采飞扬。

小莲庄还有一处摄人心魄的地方，那就是小莲庄甬道。那条不足百米的小路上，种有29株百年古樟，中间铺着青石板，愈发幽深肃穆。民间流传一种说法，一个城市的灵魂，都是被树守护着的。若是真的，那这29株百年樟树，不知守候了多少灵魂。

南浔百姓的朴实生活

○ 游船

嘉业堂藏书楼

小莲庄旁边，是我国近代著名的私家藏书楼——嘉业堂藏书楼，楼主是刘镛之长孙刘承干。刘承干自幼第一嗜好便是读书、买书、校书、写书、藏书。1910年他开始藏书，辛亥革命时期他趁大批古籍抛售时不惜花巨资大量购书，而深知藏书不易的他决定在小莲庄刘氏家庙的旁边建造一座藏书楼，1920年动工，1924年岁末才竣工。藏书楼建成以后，刘承干仍继续收集书卷，据统计，鼎盛时期的藏书全部为五十几万卷，号称六十万卷，共十六七万册。其中有宋、元两代精椠一百四十九部，完整的有一百零六部，还有《永乐大典》珍贵孤本四十二巨册，《四库全书》（翁覃溪手纂）原稿一百五十册。其藏书量之大，让不少藏书家瞠乎其后。

这座令人惊叹的藏书楼建在一座园林之中，外有河水环绕，前有莲池假山，四周还有参天古木。主楼建于民国时期，是西式的两层回廊式楼房，许是因为这过分的黑白分明，以及这仅有几口水缸却过分宽敞的院子，总能让人感受到一种学者式的严肃气氛。不过藏书楼的大门、棂窗等却是传统的中国建筑式样，同时对防火、防潮、挡风等都作了周密的考虑。书楼正厅中高悬着有名的末代皇帝溥仪所赠的“钦若嘉业”九龙金匾，这藏书楼也由此得名。

○ 南浔嘉业堂

豪宅与民居

南浔巨富当然不止刘镛一家，张颂贤也是南浔“四象”之一，他在南浔的宅邸就是如今的张静江故居。张静江是张颂贤的孙子，为孙中山密友。在国民党第一次全国代表大会上，张静江当选为中央执行委员，曾代理浙江省国民政府主席，被称为国民党四大元老之一。他就出生在这座光绪年间修建的原名为尊德堂的江南豪宅里，这儿现在还陈列着张静江的生平事迹和遗留文物。

然而南浔也不是只有豪宅，就在张静江故居不远处，有一片百间楼民居。因相传是明代礼部尚书董份为家里仆从所建、初建时有楼房百间而称“百间楼”。原来河东河西布满民宅，但河西因遭遇日军轰炸，难复旧观，只有河东一带的民宅保存较好。这些民宅依河而建，户户侧墙相连，骑楼直接跨在沿河街道上，与廊棚可谓有异曲同工之妙。和一般江南民宅的斜坡屋顶不同，百间楼的山墙多种多样，云头氏、观音兜式、三叠马夹式互相参杂，高低不平，蔚为奇观。楼内仍然住满了老百姓，日复一日地过着恬淡而琐碎的生活。

南浔酒

南浔除了小莲庄的花香、藏书楼的书香以外，当然少不了八百年留香的南浔酒！南浔东大街48号，是一家有百年历史的南宋御酒坊，院子里摆满了一缸缸的南浔酒，边上主人还种了些花草，阳光下空气里若有似无的酒香混着花香，再看那棕褐色的酒缸上还放着一盆翠绿的吊兰，真是很漂亮的酿酒坊呢！

如果不胜酒力，那么不妨喝点南浔的甜白酒，酒里面还搀着些桂花，度数不高，简直可以当饮料喝，却又有酒独有的“醉味”，在严寒的冬季喝点甜白酒暖暖胃最好不过了。

这御酒坊所在的东大街也好，其他老街也好，其实都是90年代中后期配合着几个景点新建的。拆除了河道两旁破败却显现代的建筑，代之以新建的、粉墙黛瓦的仿古建筑和商铺。亭台楼阁、曲巷拱廊错落有致地沿河分布着，别有一番味道。去南浔旅游如果没赶上夏天的荷花，那么，冬天下雪之后，再去游览白雪皑皑之中的南浔也是美不胜收的。

小贴士/TIPS

交通： 嘉兴汽车北站每天有6班车到南浔。湖州汽车总站有去南浔的城乡公交车，早上6:00到18:00之间，每15分钟就有一班。其他周边城市如苏州、杭州、上海每天也有好几个班次。到达南浔汽车站以后，还需乘三轮车才能到古镇。

门票： 联票100元。

美食： 当地盛产竹笋，且做法十分讲究，花样繁多。特色小吃则有橘红糕、定胜糕、熏豆茶、双林姑嫂饼、周生记馄饨、丁莲芳千张包、震远同酥糖、诸老大粽子等等。

作者手记：

1. 进入古镇不需要门票，游览百间楼也不需要门票。但这样一来无法进入这些景点，也就白来一次南浔了。游览南浔一般从嘉业堂藏书楼和小莲庄开始，古镇的联票也可以从小莲庄门口买。
2. 和一般江南古镇不同，南浔最美的时候是夏天，就是6、7月份荷花盛放的时候。
3. 南浔的街景保存得并不算完好，水乡气息也稍微淡些，旅游业不如其他几个古镇兴旺，但南浔的宅院绝对是其他江南古镇难以比拟的，这还不包括在抗战中被毁的几个名园。
4. 南浔并没有形成像其他古镇一样热闹的商业街，大多数的店铺都零散地分布于镇内各处。辑里湖丝是南浔的发达之本，到南浔来当然是必选之物，南梅恒裕丝经行是南浔的老牌丝经行之一。湖州笔也是南浔的名产，王一品斋笔庄的“天宫”牌湖笔、善琏湖笔厂“双羊”牌湖笔是个中名品。

朱家角

推荐指数：▲▲▲

交通指数：▲▲▲▲▲

美食指数：▲▲▲▲

住宿指数：▲▲▲▲

解读朱家角

和江浙六大古镇相比，上海市淀山湖之滨的朱家角镇规模不算大，名气也小得多。但因为开发较晚，古貌保存较好，加之出于地利之便，正越来越受到游人尤其是上海市民的青睐，逐渐成为江南古镇游的一颗新星。这里没有辉煌的历史，没有巍峨的建筑，没有耀眼的名人，只有一座水乡小镇的悠闲、安逸。著名音乐家谭盾和“昆曲王子”张军、舞蹈家黄豆豆联袂打造了朱家角的昆曲《牡丹亭》，曾在2010年世博会期间引起阵阵轰动，甚至惊动了许多建筑学家前来造访探讨。

地理位置： 上海市青浦区中南部

推荐理由： 形成于1700多年前的三国时期，素有“东方威尼斯之称”，上海四大历史文化名镇之一。

特色看点： 放生桥、课植园

朱家角小景

○ 廊桥

陈年木桌，四面围着长条板凳。视线随顺时针转：蓝色土布衬衫的老者半趴着，似听入神；右侧的戴帽老者左手叼烟，右手打开茶盖，等着加上水；白色衬衫老汉和同条凳上的另一老汉，各自往旁边挪了挪位置，两者之间是右手提壶的白衣年轻人；两位白衫茶客，一老一少壮，一个轻抚茶杯，一个轻抚茶壶；剩那最后一人，半秃，揭了茶壶盖子，正待推向桌子正中，方便加热水。

以上只是一张图片的定格，一个普普通通打茶围的场景，一个普普通通的古镇下午日子，出自尔冬强之手——《视觉文献系列之朱家角》。日后，无论我想到茶客或是朱家角，眼前浮现的便是照片上的景象，分毫不差。朋友说，那是因为尔冬强看得准，下手准，拍得也准，古镇风味十足。

我喜欢这张照片，不仅仅是朋友说的这些，它还把我在朱家角的全部记忆都找了回来，一幕幕做成了黑白电影，连续播着。比如放生桥。

放生桥，人称“沪上第一桥”。明隆庆五年（公元1571年），由慈门寺僧性潮和尚募建。放生桥长如带，形如虹，“井带长虹”为朱家角十景之一。桥上有时十分热闹，五孔七十米长的桥身上，常常垒满了人。烈日盛的时候，就是满桥的孙猴子，个个手搭凉棚，想将两排枕河人家看个分明：都是黑瓦，都是木楼，都有斑驳。不用走近多远，老远就能闻着时光的味道。这桥，自然也有不热闹的时候，比如每晚八九点后到清晨七点之间，船只不走，行人未至，只有古镇人迈着小步日复一日又年复一年地走过桥身，走回家睡觉，走去早茶馆，走去工作。当然，还有成日里提拉几袋子金鱼的妇人们，等着愿意掏钱的金主放生，这份热情可以从大清早持续到落霞初现。

桥下走的是漕港河，河面很宽，来回几只游船走得兴致勃勃。船上载着人的船夫，手上省着劲，一竿深深到底，撑一下，一二三地斜斜拔了起来，船儿荡着朝前走；船上空空的船夫则不然，一撑一拔之间，数息之下，那船已走得远远的，既如往事，也似云烟。

临着河面的这两面，多是餐馆茶楼，都占了二楼的临河好位置。特别是北大街，更是人头攒动，人们在酒肆里摇，在粽铺里晃，在扎肉铺上聚。小店各自招呼着客人，店家说话声音敞亮，又带点糯音。有风吹过，一把抓住，送到鼻尖一闻，都是肉香味。味道在午市晚市会变，总会多些东西。一会是醋熘土豆丝的味道，闻得出酸味；一会是清蒸鱼的味道，被葱香裹着非要出来诱惑路人一把。如此这般，走完整条街，闻得心头爽足，就如真心吃下了这些闻着的菜一样，心头畅快。

被食物香味迷倒的时候，很难注意民宅的精致。木窗上的雕花片儿，偷偷探脑的大小露台，低低轻挑起的屋檐角儿，这是老宅的精致；窗前的花儿，露台上的植物，配好色的摆设，那是老宅里人的精致。

据说旅人都是这样走的：午饭用过，顺北大街走，过廊桥朝左走，到漕河街。北大街吸引的是吃货，散的是美味，那漕河街吸引的就是爱书人，泡出了一壶暖人心的茶香，当然还有咖啡香。漕河街不长，这一段和书有缘。无论是咖啡馆还是茶馆，都会置上两大排的书架，精心搜罗来一些书，堆得满满的，才有人气。不仅远来之人喜欢这条街的娴静气质，古镇的书儒们也喜欢。清朝嘉庆间人宋如林的《珠里小志》序说朱家角，是“今珠里为青溪一隅，烟火千家，北接昆山，南连谷水，其街衢绵亘，商贩交通，水木清华，文儒辈出”。

书和茶，连街坊邻居都喜欢。他们会搬把有年份的椅子，放在宽街旁，身旁摆着小茶几，茶具一应俱全，身旁有懒散大狗或者小猫趴着不愿动弹。他们手上捧着一本书，看得仔细认真。一会有大婶来喊，说菜好了快去吃，烧黄鱼和油爆虾的味道在路人鼻尖前久久不散。这些家常菜，

○ 放生桥

都铺在大大的老桌子上头，正等着主人先喝上一口酒，再闲哉地下筷子。

放生桥的另一头，下桥左转右转各一下，是西井街。路上恰好能错开空档。水岸对面的明黄墙面，刻着大大的南无阿弥陀佛。圆津禅院，元朝时修建，初时是娘娘庙，明朝万历年修缮后成了禅院，清顺治、康熙年间曾扩建。几任主持都是能诗善画的灵秀人物，禅院也一度成为文人常聚之所，而后一度沉入世间不曾闻。许多空船好生被绳索系着，一个一个叠在黄墙前，很像端午节被串起的粽子。

西井街的初段，只是寻常，也是酒肆食铺，比北大街少了些热闹，少了些看不完的游人。这一段的临河人家，都喜欢在门口大树的荫凉下，支起竹椅，摆上木桌，可以自己饮茶，也可以待客。只需三五元的茶位费，高处的位置也

有，比如某家小馆子的楼上位置，捎带上可远眺的景致和不眠不休的空调。他们招呼着游人，不温不火的态度，有点拿直钩钓鱼的意思。

西井街的后段，则分明不同，全是时兴货。虽然也是老宅，但风格迥异。设计感极强的屋宅，早早地被改造成了主人的心头好；设计感极强的店铺，也都摆上了独家设计的产品；就连法国人也来凑趣，开了一家法国小食店，店主爱吃饺子，爱吃酒。这后半段，清一色的小资风格，但也顺了古镇的毛，已经融在了一处。据说铺子里的人都互相认识，春日下午，都会相约去不远处扎个猛子，在古镇的河道上游个泳。

可西井街最出彩的地方，却不是上述这些越发精致的新住客，导游们往往把游客们的注意力彻底地拉过来，拉到小镇西北角的课植园上。这所宅园是明代的古物，其园名寓意为“课读之余，不忘耕植”，始建于1912年，原园主马文卿。和明代许多官员的私宅一样，马文卿也不遗余力地修造着精致的宅园，他的宅园一样也走江南园林风的路线。十五年之久的修造期，三十余万的银两投入，赋予了课植园足够大富大贵的气势。厅堂部分必定雕梁画栋，一应俱全，假山部分也都迂回曲折，折叠出几层空间感，而园林部分更是都采用了曲径通幽的手法排列，很是循照江南园林的铸造法则。

“课植园坐西朝东，墙门内有门厅，门厅后是头厅、二厅、三厅和迎贵厅四埭进深的‘厅堂’建筑。迎贵厅向东为书城，南侧有一条长约20多米的碑廊，碑廊内镶嵌着明清著名书画家碑刻15块。以碑廊为界，北部为厅堂区，南部为假山区。从假山区到书城间，有一长形荷花池，将假山区隔成半岛，由一座‘课植桥’与之相连，紧靠荷花池西即为园林区，也称稻香村。”——课植

王昶纪念馆

园的整体布局，正如此上文所言，极为完整。园中整整200多间房屋，布局错落有致，富有章法。其布局手法之高超，在现存的私家园林建筑中都属翘楚。

逛课植园，最佳的时候仍是人少时。没了鼎沸的人声，当偌大的宅院可能只剩下零星散落的几个游客时，当热热闹闹的喧闹声都不再打扰这座园林时，当风静水宁偶尔有香风偷袭时，置身园中的人，怕是时间感和空间感都极易被混淆，真的要疑心自己身在何处，特别是那些曾在傍晚看上一幕牡丹亭的人。《牡丹亭》是众所周知的昆曲曲目，朱家角的《牡丹亭》特别就特别在布景上——真实园林的背景。谭盾说：园林就是乐器。流水为琴弦，山石为打击，花鸟虫草为合唱，风吹草动是交响。“原来姹紫嫣红开遍，似这般都付与断井颓垣。良辰美景奈何天，便赏心乐事谁家院？”——你能见杜丽娘的桥头娇唤，你能听到柳梦梅在池边痛吟。《惊梦》、《离魂》、《幽媾》和《回生》四场戏带着观众在课植园中领略“游园惊梦”的梦幻境界。

小贴士/TIPS

交通：在上海体育场的旅游集散中心乘坐旅游4号线，1小时左右可达。市中心的人民广场也有专线车直达。

门票：套票60元，会以三轮车送游客到第一个景点——渔人之家。若不想全部游完可单购古镇入门票10元，想看的景点另外买票。

作者手记：

1. 在放生桥畔有一个游船码头，有数艘豪华游船开行淀山湖水上游路线，来回约40分钟左右，沿途可了望华东地区天主教堂、东方绿舟、报国寺、淀山湖和元荡湖等自然和人文景点。
2. 古镇中最多的是店铺茶楼，大都分布在北大街的两边，其中在街西边的茶楼大都临水而居。那家看似普通的阿婆茶楼，却是2001年APEC的部长夫人们品茗交谈的地方，茶楼也因此声名大振。至于江南第一茶楼，那更是已经有百年以上的历史，本地人都叫它“俱乐部茶楼”，其规模是当时江南屈指可数的。

◎ 丁聪漫画陈列馆。自生活百科到上世纪的市井小情，全都在丁聪的一支笔下而已。

枫泾

解读枫泾

中国历史文化名镇。古镇周围水网遍布，镇区内河道纵横，桥梁有52座之多，素有“三步两座桥，一望十条港”之称。枫泾是蜚声中外的金山农民画的发源地，已有5万多幅作品远销国外，30多人次在国内外画展中获奖。“三画一棋”（农民画与丁聪的漫画、程十发的国画和顾水如的围棋）集中于枫泾一镇，是国内罕见的文化现象。

地理位置： 上海市金山区
推荐理由： 历史上地处吴越交汇之处，素有“吴越名镇”之称，新沪上八景之一。
特色看点： 古宅、丁聪漫画陈列馆、人民公社旧址

推荐指数： ▲▲▲

交通指数：▲▲▲▲▲
美食指数：▲▲▲
住宿指数：▲▲▲

春天一至尾声，这上海的天气便似着了魔一般，今日难料明日。去枫泾古镇的日子就是。太阳最显威风的时候，热气虽一层层地卷入车窗，一路上却只能尽着车窗大开，毕竟搭乘高速，略沾了点风。自车站出来，摸着一辆候客的三轮车，不一会儿的功夫，就被送到了泰平桥。那车夫笑嘻嘻地收了钱，响着一串铃铛渐行渐远。

枫泾成市于宋，建镇于元，是上海周边能比得上朱家角的水乡古镇，也有数千年水乡人家流传下来的范儿。河道纵多是自古传下的地势，据说早年间都被栽满了荷花，故此小镇也有别号“清风泾”、“枫溪”，最雅的名是“芙蓉镇”。

不同于盛名下的周庄，枫泾于人的第一印象，就是一个静字。说是静，却不是一声不吭或无人声响的那种。“芙蓉镇”上处处都是小桥流水，处处都是河畔人家，是那种小舟在掌中竹竿一点一荡下就能穿小巷走小道的格局。房

屋也都是灰色打底的居多，若是春天再来两只燕子，就该有《双燕》中的院门气度了。

近处有茶楼的旗帜飘着，是清风阁茶楼。它占着一座百年老宅，开了四五年。一楼的小院子里置着临河的几张桌椅，沾了点园内老树的福荫，夏日时一壶热茶下去，必定很是痛快！许是温度高的关系，引得旗帜也没精打采，有一种被折腾得过了份的精气神。这时最好望得远些，前方右侧有一整排的黑瓦长廊，即便在红日晃晃下，依旧能看到一串串高挂的大红灯笼，和应着水中的倒影。这景致好看、漂亮，廊下灯笼静，水面灯笼活。若将姑娘比作此景，白日里的一定是性子沉静，夜晚的大概生就妩媚。眼前景致鲜活灵动，它可以是钱应庚笔下的“日落瞻乌谁屋上，月明梦鹤故城阴”，也可以是“谁泼烟云六尺绡，寒山秋树晚萧萧”，在愿意怀古的桥段下更可以是“兰杜吹香鱼队乐，草莎成罽马蹄轻”，再来一段“风前雨后听莺声”。碰上那些心思更为寡淡的人，或许眼前的景致就该换个调调，朝“出门遇明月，闲寺也开扉。适到清溪上，方逢野衲归”上拢。只不过现在的枫泾大概是不如数百年前，静却依旧热闹。只将眼睛略收回了些，就看上了那一排鲜活的人儿。大概也是闻着了香味的缘故，双脚就慢慢地朝那景移了过去。一盆酱肥肉，大块大块地挤在一起；一盆鸭蛋黄，个个在日下泛着油光；一盆糯米，软软的粘手，定是洗淘净的；一个蓝色大筐，隔着新鲜的粽叶，都曾在水中浸泡干净；一个小筒，好似米筒，插着根根竖直的稻草。大婶坐定，左手抽出几张粽叶，几下叠出模样，右手抓过糯米，置了一些，接着放几块肥肉，再置些糯米，再放些肥肉和蛋黄，用筷子伸进探探，再用手压压紧，务必使这制出的粽肉紧实有嚼劲。余下的则是装满糯米，用粽叶搭好架势，用三根稻草勒出个长条粽的身形。她的手法简洁干练，除我之外，也有几个游客被吸引住，抱着手上的单反一阵猛拍。大婶不忘做生意，叫卖着一旁已包好的粽子，五花肉粽5元一个，精肉粽4元一个。倒也有游客下手买了一些，直说看着许多肉被包进去，拿了送给同事尝尝。

经营粽子生意的不止这家，一排小铺就有三家做此等营生，也是一般无二的熟手能干。她们都置了一口小锅，煮熟了些五花粽子当场卖。水沸开锅盖时，那香味窜了出来，仿若凭空能绘制一幅肥而不腻的五花肉，便是这香气将我从桥上匡了下来，动了馋虫。

棕子铺后是黑瓦长廊，生产街上，正是刚才所瞧见的串串红灯笼的挂处，我却还瞧见了一排整齐的黑色美人靠。美人靠的右侧是店家，有经营茶道的，有卖小货的，更多的则是临河的商家，烧得一手好菜。冰蹄和其他当地知名小菜，都在铺面门口一招一式地演练开，家家门口都很热闹。脚下踩的是青砖，所谓长廊通幽，一时感觉极好。水风凑趣，偶尔来上一段青衣舞袖，很是凉快。

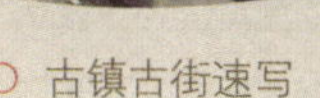

○ 古镇古街速写

临水的栏杆旁，还停着一艘披红的小小画舫，木格木窗，用青绳系着。扣船石还在，不知是多早之物，千百年前来的船只都离不开它，要能说话的话，不知能吐出多少悲欢离合的故事来。想象着，若是夜间，这临水的廊上和民居家门口的红灯笼都亮起，画舫离岸，顺着曲折蔓延的河道这么荡上一程，清馨二字最是恰当。

古镇悠悠的，连带着镇上的居民也都悠悠着。正恍惚着的功夫，前头传来一阵轻悠悠的笛声。索性一屁股坐在美人靠，正经将这曲子听着。曲声高高地扬着，婉转有致，一曲终了，便有了不愧身在江南之感。吹笛子的人，是前头乐器店里的人，吹得认真。你若走进店去看看，他也只看看你，招呼一声，便由得你看，若你出声问，他才开口答。不止这一家卖货是这德性，廊上的这些人家中，除了菜馆的人更为殷勤主动外，余者都是这样，不追着人卖货，没有太多兜售不停的欲望。

老实说，静静的悠闲古意，是边走边看能体会到的一种感觉。这种感觉可能来自偶尔瞥见的喊不出名儿的盆栽，来自长满了青苔的近河的灰砖，来自一排排灰砖红栏的古房，来自碧波荡漾的湖面，来自长势极好的参天古银杏，来自密密树枝遮下的深深庭院，来自那些守着斑驳的铜皮大门。这分明是沉静了多年的气度，像极了深埋地底的陈年女儿红，未起封时不打紧，一日起封，必定将那守了多年的味道深深地印在人心上，想忘不能忘，欲忘却又不敢忘，怕今后再也遇不上。

泰平桥的另一侧，民宅也多，门前也有一排清一色的美人靠。只是这里不比前面的铺子，只是单纯为住家好生休息而造。路过一家，正遇着老者给花浇水，一旁的收音机里飘出软糯的吴语，咿咿呀呀地柔了一片天地。他算着浇水量，一盆接着一盆浇，不时抚一下叶子，看看长势，查查是否长虫。虽是慢慢悠悠地做这些事情，等他收拾完，转头时已叫我看见他那满头的细汗，阳光下总看得格外分明。虽是被我细打量，老者大方一笑，将水壶搁好，便洗了个手，坐在美人靠上给自己扇起了风，很是惬意！他处古镇上，哪里能得见这般悠闲自在？

◎ 朱家角妇女包粽子的手法极快，大约也就是眨眼的功夫，一个粽子利索地出现。摊位上看得出各色材料。

镇上还有两处地方应该去，其一是丁聪漫画陈列馆，其二是人民公社旧址。自北大街到丁聪漫画陈列馆，要走过一小段石板路。它藏在小弄堂的深处，古老的银杏树拢着一幢两层高的小楼。丁聪是成名很早的漫画家，调侃讽刺的笔触在纸面上划过了整整一个时代的悲欢离合。可惜陈列品少有丁先生的原作，而是悉心整理的影印版本，都在二楼的几个房间内归置得整整齐齐。笔触下的人物鲜明，容易叫人想起同一时代的丰子恺，都是属于上个世纪的见证，若是上世纪50年代至70年代的生人，看了怕更有感触。

人民公社旧址，则是上海近郊保存得较为完整的人民公社。当年使用过的办公室，后院的毛泽东像章纪念馆、挖建于 1971年的防空洞以及米格15飞机和57高射炮，都是公社时代的鲜活例证。大红的宣传标语和激烈的批判文字都是那一代历史“轰轰烈烈”的曾经。

之后还走了一圈其他展馆，如程十发祖居、金山农民画展示中心、围棋国手顾水如故居，便又兜回泰平桥旁的清风阁茶馆。刚一坐定，便有一画舫摇曳而过，土布蓝褂子的船娘笑意盈盈，在减去几分热量的阳光下，顿有温润之意。她哼着不知名的小曲，那曲调俏皮，像是调侃，像是嬉闹，慢慢地驾船晃了过去。心绪随着船尾带过的几滤长痕，不知何故，竟悠悠远远的很是舒畅！

小贴士 / TIPS

交通： 上海地铁1号线锦江乐园站出，出站后左转巴士站乘坐枫梅专线，约45分钟可达古镇，票价12元。

门票： 联票50元。闲逛古镇无需门票。

作者手记：

枫泾三桥（清风桥、竹行桥、北丰桥）属精致小桥，有点江南巧色。

苏州市过境导向图

虎丘

沧浪亭

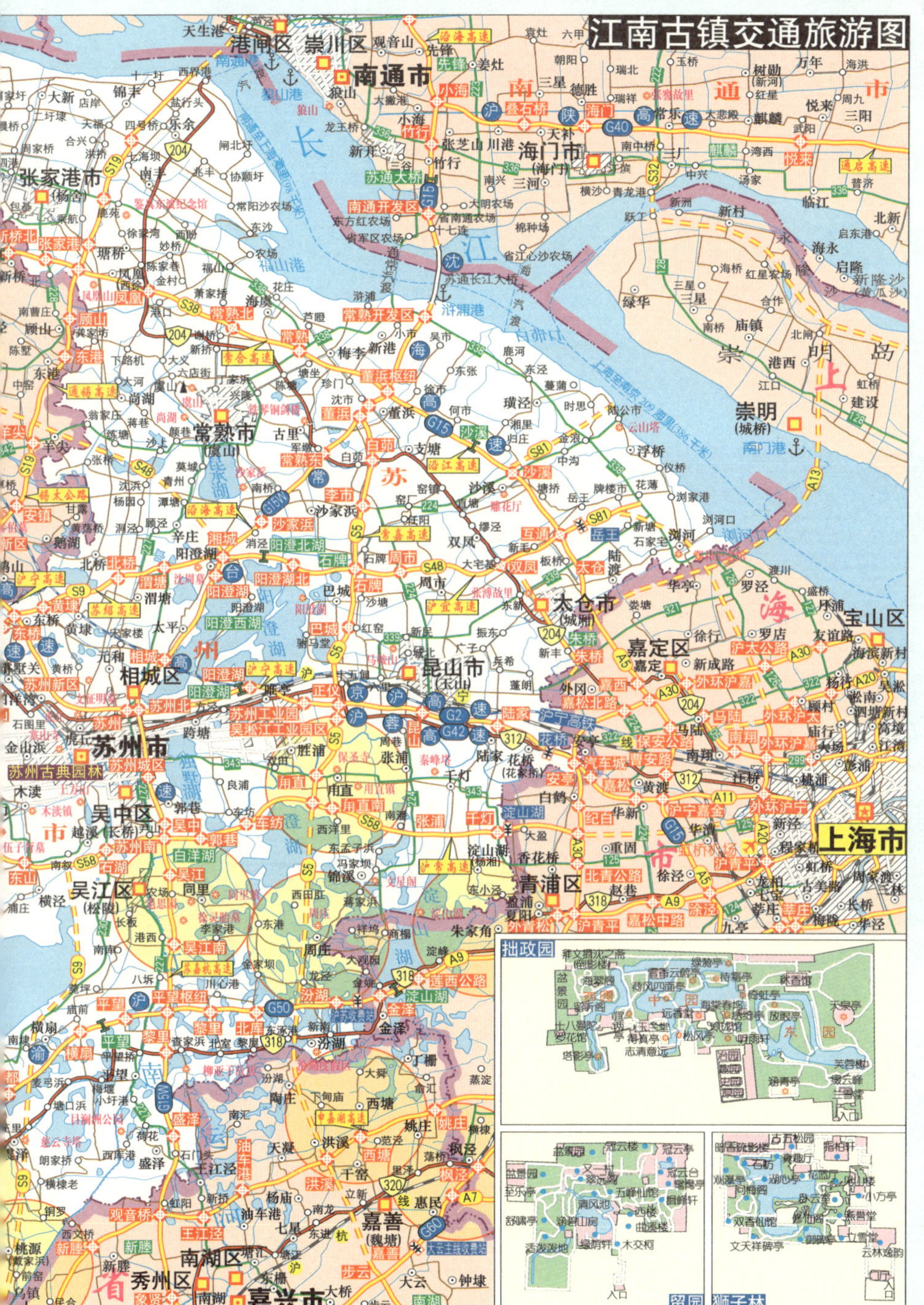
江南古镇交通旅游图
南通市
海门市
崇明
张家港市
常熟市
太仓市
嘉定区
宝山区
上海市
苏州市
相城区
昆山市
吴中区
吴江区
青浦区
嘉善
嘉兴市
南湖区
秀州区
拙政园
留园
狮子林

祁县古城

平遥古城

山西
碛口古镇
榆次老城

○ 双林寺彩塑

平遥古城

解读平遥

平遥古城始建于北魏，16世纪以来逐渐成为中国北方的商业重镇，是明清时期著名商帮——晋商的重要发源地，1823年中国第一家票号在此设立，极盛时期集中了全国半数以上的票号，一度成为中国近代金融业中心，赢得“填不满、拉不完的平遥城”盛誉。1997年，平遥以及双林寺、镇国寺被联合国教科文组织确定为世界文化遗产。专家们的评语是：平遥古城是中国汉民族城市在明清时期的杰出范例，平遥古城保存了其所有特征，而且在中国历史的发展中为人们展示了一幅非同寻常的文化、社会、经济及宗教发展的完整画卷。

地理位置： 山西省平遥县

推荐理由： 规整的古城格局自明清保存至今，晋商文化集中体现于斯，徜徉于保存几近完好的古商号、古民居中，那个日进斗金、汇通天下的白银时代似乎并不遥远。

特色看点： 古城格局及城墙、明清街、日升昌票号、县衙，双林寺的彩塑、镇国寺的建筑

推荐指数： ▲▲▲▲▲

交通指数：▲▲▲▲

美食指数：▲▲▲

住宿指数：▲▲▲▲▲

平遥整座城池就如同一座庞大的古建筑博物馆，现存传统民居3797处，其中有400余处基本保持了明清时期风貌，至今还有居民居住，是不折不扣的活文物。梁思成先生对平遥的评价是“外雄内秀”，精辟地概括了平遥民居高墙壁立、门禁森严和建筑工艺精湛、雕饰华美的特点。古城明清街上，各式票号、镖局鳞次栉比。日升昌票号那普普通通的黑漆大门内，埋藏着一部波澜壮阔、

纵横捭阖的中国近代金融史。清道光三年，中国近代金融业鼻祖、第一家票号“日升昌”就诞生在这里。其兴起与衰落，是山西商业盛极而衰的缩影。掩藏在高大院墙与厚重木门之内的财富故事以及晋商风流，惊心动魄，令人唏嘘。平遥县衙署始建于元，明清时期曾多次整修，号称为全国保存最完好的县衙建筑群。修复后的建筑群主从有序，布局完整，前朝后寝，左文右武，是了解我国古代官署建筑和吏治文化的好去处。清虚观内精彩绝伦的清代水陆画和活灵活现的纱阁戏人，城隍庙中色泽如新的琉璃构件，文庙里展示的状元试卷，当然还有那巍峨屹立的平遥城墙，无不散发着无穷魅力。

作为世界文化遗产的重要组成部分，平遥城外的两座寺院也绝对不容错过。双林寺以精湛绝伦的彩塑艺术著称于世，殿内保存有宋、元、明、清历代彩塑2052尊，大者4米左右，小的只有几十厘米，个个栩栩如生，形象各异，极富生活气息，其“东方彩塑艺术宝库”的美誉当之无愧。罗汉殿内的十八罗汉充满浓郁的生活气息，有步履蹒跚的“病罗汉”，有酒意未消的“醉罗汉”，有滔滔不绝的“多言罗汉”，也有欲言不能的“哑罗汉”。其中“哑罗汉”堪称全殿精华，他结跏趺坐，双眉紧皱，看到世间不平，欲发作却嘴不能言，只好紧闭双唇，气沉丹田，传神地刻画出了他着急又无奈的内心活动。双

晨曦中的平遥古城

林寺雕塑的精华在千佛殿，殿内正中的“自在观音”柳眉弯弯，樱桃小嘴，表情似笑非笑，露臂光脚，左腿下垂，右腿高翘，搭在右膝上的右手竟然还是标准的“兰花指”。那姿态，活脱脱一位玩世不恭的古代美女，无拘无束，自由自在。自在观音的右前方是被誉为“全国之冠”的韦驮像，他身披甲胄，眉头紧锁，双目圆睁，不怒自威，全身几乎所有的关节都扭曲着，腰部动作尤其夸张，从头到脚形成一条极富力度的S 形曲线，仿佛积蓄了无尽的能量，随时准备护卫佛法，驱除妖魔，简直是对“挺身而出”一词的最好诠释。更巧妙的是一条婀娜的飘带环绕着韦驮全身，有种驭风而行的效果，让静止的雕像似乎动

○ 双林寺墙上的斑驳光影

了起来。殿内四周还悬塑五百多尊菩萨像，连房梁上都成了他们的立足之地。整个殿中，视线所及之处，无一不是美轮美奂、生动传神的塑像。几百年的蹉跎岁月，丝毫不能埋没他们的风采，绚丽的颜色也完全没有消褪，整个千佛殿完全就是佛教艺术的海洋。

镇国寺则以古老建筑闻名，主体建筑万佛殿，建于五代北汉天会七年（公元963年)，在国内现存最古老的木结构建筑中排名第四，已经历了1040余年的风风雨雨。万佛殿出檐极为深远，由于运用了“屋顶举折，屋角反翘”的曲线，使得沉重而庞大的屋顶，坡度平缓，四角昂扬向上，展翅欲飞，又减少了厚重和压抑感，显得轻松活泼。为了承托巨大的屋顶，万佛殿的斗拱保留和继承了唐代的硕大雄伟，分布疏朗，风格朴实，不事雕琢，整个建筑比例匀称，气势非凡，直追唐代的大气、壮美。殿内彩塑是除敦煌外国内仅存的五代作品，体态丰腴，面容端庄，线条优美。彩塑风格与双林寺的明代作品有很大不同，显得更加神圣端庄。

平遥的美不仅仅在于那些有形的景点，更在于一种生活态度，需要用心慢慢去体会。平遥的美来自于宠辱不惊的大度，来自于兼容并蓄的宽厚，来自于悠久的商业传统，来自于深邃的文化内涵。它就像一位饱经风霜的老人，一条条街巷就是他阡陌纵横的皱纹，每一道皱纹都见证了从平淡到繁华、又从繁华复归于平淡的故事。随便叩开一扇门，也许就打开了一段尘封的历史，看似平凡的一段路，可能曾留下过商界巨子匆匆的脚步。昔日商场上的纵横捭阖、一呼百应，如今早已被时光埋没，只有满城规矩工整、高墙夹峙的精美民居，还残留着盛世的一点影子。平遥自建城以来，在晋中平原上默默度过了2000余

古城街道

年，才终于等到了百余年屹立于商海浪尖的辉煌；而自上世纪30年代衰落之后，到世纪末这几十年间缓慢得近乎停滞的发展，又使古城逃过了建设性破坏的厄运；直到文物学家慧眼识珍，再一次让平遥成为世界瞩目的焦点。世事沧桑、福祸相依的人间法则，在平遥城的历史上体现得是如此淋漓尽致、生动鲜活。

平遥是从容的，在寻常巷陌里按部就班进行着的居民生活，似乎从来也不会被旅行者打扰。对他们来说，生活无非是盛夏季节屋檐下的荫凉，是数九寒冬窗户上晶莹的霜花，是寂静秋夜院子里如水的月光，是多风初春掠过房顶的漫漫黄沙。在游人很少涉足的街巷深处，平遥顽强地坚持着自己的节奏，不急不徐，闲庭信步。平遥又是与时俱进的，古民居纷纷改建成客栈，商肆、酒吧争先恐后地在明清街上绽放着笑脸，摄影节期间美艳诱人的人体摄影与文庙蓬头垢面的文物并肩而立，平遥小心翼翼地改变着形象，试图让游客在这里找到更多的乐趣。

镇国寺

如何在保持传统风韵与迎合大众旅游心理之间求得微妙的平衡，是所有古城面临的挑战，我喜欢平遥的答案。老式的面脸房摆着老式的椅子，椅子上坐着理发的老人；简陋的修车店遍地撒满阳光，阳光下拾掇自行车的摊主；空无一人的小吃铺，悠然自得地跟着电视哼戏的老板；冬季歇业的客栈里，边扫院子边聊天的店主夫妇……平遥从容不迫的气度让我着迷，它不仅是店面相接、招牌林立的商业街，更是居民心中从未远离的家园。

小贴士/TIPS

交通： 平遥北距太原90公里。同蒲铁路、大运公路、大运高速都经过平遥，乘坐火车或大巴从太原到平遥需要两小时左右。

门票： 古城联票120元，包含20个检票景点。另外双林寺25元，镇国寺20元，市楼5元。

住宿： 建议住在古城内的民居旅馆。千万不要让三轮车夫或电瓶车夫帮助找旅馆，否则您的房价将居高不下。推荐以下客栈：天元奎，电话：0354-5680069。衙门官舍，电话：0354-5683975。一得客栈，电话：0354-5685988。山辉属于改动很小的民居客栈，电话：0354-5684585。

美食： 绝大多数饭店都有两份菜单，分别针对当地人和旅游者。对住店客人在本店餐厅消费给予6-7折优惠也是普遍的惯例。游客们请在饭前要求打折，打7折应该是个不错的结果。小吃“三圪塔碗秃则”在城隍庙西侧，“万姓毑幪”牌楼下路北，据说慈禧太后西逃时曾经光顾过。还有一家长升源炉食铺，在市楼南，明清街路西。

作者手记：

1. 古城联票一日有效，如果没看完所有景点，下午17:00-20:00到北门售票处、县衙售票处或小十字售票处办理签证，次日可以接着使用。
2. 旅游纪念品大多采购“平遥三宝”——平遥牛肉、推光漆器和长山药。购买平遥牛肉要认准由“平遥牛肉原产地域产品保护办公室”颁发的“冠云平遥牛肉直销处”的铜牌；挑选漆器要注意漆膜要亮，但又要亮得自然；山药产品中最出名的牌子是威壮长山药粉。

祁县商业街

祁县古城

解读祁县古城

祁县古城始建于北魏孝义帝太和年间（477-499年），现存建筑保持了明、清时期的风韵格局，是商业兴盛的历史见证。古城集古街巷、古寺庙、古店铺、古民宅于一身，以十字口为中心，布局严谨，结构合理，井然有序，浑然一体，组成了一个宏伟、完整的古文物群。

地理位置：山西省晋中市
推荐理由：现存建筑保持了明、清时期的风韵格局，是商业兴盛的历史见证。
特色看点：渠家大院、何家大院、老街

推荐指数：▲▲▲
交通指数：▲▲▲▲
美食指数：▲▲▲
住宿指数：▲▲▲

祁县位于晋中盆地中部，素以文风著称，历来注重教育，因而名人辈出。三国时期巧施连环计除掉董卓的名臣王允，“劝君更尽一杯酒，西出阳关无故人”的诗人王维，“过尽千帆皆不是，斜晖脉脉水悠悠，肠断白苹洲”的花间派词人温庭筠，以及《三国演义》的作者罗贯中都是祁县人，就连从商的渠家公子渠本翘，都考中过进士。明清时期，祁县人改以经商为荣。康乾之后，祁县的商号不仅遍布全国，还在俄罗斯、朝鲜、日本以及东南亚等地开办分号；光绪年间全国62家票号，祁县人开设的就有21家，占三份之一强；祁县的乔、渠、何三家是全国著名的巨商大贾，拥有上千万两的商业资本，成为晋商的杰出代表。祁县商帮的横空出世，成就了祁县的黄金时代。

祁县最为人熟知的景点是乔家大院，以精巧的民居闻名中外，每天游人如

织。其实祁县古城也绝对值得驻足欣赏。虽然曾经的显赫地位与原本高大壮丽的城墙都已消失在历史的风云变幻中了，但作为主要商业街的老街还保持了原有的格局，并且重新修复而为仿古街道。我喜欢祁县的古街远多过平遥，由于平遥古城和乔家大院吸引了太多人的注意，祁县古城变得默默无闻。很多人过祁县而不入，走在祁县老街上的绝大多数是当地人，商铺以当地人作为主要目标客户，商品不会为了迎合旅游者的需要变得千篇一律，更不会因为置身于雕梁画栋的店铺中就身价百倍。杂货店、农具店、食品店、鞋帽店等徜徉于古街上，围绕身边的无非是寻常人的柴米油盐酱醋茶。

我最喜欢站在城中心的十字路口，四面望去都是满眼的繁华：招牌、幌子排着队地延伸开去，熙熙攘攘的人们从四面八方涌来。转角街楼最初的主人不知是谁，不知道什么样的店铺才当得起这繁华中的繁华，也许是日进斗金的票号银号，也许是高朋满座的酒肆茶楼。斗转星移间，门庭若市、车水马龙的日子渐行渐远，只留下猩红的柱子、斑驳的门窗和蹲在街口晒太阳的老人。

与其买了票在那些游人寥寥的博物馆里踱步，还不如在街头巷尾闲逛，游走于祁县的寻常巷陌，如同充满冒险与惊喜的寻宝之旅，有着太多的惊艳。几十年的岁月可以洗却表面的奢华，但那些曾有的精致生活和儒商风度，总会在某个不经意的细节中跳将出来：也许是一堵雕饰精美的影壁，也许是一角彩绘斑驳的屋檐，也许是一扇做工精巧的窗棂，也许是一阙自得其乐的晋剧。漫无目的地瞥入一条普普通通的巷子，寂静深处的某个院子，也许就埋藏着一家票号的百年兴衰。“昔日王谢堂前燕，飞入寻常百姓家”，青砖雕刻的牡丹在破木板、旧自行车的包围中寂寞地怒放，垂花门楼被一日三餐的炊烟染上沧桑之色，照样引来发现者的惊叹。

渠家大院位于东大街33号。渠氏家族是晋中巨商之一，曾在祁县城内占有十几个大院，千余间房屋，有“渠半城”之称，现在对外开放的部分不过是其中的一个大院而已，因而看不出多么恢宏的规模，反倒比其他晋商大院显得局促、逼仄。

这个院落始建于清乾隆年间，是五进式穿堂院。站在大门前向内望，一道又一道院门套叠着，有点“庭院深深深几许”的味道，而且地势逐渐升高，讨“前低后高，子孙英豪”的口彩。第一进院中的石雕栏杆工艺颇为精湛，第五进院中的木制牌楼更是金碧辉煌，但渠家大院最为特别的还要数西侧的戏台院。在家里建一座戏台，足见主人对于戏剧的酷爱以及丰厚的经济实力。渠源淦1868年在此创办了晋剧第一个字号班——聚梨园，对其唱腔和伴奏进行了一系列改革，在晋

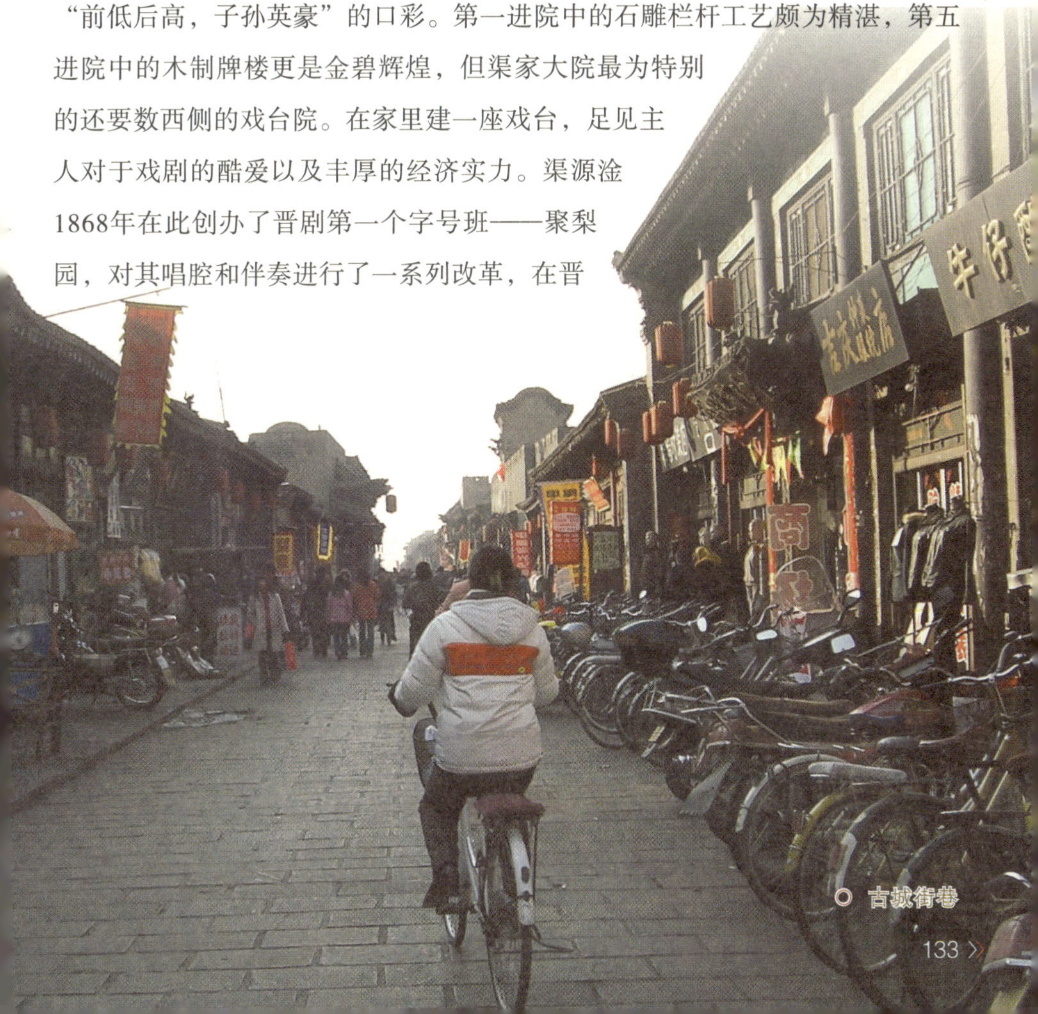

古城街巷

剧的发展史上占有非常重要的地位。可惜如今晋剧逐渐式微，戏台上三三两两地堆放着蒙满灰尘的乐器、道具，不知多久没有派上用场了。

令人钦佩的是渠氏家族玩物却没有丧志，发展晋剧不过是业余爱好而已，他们做生意的老本行没有忘，票号、茶庄、当铺、绸缎店等，多行业全面开花。渠家人最出名的是渠本翘，他恐怕也是渠家身份最为复杂的人物，曾经在科举考试中获得过乡试第一名——解元，考中光绪年进士，又是在日本留学过的“海归”，当过清政府驻横滨领事，创办了山西省第一所女子学校，担任过山西大学堂的监督，创建了山西省第一家民族工业，任山西保晋矿务公司经理，从英国人手里赎回采矿权。渠本翘集公务员、外交家、教育家、民族资本家于一身，他丰富的人生经历为渠家大院抹上了一笔传奇色彩。

印象最深刻的是日落时分造访何家大院的场景，这是个没有修复开放的院子，高大规整的二层楼房是先前主人财力雄厚的标志。保存完好的雀替和略显破旧的窗棂，被夕阳涂上金灿灿的光彩，却不免带着一缕廉颇老矣的凄凉。而今二楼早已无人居住，楼下院子里却依旧洋溢着浓厚的生活气息。屋角堆放的大葱，余烟袅袅的烟筒，甚至是晾衣绳上随风飘动的秋裤和袜子，逝去的辉煌与平凡的现实共存，令人唏嘘。

小贴士/TIPS

交通：从北京、天津、石家庄、呼和浩特、成都、西安等大中城市有火车直达祁县。如果往返于太原和祁县间，还是汽车班次更多，从太原建南汽车站发车至祁县，车程1.5小时左右。返程时更简便的方法是从祁县城内乘坐三轮摩托到二级路边（大运公路），过路班车多如牛毛。

门票：古城无门票，渠家大院40元。

作者手记：

从游程安排上，很少有人把祁县作为计划中的落脚点，一般会到距离祁县仅23公里的平遥住宿。

榆次老城

解读榆次老城

榆次老城历史悠久，文化深厚，集宋、元、明、清、民国各期的建筑风格于一体，在晋商文化土壤的孕育中形成了独具特色的古建筑群。老城中的中国民间文化艺术博物馆是山西首家国家级民间文化艺术博物馆。《乔家大院》、《走西口》等影视剧在此拍摄。

地理位置： 山西省晋中市

推荐理由： 有1400多年历史，许多影视剧曾经在此取景拍摄，城中的城隍庙是国家重点文物保护单位。

特色看点： 城隍庙、县衙、步行商业街

推荐指数： ▲▲▲

交通指数：▲▲▲

美食指数：▲▲

住宿指数：▲▲

县衙前的石牌坊

老城街道

榆次老城位于榆次南部，隋开皇二年（582年）在汉城旧址上修筑而成，迄今已有1400多年历史。现在对外开放的老城在2003年经过重新修缮，内有城隍庙、县衙、文庙、凤鸣书院、南北大街、市楼等景点。

城隍庙是老城里最货真价实的地方，榆次唯一的全国重点文物保护单位。始建于元至正二十二年（1362年），现存建筑均为明初至明中叶所建，其建筑结构和制作手法一方面大量保留了宋元建筑的特征，同时又体现出许多明代建筑的典型工艺手法，是全国保存最完好的城隍庙之一。

进门后的第一座建筑叫玄鉴楼，建于明正德十年（1515年），主体为高大的三层歇山顶楼阁，围廊环抱，腰出平座，背面是酬神乐楼，配以八字琉璃照壁和两侧的钟鼓楼。整个建筑高低起伏，跌宕有致，外立面线条非常丰富。主殿显佑殿供奉着城隍神，是护城佑民、主掌冥籍之神，毕竟是主管阴间的神灵，楹联中都透着股子坦率与客观："百善孝为先，论人不论事，论事寒门无孝子；万恶淫为首，论事不论心，论心千古少完人。"道教庙宇似乎最喜欢用血淋淋的想象来教导人们向善，榆次城隍庙也不能免俗，两庑殿内的彩塑再现了腰斩、挖心、下油锅等人们耳熟能详的地狱场景，相比之下冥王殿对联的境界明显高了一层："任凭你无法无天到此明镜悬时还有胆否？须知我能宽能恕且把屠刀放下回转头来。"颇有些惩前毖后、治病救人的胸怀。

沿古街向西不远，当街大喇喇地立着一座牌坊，这样的嚣张，从来就是衙门才有的气派。牌坊后面是一重重的门，一步步引入幽远的衙门深处，耳边仿佛回荡着低沉有力的喊声：威武……榆次县衙始建于宋，素有"三晋第一衙"之称，是全国规制最大的县级府衙。当年宋太宗赵光义水灌晋阳城灭了北汉，古并州治被毁，并州治所就移到了榆次，因此榆次县衙留下了"古并州治"的故称和县衙州署的建制。从砖缝、地面等细节来看，大部分建筑均为近年修复的，从里到外透着股新意，只能看到一些砖雕、木雕等老的建筑构件，带着历史的痕迹，在新砖的包围中显得有些郁郁寡欢。县衙内设有清代官制展览，最显眼的实物陈设是各式各样的刑具，给人留下的印象是历史上那些从读书人成长起来的地方官们，似乎都以打人、折磨人为乐。想过把瘾的，可以换上官服照相，坐到县官的宝座上装模作样一番，不过当这样的官不仅不能拿俸禄，还要自己往外掏银子，而且没有任何权力，跟古今中外做官的初衷相去甚远，怪不得这个宝座总是虚位以待呢。

市楼脚下的南北大街被修复为一条明清风格步行商业街，青砖砌墙、条石铺道、牌匾高挂，灯笼摇曳，外表整齐划一，美轮美奂，其中有多家百年老号，但终不复往日的辉煌。不过这种无喧无扰的环境，倒正适合细细品味意味深长的商铺楹联，如："温良恭俭让，让中能取利；仁义礼智信，信内可求财。""有恒有兴有德，仁怀礼运；无次无假无欺，信念义方。""你的算计非凡，得一步进一步，谁知满盘都是错；我却糊涂不过，有几件记几件，从来结帐总无差。"一路走来，就像身边有一位长衫白髯的老掌柜，将百年晋商的经营理念娓娓道来。

小贴士/TIPS

交通：从太原火车站对面向南100米乘901公交车到榆次老城终点站下车即到。

门票：60元。可以参观6个景点，自东向西分别为城隍庙、西花园、晋商博物馆、民间艺术博物馆、县衙和瓮城遗址。文庙、凤鸣书院需要单独购票，10元/人。

作者手记：

1. 古街上餐馆不多，建议到老城东门外向北的那条街上吃饭（901终点站向北），路两边餐馆林立，竞争的结果就是价格合理、服务热情。
2. 比较合适的游览线路是：由东向西顺序游览，到达市楼后向南浏览一下商业街的风采，再返回市楼继续向西，最后登上位于老城西入口马路对面的瓮城遗址，俯瞰老城全貌。

石碑

晋中交通旅游图

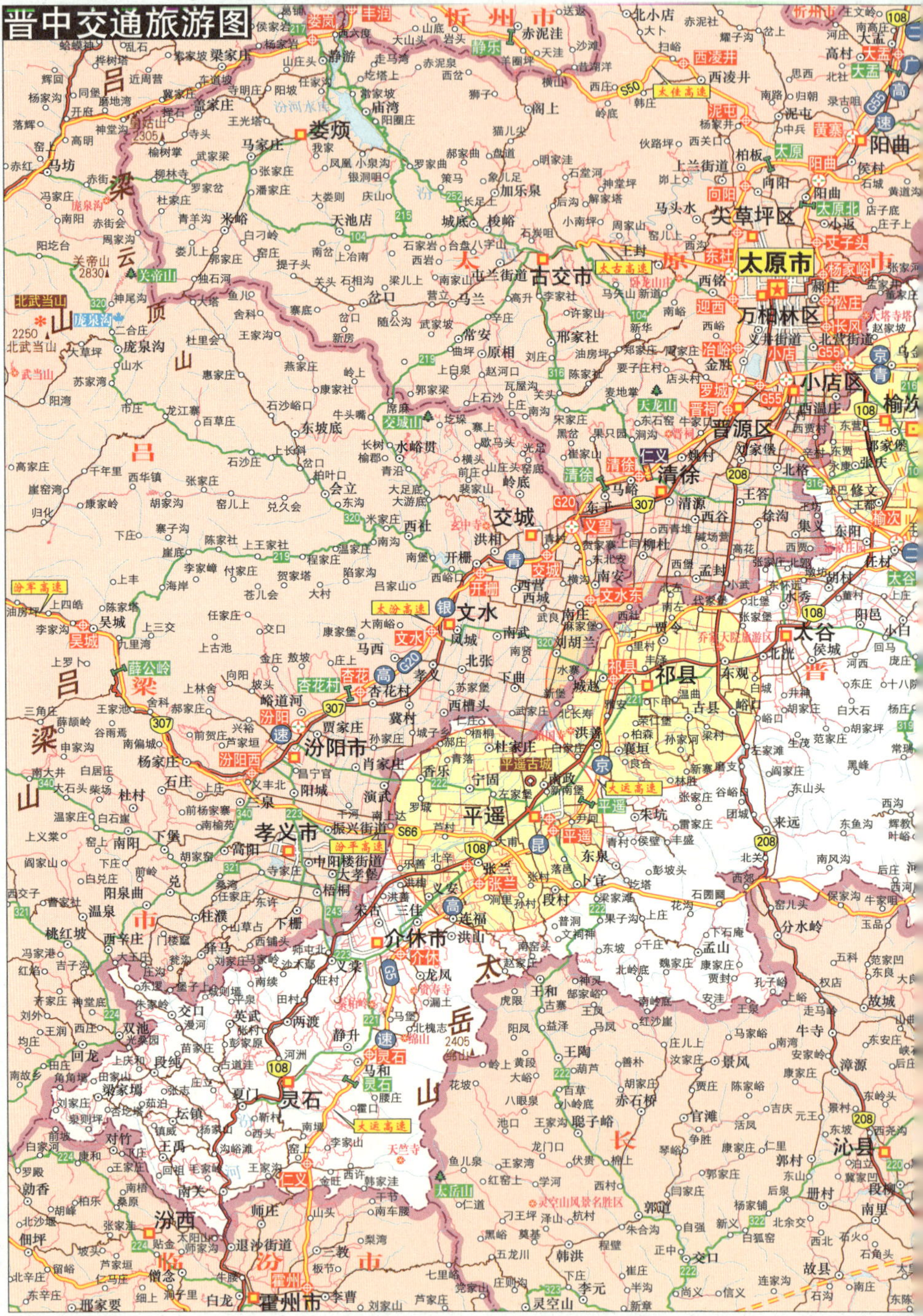

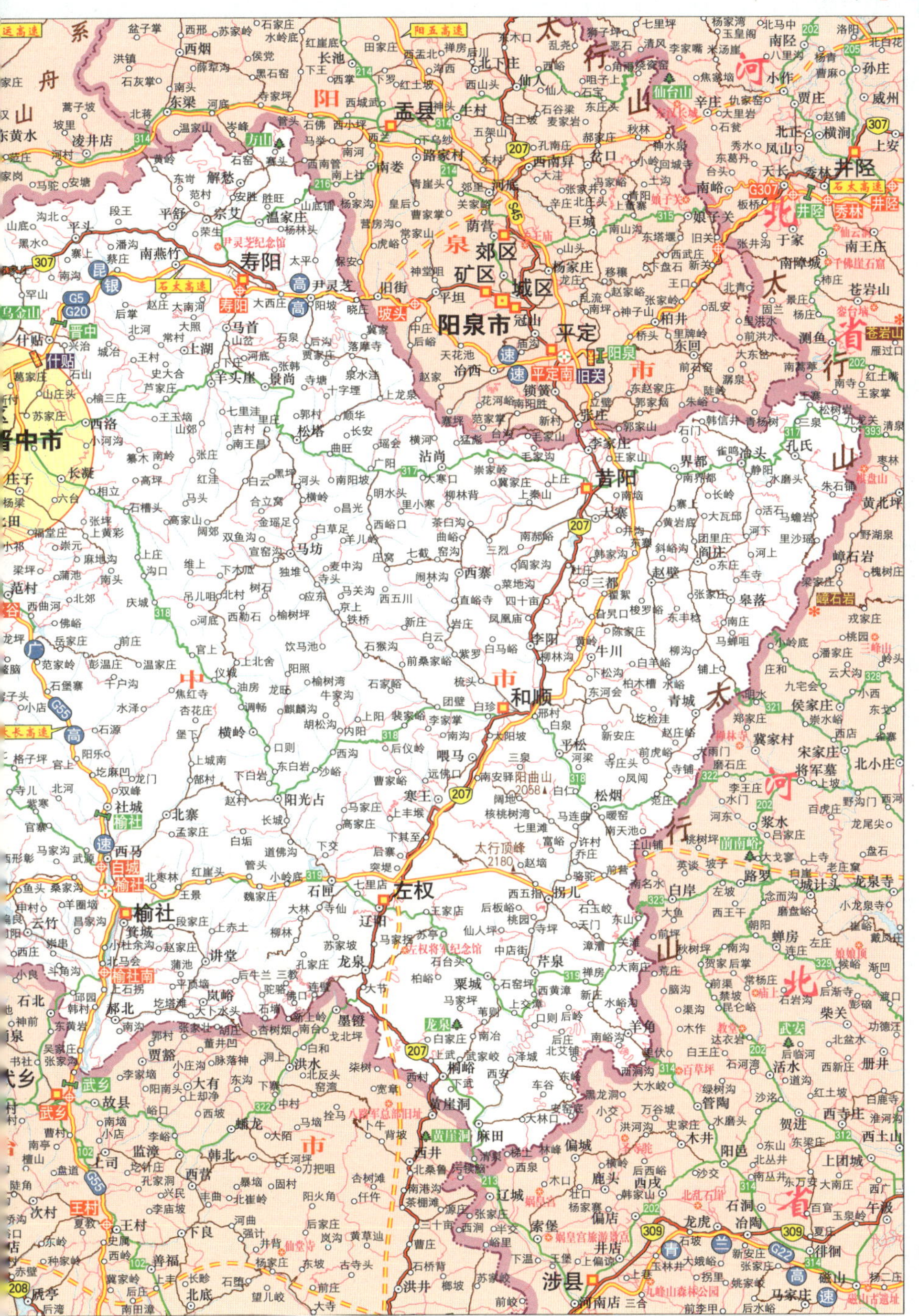
阳五高速
太
行
山
河
北
省
阳
泉
市
盂县
郊区
矿区
城区
阳泉市
平定
寿阳
昔阳
和顺
左权
榆社
涉县
井陉
晋中市
仙台山
娘子关
石太高速
太长高速
太行顶峰
2180
阳曲山
2058
八路军总部旧址
左权将军纪念馆
尹灵芝纪念馆
武乡
榆社南
平定南
阳泉
旧关
晋中
什贴
坡头
松塔
沾尚
马坊
横岭
北寨
社城
辽阳
龙泉
麻田
黄崖洞
西营
故县
蟠龙
洪水
石盆
拐儿
松烟
青城
皋落
赵壁
三都
界都
孔氏
沾尚
冶西
锁簧
张庄
巨城
南坳
北皋

碛口古镇

推荐指数：▲▲▲▲▲

交通指数：▲▲▲▲

美食指数：▲▲▲▲

住宿指数：▲▲▲▲

解读碛口古镇

中国历史文化名镇。在明清至民国年间凭黄河水运一跃成为北方商贸重镇，享有“九曲黄河第一镇”之美誉。镇内有数量丰富且保存完好的明清时期建筑，主要有货栈、票号、当铺等各类商业性建筑和庙宇、民居、码头等，几乎包括了民间典型的漕运商贸集镇的全部类型。1948年，毛泽东等老一辈革命家东渡黄河时曾夜宿于碛口。

地理位置：山西省临县南部

推荐理由：曾经的北方著名商贸重镇，有“九曲黄河第一镇”的美誉。

特色看点：长街、黑龙庙、寨子山村、西湾村、李家山村

“你晓得天下黄河几十几道弯哎？几十几道湾上，几十几只船哎？几十几只船上，几十几根竿哎？几十几个艄公嘛呦把船来搬？我晓得天下黄河九十九道弯哎，九十九道湾上，九十九只船哎，九十九只船上，九十九根竿哎，九十九个艄公嘛呦把船来搬。”

这是儿时就已熟悉的陕北民歌——《黄河船夫曲》，虽然后来我曾多次亲临黄河，但黄河到底有多少道弯，我还是无从知晓。只知道她从青藏高原奔流而来，一路蜿蜒曲折，在拐过一个大大的“几”字形之后，继续东流，最后注入渤海，走完了中华民族母亲河的漫长历程。

大同碛（音气，意为砂石积成的浅滩），原本只是九曲黄河中极为寻常的

一湾。然而由于湫河在汛期带来大量泥沙巨石，堆积在两河交汇的麒麟滩上，令黄河骤然由500多米收缩至80多米，落差高达十几米，平缓的河水瞬间激起了巨浪，变得桀骜不驯。再身经百战的船工，到此也束手无策，只能抛锚登岸，改走陆路。无形中竟催生出黄河航运中最大的一个装卸码头，并一跃成为北方著名商贸重镇，它的名字就叫作碛口。

想不到这古镇上的五里长街，竟也如毗邻的黄河一般九曲十八弯。石头砌就的街道上，凹凸不平的尽是印痕，想当年必然是货物川流不息。两旁鳞次栉比的商铺，虽然古貌依旧，却大都关门闭户。若不是听经过的导游解说，很难想象曾经是商贾往来不断，算盘甚至敲打到半夜都不停歇。也难怪，此地西接陕甘宁蒙，东连京津晋冀，差不多吸引了大半个中国的商人，尤其是近在咫尺而又富甲天下的晋商。“九曲黄河第一镇”的美誉，绝不是浪得虚名。

古镇南端的卧虎山上，矗立着一座黑龙庙，从这里可以遥望大同碛、俯瞰碛口镇，无限风光尽收眼底。庙虽不大，却也是小巧玲珑、别具风格。尤其是

岁月留痕

◎ 因碛口的商业发达而富裕起来的山村

门庭上的两层歇山顶门楼，倒座又建戏台，前后连为一体，甚为壮观，雕刻彩绘也都相当考究。在这远离都市的黄土高坡，能见到如此精巧的古建筑，已经是个意外的收获。

有盛必有衰，经历过200多年繁荣的碛口古镇，自上世纪30年代末开始，由于黄河水患的侵害，战争年代的摧残，更重要的是铁路运输的兴起，被时代丢在了一边，逐渐被世人所遗忘。曾经生意兴隆的店铺，早已关门歇业，只留下尘封的窗格。昔日富商居住的豪门大院，也已沦为寻常百姓家。夜晚的碛口，更为宁静，“一街灯火、昼夜辉煌”的景象，只留在了历史记载之中。找家窑洞旅馆住下，枕着黄河的涛声入睡，此行也算是圆满了。

遥想当年，转战于陕北的工农红军，东渡黄河之后，也曾途经碛口。毛主席当年的居所，就在古镇之东1公里处的寨子山村。显赫一时的“晋西首富”陈懋勇、陈晋之兄弟，其庄园坚固豪华，经毛主席一住后今天更是身价陡增，成为了革命传统教育基地。而与寨子山类似的古村，碛口周围还有好几座，无不是因碛口而兴、因碛口而衰，其中最著名的，莫过于西湾村和李家山村。

西湾村距碛口古镇也仅有1公里之遥，村内小巷纵横交错，把40多处院落相互贯通，连为一体。这处完整的古建筑群，是依靠黄河船运发迹的陈氏家族历经300余年逐渐修建而成，规模宏大、雕刻精巧。某些院落，如今已人去楼空，敞开大门供游客参观；更多的宅子，仍居住着寻常百姓，不时生出缕缕炊烟，只是今日的主人家，早已跟船运毫无瓜葛了。

位于另一个方向的李家山村，距离碛口大约3公里，却是另一番景象。这里没有豪宅大院，多是一排排规整的窑洞，因山就势，错落有致。原以为在陕北才可以一见的景致，没想到在这里却更具黄土高原特色。难怪当年画家吴冠中到此采风，竟如同发现了新大陆一般，惊叹不已，并视为一生中的三大发现之一。我步他人后尘而来，也同样感到无比震撼，惊喜之情，怕也不亚于吴老先生吧？

小贴士 / TIPS

交通：太原客运西站每天中午12:30有一班直达碛口的大巴，次日5:30由碛口返回，全程约6个小时。也可先乘汽车到吕梁市西客站（每半小时一班），再换乘中巴或面的，约需1小时。如果从临县方向前往，从上午9:00到下午4:30每小时有一趟中巴或面的往返。

门票：无

作者手记：

1. 镇上没有豪华宾馆，但中低档旅馆较多，食宿都十分方便。西市尽头的黄河宾馆是镇上规模较大的一座，有土炕和普通床位。西湾和李家山均可宿于村民家中，住在窑洞里更能体验黄土高原的风情。
2. 每年九月中旬旅游启动仪式及红枣节期间，有临县伞头秧歌、社戏、道情等多项民间文艺及纤夫拉纤等民俗表演。
3. 碛口有木制机动船和快艇多艘，可载客游览黄河、漂流大同碛或前往陕西。

○ 黄河日落

吕梁交通旅游图

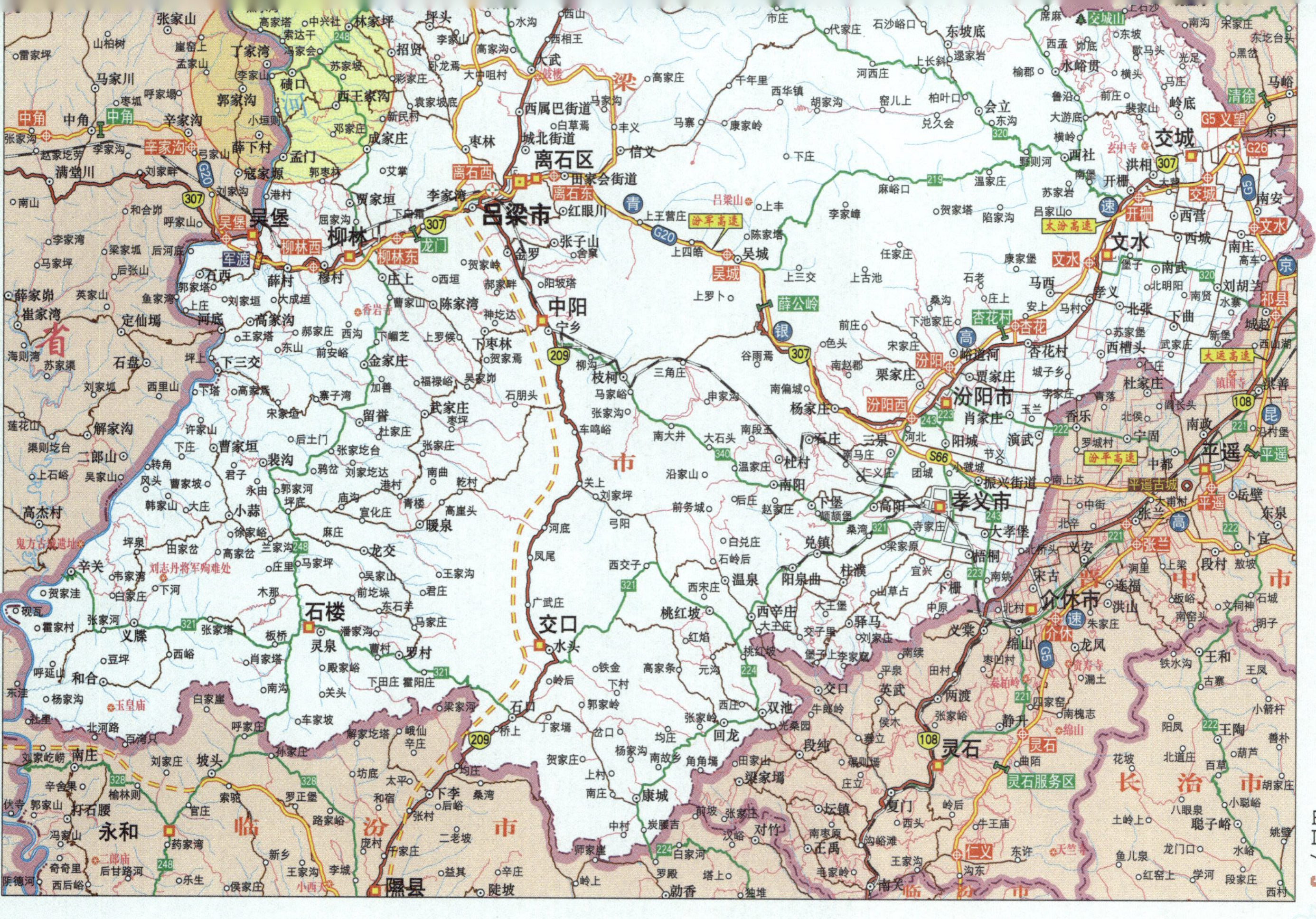

吕梁市
离石区
汾阳市
孝义市
介休市
平遥
交城
文水
柳林
吴堡
中阳
交口
石楼
灵石
隰县
永和

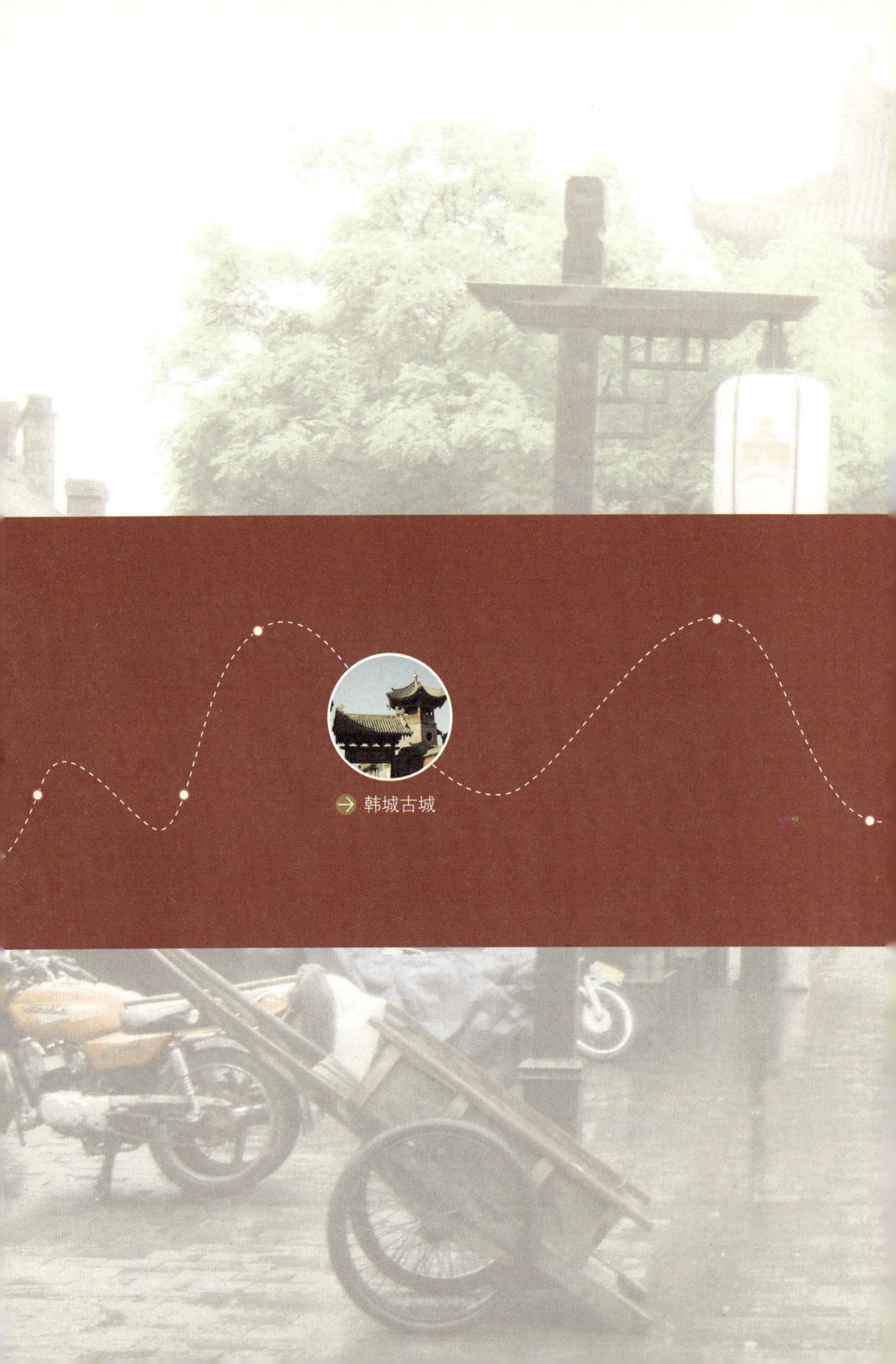
韩城古城

陕西

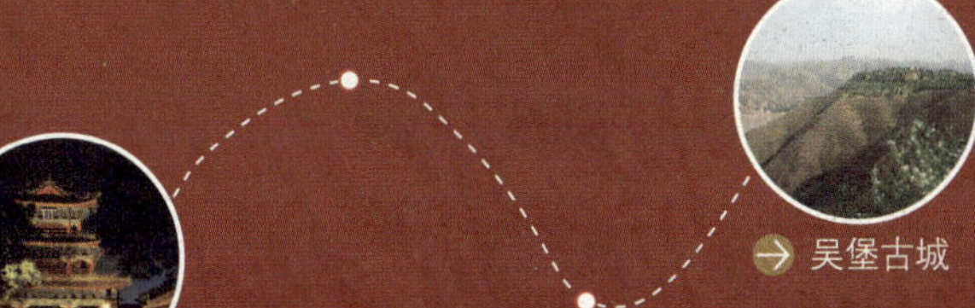

吴堡古城

榆林古城

小巷

韩城古城

解读韩城古城

国家历史文化名城，司马迁的故乡。以元、明、清建筑风格为主要特征，韩城文庙、城隍庙、东营庙都是国家级重点文物保护单位，三者连为一片，纵深达700多米。在古城中，南北贯通的大街为主街道，呈龙形，长达千米，略有弯曲，如同龙身横卧；古城北边圆觉寺顶端的金代宝塔如龙头昂扬，南端的古石桥如龙尾摆动。

地理位置：陕西省韩城市金城区

推荐理由：保存着大量古民居、庙宇和店铺的龙形古城，享有“小北京”之称。

特色看点：古城格局，元代建筑，琉璃构件

推荐指数：▲▲▲▲

交通指数：▲▲▲

美食指数：▲▲▲

住宿指数：▲▲

韩城给我的第一印象并不好。驱车从山西河津龙门大桥跨越滚滚黄河，刚一进入韩城地界，路就变得坑坑洼洼，一副年久失修的样子，到处暴土扬尘，空气中弥漫着黄土与煤粉混合而成的尘霾。但凡出煤的地方，道路和空气质量都不好，看来韩城也不例外，存在于这种环境下的古迹，怕是早就被黄土埋了半截吧。

遵照GPS的指令找到城中心，道路笔直宽阔，楼房鳞次栉比，车辆往来如风，店面灯红酒绿，全然没有一点古城的模样。寻了家宾馆住下，打听过后才知道，原来韩城古城自唐代设县始，已有1300余年的历史，素有“小北京”之称。而新市区与古街区是截然分开的，新城建在山岭上，老城在山脚下，两城

上下相望，互不侵扰，古城内仍然保存着大量的古民居、庙宇和店铺，这不禁让我充满期待。

次日的古城之旅是从北边的金代宝塔开始的。车子转了个近90度的弯爬上山坡，仿佛这一个转弯便倒转了50年的时间，钢筋水泥的高楼大厦被留在了时空隧道的另一边。成片的青砖灰瓦建筑静静地排列在塬下，条条街道井然有序地将其切割成豆腐般的方块，联接而为古城四方周正的格局。金代古塔沐浴在早晨金色的阳光里，愈加挺拔；古城则被淡淡的薄雾笼罩着，显得沉静内敛。绿色的树冠出没于青砖灰瓦的海洋中，又有几处歇山琉璃瓦顶鹤立鸡群般引人注目，整个场景让我想起了在北京钟鼓楼上俯瞰四周的老照片。北京的胡同四合院如今已蚕食殆尽，而眼前这一片老房子却纯粹得无可挑剔。

文庙

见我拿着相机四处寻找角度，有晨练的老人向我招手：“你来这儿看，看咱韩城像不像条龙？我们现在站的地方是龙头，下边这条大街就是龙身，龙尾巴还在南关外头的河上哩。古人的设计呀，是很有讲究的。”细细看去，还真有那么点意思：古塔屹立塬上，犹如龙头昂扬，一条大街贯穿南北，略有弯曲，如同龙身横卧；大街两侧纵横交错、曲直有序的街巷如同龙爪般伸展开去，那高低错落的屋顶便是龙鳞了。我开始佩服韩城的规划者们，古人设计出寓意深远的布局，今人另择地点建设新城，将前人杰作完整地保留，相隔千年的规划者，竟然有着一脉相承的默契。

○ 城隍庙砖雕

从金塔公园拾级而下，走上一条青石铺就的长街，这就是作为龙身的金城大街。沿街两侧多为明清风格的两层重檐阁楼，阁楼底层辟为大大小小的店铺，从五金百货到针头线脑，甚至寿衣花圈，都能在这条古色古香的街道里找到踪迹。门面不分大小，都悬挂着书家题写的牌匾或对联，烘托出浓厚的文化气息，大红灯笼与古老的招幌相映成趣。行走在古城的街巷中，古朴茁壮的绿色邮筒、为人民服务的标语、供销社、副食店，次第滑过身边，与我关于70年代的模糊记忆一一会面，在某一个瞬间，我忽然有着强烈的冲动，想寻找当年那个连蹦带跳、无忧无虑的小男孩；然而下一个瞬间，我便无比沮丧地想起，我的童年，早已永远留在了千里之外的橘子洲头、岳麓山前。

比阁楼更高大的，便是庙宇挡不住的飞檐。韩城文庙、城隍庙、东营庙都是国家级重点文物保护单位，三者连为一片，纵深达700多米，这在国内的古城中是绝无仅有的。文庙藏在一条幽深的小巷中，巷极窄，仅容一车，庙门两侧矗立着“道冠古今”、“德配天地”两座木牌坊，巷子到这里还转了个“凸”字形小弯。管理者并没有刻意大拆大建地在文庙前生造一个广场，再埋上几盏恶俗的照明灯，而是保留了原来的朴素面貌，这令人大感欣慰。庙内极少有游人，古柏森森的庭院，只一眼便望尽了几重大门，不过两侧配殿里陈列的文物，浓缩了韩城1300年的历史，那是怎么望也望不穿的厚重。徜徉在文庙中，阳光被参天古柏的枝叶细细地筛过，如片片金箔般飘落，微风拂来，这金箔便在廊柱间、琉璃瓦口、青砖地面翩翩起舞；啄木鸟旁若无人地叩击着古树，嘭嘭的声音在静谧的院子里显得格外清晰；此时若有好书在手，清茶在侧，怕是盘桓一整个下午也舍不得离开了。

这座象征着孔夫子的文庙几经战乱，至今依然保存完好，与其说是因为韩城人对孔圣人的顶礼膜拜，不如说得益于他们对读书人、对文化一贯的尊敬和爱护。韩城作为司马迁的故乡，继承了太史公的衣钵，文风尤盛，本地几位状元的成功故事，愈加鼓励青年人读书进取。重文之风，从家家户户的大门上

韩城民居

也能看出点端倪，高大的门楼往往是整个民居保存最为完好的部分，大多有着奇巧精美的砖雕木雕，更吸引人的却是门簪上刻的字和门口的对联，木刻“耕读”、“和为贵”、“谦受益”，昭示主人的志趣；高挂“尚书第”、“进士第”，展现对于显赫家史的自豪；“忠厚传家久，诗书继世长”、“芝兰君子性，松柏古人心”、“读书便佳，为善最乐”等门联，则让整座古城都浸润在书卷气之中了。

步出南门，一座古老的石拱桥横跨澽水，这一定就是传说中的龙尾了。河水波澜不兴，桥旁的108国道则是车水马龙的繁忙景象，任凭人喊马嘶，车来车往。古桥静若处子般守望，喧嚣就在身边，却永远走不进她的世界。就如同她身后的韩城古城，古老与现代泾渭分明，和谐并存。生活在这个古城里，实在是太过奢侈，因为这里的每一块砖、每一片瓦，似乎都蕴藏着言说不尽的故事，都有着曾经绚烂的历史，可是天天与之相伴的人们却选择了沉默不语，为远方来客保留住一份惊喜。

小贴士/TIPS

交通：从西安城东客运站坐高速大巴可直达韩城，从新城到古城可乘坐11路公交车。

门票：文庙10元。

作者手记：

1. 南关距离文庙、城隍庙比较近，赶时间的游客可以直接从南关开始游览。古城四合院民居整片保护较完好的有张巷、高家巷、泊子巷、南营庙巷、弯弯巷等。
2. 老城街道狭窄，老房子多，旅社规模小，条件一般，建议在新城住宿。
3. 韩城的饸饹比较独特，荞麦面的，据说要加入陕北山区里的一种蒿草，现压现煮，汤一般采用煮牛羊肉的老汤，配上陈醋、油泼辣子，口感极好。

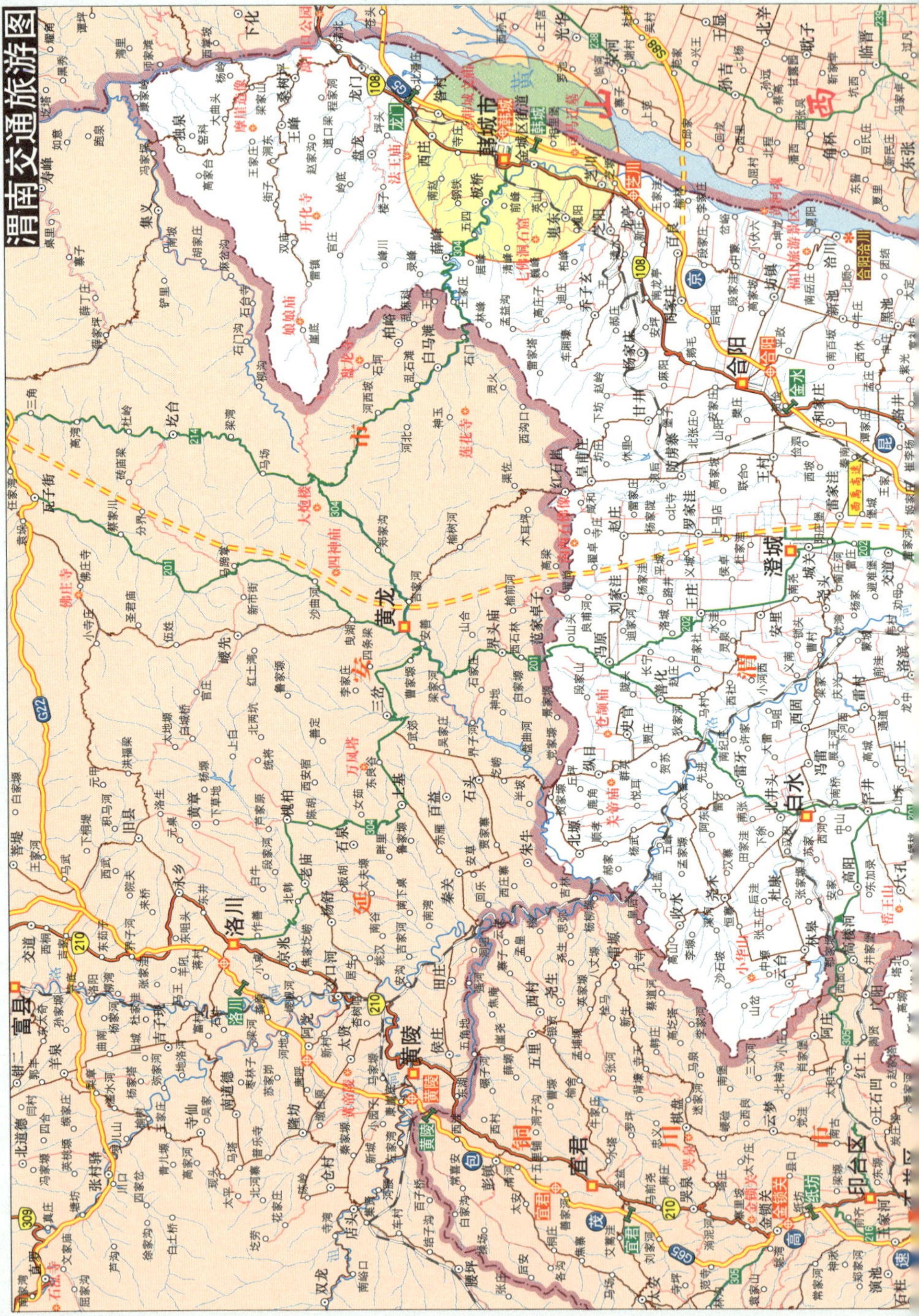

渭南交通旅游图

渭南市
华阴市
潼关
华县
临渭区
大荔
蒲城
富平
阎良区
临潼区
高陵
耀州区
蓝田
灞桥区
永济市
华山
少华山

南大街夜景

地理位置： 陕西省榆林市

推荐理由： 拥有着几百座明清以来存留下的古老四合院，被誉为“塞上明珠”、“小北京”。

特色看点： 南大街、戴兴寺、民俗博物馆

榆林古城

推荐指数：▲▲▲

交通指数：▲▲▲

美食指数：▲▲▲

住宿指数：▲▲

解读榆林古城

地处黄土高原与草原的交界地带，明代为九边重镇之一的延绥镇驻地。古城拥有几百座明清以来存留下的古老四合院，陕北独一份儿的风景，被誉为“塞上明珠”、“小北京”。古时边防重镇的榆林城，文官武将、边商富贾云集于此，将京城文化的边边角角也夹带了来，四合院住宅就是一道真实的文化缩影。

榆林迎接我的是陕北这一年的第一场雨。第一场雨，整日整夜，把我的鞋袜淋湿了，把我风尘仆仆一路的心也淋湿了。

最繁华的街道也无法掩饰破落的面貌，而在旁边并行相隔几十米的南大街上，时光宛如再度回归20年，那刷着绿色油漆的木头门窗，店铺门前朴素的水泥台阶，快要塌毁的古城楼子，仿佛存在于80年代某种风情画中。撑一把伞，在这样的烟雨中走过，看到一座西洋风格的钟楼、一些仿古的街灯，没有高楼大厦和车水马龙，只有一匹小毛驴拉着车斗缓缓地走过。

在街边一家小店里吃了一碗羊肉圪坨，门口沸腾的羊肉汤大锅冒出的热气冲散了些许湿雨的缠绵，只是雨声仍然不断地滴落在屋棚之上，窄小的过道里只有我一个人在吃着这碗面，脚底下却已经在和泥了。可是我不恼，像很多的榆林人一样，对于这第一场春雨都怀有一份欢喜吧，久旱逢甘霖的榆林城该是润泽一下它干瘪的面颊，梳洗打扮一番换换头脸了，虽然北面沙漠吹来的风，早已吹皱了那如花的青春年华。

我在城里到处询问戴兴寺的所在，很多人不知道或者说不清楚方向，这也不奇怪，在北京城里你问法源寺在哪里多半人也回答不出。顺着一条小巷而上，竟然是在上山，难怪这里“驼峰拥翠”曾是榆林第一景，如今不再拥翠，却慢慢看清了整座榆林城的全貌。一片片的灰砖瓦和老烟囱，都是旧日的四合院老宅门，虽然存留的数目不断减少，却仍然是榆林城内文化命脉的根本。戴兴寺内的牡丹花开得正艳，静静地没有人，只有香烟缭绕，大大的佛字让人情不自禁放轻脚步。这寺院本身也是历史悠久的古建筑，不看那些大殿的卷檐木拱，单是屋脊上的走兽、墙上一小块花朵图案的砖雕，都能品出耐人寻味的岁月味道。

穿街走巷，灰砖青瓦之中可能会突然出现一扇朱漆大门，再看看门口的台阶石鼓，屋檐上的兽雕，运气好那门是开着的，正对面便是一道精美的照壁，不用说，这必是一户祖上官宦人家的住宅。院内宽敞整洁，门窗都刷着鲜艳的红漆，也有古树参天，花香影动，多像是北京城内的四合院啊，那天棚鱼缸石榴树的四合院。一路都是土窑洞，唯有这边榆林城拥有着几百座明清以来存留下的古老四合院。可叹的是，如今的榆林城也和北京一般面临着拆改的危机。四合院正逐渐成为一种消失的风景，现代文明的脚步总是匆匆太匆匆，来不及筛落往日的遗珠，封闭的四合院早已封不住浮躁的心了，即使在这偏僻陕北的榆林也是一样。

可是，又凭什么不让人家去改变呢？在城内的四合院老宅里，更多的还是些平民百姓的大杂院，清水脊，一进院，灶台搭在院子里，上面吊着块铁皮遮雨，蜂窝煤、水桶水盆、扫帚墩布杂七杂八堆满院落，电线扯得七零八落。虽然他们仍然热爱着生活，不忘了在院中堆砌一个小花坛，或者在窗口摆上几

○ 四合院民居

盆小花；虽然这些破落的住宅也在一砖一瓦中透露着岁月的痕迹，甚至暗藏玄机，但是，住在这里的人们，可不是京城中那些买下四合院打造新别墅的大款，他们凭什么不能展望高楼新房子的敞亮舒适呢？怀旧的人们，你们真的到这样的大杂院中再去生活几天，看看是否还会觉得过去的一切都那么美好？人，往往只在情感上念着旧恋，却早已不能再走回头路了。

只是，百多年来的遗存尚且会在旦夕消逝，我们浅薄的今日，又能够留下什么呢？

烟雨中，走过卖豆腐的手推车，向着小巷深处走去，“桃花水满街淌，豆腐白嫩又香”，不知道如今这做豆腐的水是不是还是那普惠泉中流出的桃花水。桃花水，多诗意的境界啊，康熙皇帝他老人家吃过了榆林的菠菜烩豆腐，就吟出了“清香白玉板，红嘴绿鹦鹉”的诗句。皇帝固然是要风雅，但老百姓们却还是要以填饱肚子为己任，于是，菠菜豆腐依旧还是菠菜豆腐，平淡生活也依旧还是平淡生活。在豆腐挑前买豆腐的人们，又哪有我这般的闲情去思索是不是桃花水的渊源呢。

◎ 细雨中的南大街城楼

然而，榆林人们还是爱着他们的生活的，这在一家叫做榆林美食网上的论坛上能够看出一二，讨论的话题无非是哪里的拼三鲜正宗，哪里的烩菜味道好，哪里的小炒肉量足，哪里的羊杂碎最火爆。总之，全部是榆林本地的美食，全部是家乡故土的味道。也许，捎带着他们也谈论过桃花水点豆腐，只是我不得而知罢了。

西洋风格的钟楼

小贴士/TIPS

交通： 从西安乘坐火车可到。

门票： 无。

美食： 拼三鲜是榆林的特色菜肴，满满一大盆，非常丰富，推荐古城风味楼。在塞上饭庄内能吃到很多当地的名小吃，比如马蹄酥和炸豆奶。

住宿： 推荐金融招待所，位于南大街横向的普济寺上巷，一座独立二层小楼，经济实惠，电话：0912-3230876。四海大酒店为三星级旅游饭店，位于繁华的新建南路上，电话0912-3821999。

作者手记：

1. 南大街小巷里的民居很多，有的围墙很矮，从外面就能看到，有的里面开有店铺，可以随意进出，一般人家的院落也不关着门，可以进去看看，但要注意礼貌，如果主人不欢迎参观就不要打扰了。李学士上巷的袁氏大院值得一看。
2. 从南大街一直向北走到北大街田丰年巷里，有一户保存完好的原为武官所居住的四合院。这里已建为民俗博物馆。门口影壁的石雕都是出于名家之手，屋檐上的一组精美的牡丹花图案雕刻更是罕见的珍品。

吴堡古城

推荐指数：▲▲▲

交通指数：▲▲▲

美食指数：▲▲▲

住宿指数：▲▲

解读吴堡古城

全国重点文物保护单位。位于吴堡县宋家川镇北的黄河西岸山巅，是西北地区迄今保存最完整的千年古县城。它地处黄河高原之东陲，扼秦晋交通之要冲，东以黄河为池，西以沟壑为堑，南为通城官道下至河岸，北门外为咽喉要道连接后山，为“一夫当关，万夫莫开”之险地。1936年，吴堡县政府由古城迁至宋家川后，古城被逐渐荒置。现在古城内仅七户人家居住，遍地衰草枯木，当年的繁荣景象荡然无存。

黄河岸边的号称“铜吴堡”的吴堡古城

地理位置： 陕西省榆林市吴堡县

推荐理由： 一座已经废旧的古城孤独地屹立在山头之上，有1500多年历史，与这里的黄河一般安详、宁静、与世无争。

特色看点： 荒废民居

吴堡，这是一座黄河边上的小城，一边是群山绵延，脚下的黄河缓缓流过。遗憾的是，往来山西的运煤大车日夜不停地在街上穿梭而过，尖利的喇叭声和扬起的烟尘严重骚扰了这座小城的安宁。若需要一份短暂的逃离，从城市

○ 枣树、石碾、窑洞构成了古城的基本元素

中随便一个路口走下去，顿时，豁然开朗，黄河近在眼前。流过吴堡的黄河是如此的安静，如此的平和，宽阔的河面竟然冲刷出了柔软的沙滩。漫步在这里，人们似乎可以感觉到一种时空的错位，忘记了这里是黄土高原上的陕北。这里没有佳县那般雄踞山头的气势，吴堡有的，是一份悠然自得的默默情怀。

这里还有一座建在山上的古城，具有1500多年历史的吴堡城其实原本就是建在这里的，直到1941年，古城才被彻底地废除，取而代之的是今天山下的吴堡县城。

吴堡县城东北2公里，一直走到了山脚下，仍然看不到一点古城的影子。登山，山腰窑洞人家遍布，放眼黄河蜿蜒远方。沿着小路登上山顶，没有完整的城墙，荒草掩映中一堵黄土门楼赫然出现在眼前，砖墙已经破落，只有拱形的门洞还保留完整，上面依稀还能看到吴堡的字样。一份落魄，一丝苍凉，一座已经废旧的古城孤独地屹立在山头之上，它本来也有佳县那般高高在上的气

河边古城内，寂寞开无主的野花野草

魄，也有繁华的街市和琳琅的店铺，然而俱往矣，如今留在这里的仅仅是一个犹如电影画面般凄凉的剪影。

走入古城，曾经的大街小巷如今全部沦为村子里的弯弯小路，悄无声息。石窑依旧，院落依旧，只是少有人烟。近看，窑洞的窗户纸早已破烂，木门歪斜，院子里横七竖八地堆放着杂物，不知道昔日的主人已经迁走了多久，只有那院中默默的石碾子似乎仍在回忆着当年的生活片段。

房屋破旧，可是门口处古韵犹存，一些清代民居的飞檐砖雕美轮美奂。日军的炮火毁灭了这里的街巷，然而总是还留有片砖寸瓦，偶然间某个墙头上的一处雕刻，都引起人们对往日辉煌的无限遐思。

拐入一所小院，半开的院门内透出了说话的声音，仍然有人还无限依恋地住在这里，一位老奶奶蹒跚着在院内走过，她已走过了半个世纪的风风雨雨，如今依然执着地守护着自己的家园，无怨无悔。为什么留在古城中的居民多是老者？或许是因为他们心中记载了更多往昔的辉煌，也承受了更多苦难的创伤，只有一份对于家园执着的眷恋始终不曾改变。

吴堡古城俨然具有与这里的黄河一般的气质：安详、宁静、与世无争。就在这样一份从容、淡泊的气氛中，我们被深深地感染了。灵魂的触角，流连忘返。

○ 古城附近憨厚的放羊人

小贴士/TIPS

交通： 从西安城北客运站乘车直达吴堡县城，古城在县城东北方向2公里处。

门票： 无

作者手记：

1. 来吴堡一般考虑住一晚比较好，傍晚在黄河边上散步也很有情调。推荐吴堡宾馆，条件在当地算是较好的，汽车站向东步行一段可到。电话：0912-6510100。也可以考虑在古城内的民居住宿，随主人吃饭，走时随意留些钱即可。
2. 吴堡县城很小，从西到东一条大街，步行就可以逛遍。在街中心地带有露天的市场，有些像农村的赶集，主要卖一些基木日用品，可以逛一逛，卖布的摊位很有乡土风情。街上卖烙饼的小摊很多，有甜、咸、葱花味的，形状各自不同，香酥可口。

榆林交通旅游图

内蒙古自治区
宁夏回族自治区
甘肃省
延安
海南区
惠农区
鄂托克旗
乌审旗
鄂托克前旗
盐池
定边
靖边
吴起
沙井
木凯淖尔
察汗淖尔
新召苏木
查布苏木
包乐浩晓
苏米图苏木
布拉格苏木
毛盖图苏木
昂素
陶利
敖勒召其
三段地
高沙窝
沙尔利格
纳林河
珠和苏木
城川
河南
周台子
砖井
安边
石洞沟
郝滩
宁条梁
东坑
镇靖
杨米涧
新城
大路沟
五谷城
周河
王洼子
铁边城
张要先
白马要先
姬塬
樊学
红柳沟
冯地坑
王盘山
武峁子
杨井
学庄
长城
中山界
大汗行宫
鄂尔多斯文化旅游村
泊江海子观鸟旅游区
统万城遗址
河套人遗址
内蒙古白绒山羊种羊场
鄂托克旗赛乌素草籽场
嘎鲁图苏木
巴音陶亥
红崖子
大水坑
麻黄山
秦团庄
山城
青山
王乐井
冯记沟
惠安堡
王圈梁
G18
G20
G2012
109
307
215
216
313
303
304

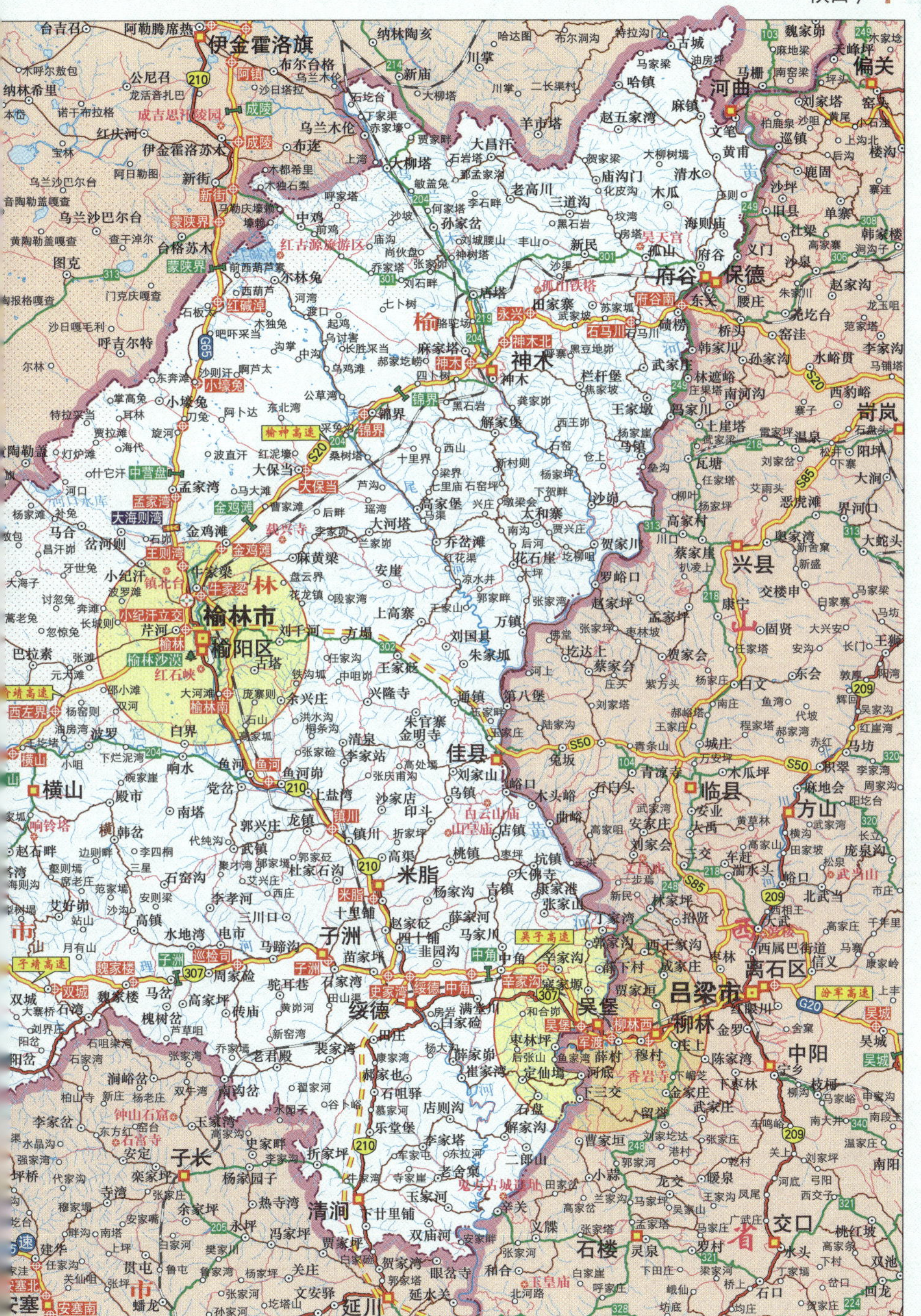
伊金霍洛旗
阿勒腾席热
成吉思汗陵园
乌兰木伦
布连
纳林陶亥
新庙
大柳塔
河曲
偏关
古城
哈镇
麻镇
府谷
保德
孙家岔
大昌汗
老高川
三道沟
新民
庙沟门
清水
木瓜
海则庙
黄甫
红碱淖
中鸡
红石桥
榆林
神木
大保当
锦界
孟家湾
金鸡滩
榆林市
榆阳区
芹河
红石峡
古塔
巴拉素
牛家梁
麻黄梁
安崖
乔岔滩
花石崖
万镇
贺家川
兴县
刘国具
朱家坬
王家砭
通镇
兴隆寺
佳县
临县
方山
响水
横山
党岔
殿市
南塔
武镇
镇川
米脂
桃镇
吉镇
杨家沟
印斗
乌镇
店镇
坑镇
沙家店
白云山庙
龙镇
鱼河
高渠
高镇
电市
子洲
苗家坪
马蹄沟
三川口
周家硷
砖庙
老君殿
绥德
枣林坪
吴堡
宋家川
吕梁市
离石区
柳林
中阳
交口
石楼
清涧
延川
玉家河
宽州
宋家川
解家沟
李家塔
店则沟
石咀驿
义合
四十铺
中角
子长
栾家坪
安定
杨家园子
钟山石窟
横山
靖边
波罗
白界
鱼河
党岔
双城
魏家楼
马岔
高家坪
槐树岔
安塞
安塞北
贯屯
余家坪
冯家坪
文安驿
延水关
关庄
马家砭
马岔
岢岚
高家村
蔡家崖
魏家滩
碛塄
林遮峪
孙家沟
瓦塘
恶虎滩
界河口
固贤
康宁
白文
东会
城庄
木瓜坪
大武
峪口
北武当
车赶
三交
安业
黄草林
高家庄
武当山
信义
西属巴街道
柳林西
寨东
留誉
下堡
香岩寺
薛村
穆村
玉皇庙
吴城
宁乡
枝柯
暖泉
水头
石口
双池
回龙
桃红坡
G65
G20
S20
S50
S85
210
204
302
307
248
209
173

周子古镇

阆中古城

上里古镇

6
四川
黄龙溪古镇
西来古镇

老屋生活

地理位置： 四川省南充市阆中市

推荐理由： 与丽江、平遥、歙县等并称中国保存最完好的四大古城，除了古建筑、古民居等硬件之外，还保持着商品社会难得一见的质朴之风。

特色看点： 连绵成片的老房适合俯瞰，雕凿精致的木窗适合近观，美味独特的小吃适合细品，缓慢流转的时间适合挥霍。

阆中古城

解读阆中古城

国家历史文化名城，已有2300多年的建城历史。它奇特的风水格局在全国历史文化名城中具有唯一性。古城山锁四周，水绕三面，棋盘式的格局，融南北风格于一体的建筑群，契合中国传统的风水格局，至善至美，自然天成，是中国古代建城选址“天人合一”完备的典型范例。阆中还是春节文化的发源地，2010年被中国民间文艺家协会授予“中国春节文化之乡”。

推荐指数： ▲▲▲▲▲

交通指数：▲▲▲

美食指数：▲▲▲▲

住宿指数：▲▲▲▲

蜀中多雨。下午从成都出发，到达阆中已华灯初上，下车问过老城的方向，便在淅淅沥沥的小雨中沿着开有各式专卖店的街道走过去，店铺个个灯火通明，有的还卖力地播放着歌曲，生意却似乎比小雨更加清冷。走过高大的状元石坊，不过窄窄的一街之隔，便跨入了古城的范围，路两旁的广告灯箱忽然消失了踪影，脚下的路也在不知不觉中换成了宽大的条石，寥寥几步，喧嚣已在身后。灯笼微弱的光映在湿漉漉的石板路上，高高低低的瓦脊构成灵动的天际线，黑黢黢的屋檐下，木隔板缝隙中透出缥缈的声音和饭菜的香味，这里有想象中关于古城的一切元素。若将雨衣换作蓑衣，腰佩长剑，头顶斗笠，再牵一匹老马，岂不是可以扮一出仗剑走天涯？

李家大院几乎是老街唯一还开着门亮着灯的店铺，两盏灯笼下，彩绘的木刻门神迎接着我这雨夜旅人，此时此刻，他们的面容没有一丝狰狞，倒带着几分亲切。跨进客栈的第一步，我便喜欢上了这个散发着温暖光泽的院子，暖调的灯光将雕凿精致的木格窗变成一幅幅生动的剪纸，用木杆支起的一扇隔窗背后，是古色古香的前台，我当即决定，就住这里了。那一夜安静极了，只有芭蕉叶上萧萧雨声，一夜滴到明，忽疾忽徐的节奏，宛如一阙缠绵的琵琶。听得久了，豪侠之气褪尽，竟无端地生出几分愁绪来，古人那些惆怅纠结的婉约词，大约都是在这样的情境下写就的吧。

次日一早，居然出了毛毛太阳，我得以从容地端详整个客栈。院子不算大，看得出来经过了精心的布局，几丛树木被雨水洗过，更加青翠欲滴，石榴花在绿叶中跳动着星星点点的红，恰应了绿肥红瘦；偌大的砂石鱼缸摆在院落正中，只有寥寥几条金鱼，惬意地在水草缝中躲猫猫，对人一副爱搭不理的样子，高兴时懒洋洋地摆动一下尾巴，算是打个招呼，不高兴了就一个转身直下深邃的缸底，让你遍寻不得它的身影。空地上支了几礅矮桌，架了数张木头躺椅，观鱼到了兴味索然时，便煮上一壶清茶，躺着享受稀疏的阳光，看天井上头的云飘来飘去，咱也来体味一番鱼的心情。

川人喜欢阳光，出太阳的日子，街上的人明显多了起来，行色匆匆的身影并不多，几乎个个都高门大嗓地一路踱过来，东家站一站，西家聊两句，仿佛全城的人都互相认识似的。店铺纷纷开门迎客，却不着急做生意，修车的、剃头的、出租图书的，客人来了忙上一阵，手下极利落，也没见误了跟路过的熟人寒暄几句；缫丝的、鼓捣根雕的，则一边干活，一边招呼着我随便看看拍拍，好像自己不是卖东西的，而是承担着某种责任要向我这外乡人展示一下阆中的特产绝活，言语中透着自豪。街上最多的还要数茶馆，估计大家都秉持着工作可以放松、娱乐一定要认真的生活理念，因此茶馆里打牌的牌友们是最心无旁骛的，眼睛只顾得盯着牌桌，点燃的香烟夹在指间也忘了吸上一口。就连

○ 悠闲时光

教堂门口的小坝子上都摆满了竹桌竹椅，居民们在红色十字架下热闹地喝茶、打牌、聊天，我开始相信上帝就住在附近，因为无须四处寻找，这里已是天堂。

阆中人杰地灵，历代名人辈出，但其中名气最大的，却是个外地人——燕人张翼德（张飞）。张飞是三国名将，喝断当阳桥、挑灯战马超等都是耳熟能详的历史故事，再加上传说中豹头环眼、钢髯直立的相貌，无不勾勒出一位勇冠三军的猛将形象。但是他文治方面的才能，却从没有人提起。其实张飞曾经担任过巴西太守，驻守阆中长达7年，看起来这位父母官受到了百姓的深切爱戴，以至于1000多年以后，古城里的一切仍然愿意与他扯上些许关系。牛肉以张飞命名，平添几分豪爽之气，倒也贴切，但是蚕丝这种从古至今都由女性操持的产品，也被冠上了张飞的名字，就未免有些哭笑不得了。城里最负盛名的古迹，就是供奉张飞的桓侯祠。建筑经过历代重修，无甚特别处，倒是大殿山墙上一块书法颇见功力的石碑引起了我的注意，据说是张飞手迹，此碑很有魏碑体的风范，让我怀疑是后人伪托之作，但人不可貌相，历史上的张飞也许真的文武双全，真的在武艺超群的同时，也曾拥有深厚的书法造诣；祠堂最后面的张飞墓中埋着他的无头尸体，人在江湖，终究是要还的，砍了那么多敌人的头，自己的头颅却在睡梦中被部将砍了下来。没能战死沙场，没能为兄长报仇，应当是张飞最大的遗憾。如果张飞活到今天，看见自己的名号遍地开花，为古城的经济发展发挥着余热，不知会如何反应，是豪饮美酒仰天长啸，还是环眼圆睁暴跳如雷？

张飞庙出来不远，便是嘉陵江了，江如玉带默默流过，对岸山峦起伏，竹影婆娑，红墙碧瓦若隐若现。江这边建起了一溜仿古街，酒吧、食府林立，却没有声嘶力竭拉客的，任由你坐了江边最好的位置看风景，绿地上杜鹃花自顾自地开得正艳，昨夜的雨珠还在与花瓣缠绵，晶莹剔透。登上飞檐翘角的华光楼，阆中古城尽收眼底：四面一律是黛瓦白墙的三合或四合院，连缀成片，铺展开去，直到被现代建筑包围的古城边缘；错落有致的鱼鳞瓦顶上，几丛绿树羞怯地探出头来，民居被规整的石板路串联分割，路旁各式招幌迎风起舞。

民居客栈

就像张飞有着文与武、粗与细的两面一样，这个小城也融汇着古老与现代两种风格。它追随着时代的脚步，但骨子里依旧恪守着静雅质朴之风，热闹但不浮躁，进取而不贪婪。

小贴士/TIPS

交通： 从成都或重庆经南充到阆中的车程约5小时，在新城汽车站下车后可乘中巴或出租车到古城。

门票： 张飞庙40元，贡院35元。有涵盖多个景点的联票出售，根据景点多寡分为80元、70元两种。

作者手记：

1. 阆中是川北凉粉的发源地。在古镇入口处的川北凉粉店，我吃到了迄今为止吃过的口感最好、调味最为精到的凉粉。曾经有一家川北凉粉店摆在我面前，而我没有珍惜，直到在北京最有名的几家川菜馆尝试数次之后我才追悔莫及，如果给我个机会重来一次的话，我愿意对那个店里的小妹说出四个字：再来一碗！如果非要加上一句定语，我愿意是：多放海椒哈。
2. 牛肉凉面是阆中最具特色的早点，要一边吃一边不断挑动面条，最后面净卤净才是最正宗的吃法。阆中三绝是阆中名菜，即馍、牛肉和保宁醋，将馍切成小块入油锅炸酥，配上同样切成小块的张飞牛肉，最后倒入保宁醋，做成一道汤菜，炸馍脆香、牛肉韧软、醋汁开胃，佐以口感绵甜、呈现诱人琥珀色的当地佳酿桂花酒，阆中的味道才算完整。
3. 古城街上有很多民居家庭旅馆，其中保留了木雕砖雕等老古董，并做过现代内装修，价格适中。非住宿或吃饭者需要交纳3-5元不等的参观费用，保存最为完好的有杜家客栈以及位于笔向街的冀氏老宅等。
4. 买完车票后可顺带参观车站后面的巴巴寺，山路两侧都是穆斯林的墓地，几乎覆盖了所有土地，非常陡峭的盔顶是主体建筑的显著特征。

◎ 门楼

周子古镇

解读周子古镇

嘉陵江流域最典型的坡形码头古镇，完好保存了3000多套明清风格的川北民居。周敦颐曾在此讲学，留下爱莲池的遗迹，甚至古镇也因周敦颐的缘故从周（舟）镇更名为周子镇。嘉陵江水从此处缓缓流过，这里是被专家学者视为“嘉陵江最典型、最具代表性、最有诗情画意的江段”，画圣吴道子也在周子绘出了著名的《嘉陵江三百里旖旎风光图》。

推荐理由： 古镇完好保存了3000多套明清风格的川北民居，每年春夏时节还可观赏百牛渡江的奇观。

地理位置： 四川省南充市蓬安县

特色看点： 嘉陵江风光、百牛渡江、古民居

推荐指数： ▲▲▲▲▲

交通指数：▲▲▲▲

美食指数：▲▲▲▲

住宿指数：▲▲▲

看到嘉陵第一桑梓的牌坊，一条碧水粼粼的大江也突然出现在眼前。四月清明，山青水碧，远远的河面飘着薄雾，江水微微泛起涟漪，渔船静静泊在码头。曾在重庆看惯了嘉陵江的混黄，没想到中游水面竟如此碧绿清透。

沿江边滨河路缓缓行来，路旁黄色槐花散发出阵阵清香的气息，经过一株夫妻树，粗壮苍翠的黄桷树和挺拔秀丽的皂角树缠绕相依，不知不觉已来到周子古镇的入口。眼前是一幢挂着茶馆和住宿招牌的临江小楼，老板娘的热情招呼让我们停下脚步。沿狭窄的楼梯来到二楼走廊，客房正对嘉陵江面，阵阵江风带来丝丝凉爽，些许的暑热顿时烟消云散。房间虽然简单，却是干净整洁，床单和被套是清新的棉布小碎花图案，不像宾馆或旅社的用品，倒有一种温馨

○ 硕大的鱼干

平实的家庭气氛。

稍事休息，我便迫不及待前往古镇的中心街道。走过伫立江边的财神楼，进入热闹的下河街，顿时穿越到一个古意盎然却又生机勃勃的明清世界。作为嘉陵江流域最典型的坡形码头古镇，周子古镇依然完好保存了3000多套明清风格的川北民居，其中下河街是最具代表性的一条街道，也是如今最为热闹的一条街道。

还没来得及体味民居建筑的沧桑和古意，我的耳朵和眼睛顿时被街上花花绿绿的特色食肆所吸引。就由麻花拉开古镇美食的序幕吧——远远闻到一股味道芳香扑鼻，循着香味来到姚麻花门口，柜台前一溜金灿灿香喷喷的大麻花叫人垂涎，捏一块入口品尝，酥脆香甜的口感毫不逊色于著名的瓷器口陈麻花。麻花具有各色口味，我最喜欢肉松和芝麻味的，店员称重装袋封口忙得不可开交，顾客品尝热闹拥挤买得欢天喜地。

接下来让我们把美食大戏隆重交给凉粉锅盔。你吃过锅盔吧？凉粉也不稀奇？可是，你见过两者的合二为一完美结合吗？作为如假包换的四川人，此前我竟也从未见识过此般神奇小吃，这，就是著名的川北特色风味小吃——锅盔灌凉粉！新鲜出炉热气腾腾的烤锅盔，里面灌满晶莹剔透的川北凉粉，一口咬下，哎呀呀呀——锅盔酥脆喷香，凉粉绵软麻辣，咬起来咯吱作响。吃了那么多年凉粉，竟不知还有这种做法，我被此般美味感动得几欲热泪盈眶，脆生生和香喷喷、软绵绵和硬梆梆的绝佳组合啊。这分明就是记忆中小时候最爱的味道，手上抓一个边走边吃，不高贵，不文雅，却是平常人家丝丝入扣、让人回味无穷的美味。

走着走着，下河街小店门口悬挂的硕大鱼干又令我的脚步停住。屋檐下面的竹竿上吊挂着一排排面盆大小的嘉陵江河鱼，鱼儿对剖成两半片状，兀自瞪着鼓鼓的双眼，仿佛正在生气，为什么把我剖成这般形状？没有吃过这样的鱼干，看着鱼肉相当厚实，不知是何滋味。这些悬挂的鱼干和古老的民居建筑浑然一体，与其说它是美食，不如说是一道独特的古镇风景。

下河街、新华街和红军街呈坡道地形连为一体，组成了小镇保存最为完好的一片街区。沿着青石板小路拾级而上，几支竹竿撑在街道两侧的瓦顶之上，晾晒着花花绿绿的床单和衣服，似乎不太雅观，却也呈现出小镇浓浓的生活气息和原生态面貌。民居建筑大都古朴平实，唯有万寿宫高高翘起的华丽飞檐叫人浮想当日的繁华。早在清朝时期，周子镇就是嘉陵江流域重要的物资集散中心之一，来自全国10多个省的商人们纷纷来此投资经商，商船云集、桅樯林立，极尽繁华。

小小的周子古镇，除了秀丽的风光，还留下了不少名人的足迹。司马相如大约算蓬安县最大名人，其铺排华丽的汉赋在中国古代文学史上占据重要地位，和卓文君的浪漫爱情故事更被传为千古佳话。此般诗情传说引得历史上诸多文人墨客竞相到这里游览，包括唐代诗人元稹、书法家颜真卿、画圣吴道子、宋代文豪苏轼、理学家周敦颐以及清代思想家姚莹等。其中，以吴道子、

○ 古镇夜景

周敦颐和小镇的关系最为紧密，一个在此留下流传千古的画作，一个在小镇讲学，留下爱莲池的遗迹，甚至古镇也因周敦颐的缘故从周（舟）镇更名为周子镇。

走在这条舒缓的青石板小街上，我莫名想起外婆的老家，也是这样的穿斗木瓦房，也是门前一个小小天井，栽种着一株绿意葱茏的小树。妈妈在这户人家门前驻足良久，此情此景让她想起自己的童年，讲起那些遥远的陈年旧事，她的眼眶有些湿润。

○ 青石板路

嘉陵江水从此处缓缓流过，这里是被专家学者视为“嘉陵江最典型、最具代表性、最有诗情画意的江段”，画圣吴道子也在周子描画出著名的《嘉陵江三百里旖旎风光图》。相传吴道子登临与古镇隔江对望的龙角山顶，一边观看江中美景，一边构思嘉陵江图，从而才思泉涌，激扬画笔。从画圣广场开始沿着江边长廊环游，满眼青翠，凉风习习，身心舒畅，丝毫不觉暑热和辛苦。这段嘉陵江江面时而宽阔，时而曲折，极富诗情画意，俨然一幅原生态的江上田园风光图。

循着江边的长廊和小径回到古镇。此时夕阳逐渐西下，登临财神楼俯瞰小镇，街道交错，游人渐稀，偶有挑着担子的乡人匆匆走过。铁匠在店铺内不紧不慢拉着风箱，锅盔灌凉粉的老板坐在板凳上眯着眼睛休息，姚麻花门口还有人挑选麻花。街景温馨平实，满眼白墙青瓦，远远的山坡上还有白色槐花和紫色桐花盛放，此情此景，竟让人看出清明上河图的意味，还有时空倒流的错觉。透过财神楼的临江窗棂，温柔而微弱的霞光正投射在嘉陵江江面，黄昏时分，夕阳正好，心中涌出那股旋律，“我是天空里的一片云，偶尔投影在你的波心，你不必惊异，更无须欢喜，在转瞬间消灭了踪影……”

回客栈稍事休息，华灯初上之时开始外出觅食，这顿晚餐把我瞬间从刚才的诗情画意拉回俗世凡尘。按照客栈老板的指点，原来在客栈旁的斜坡上就隐藏着当地最资格的嘉陵江河鱼火锅。沿石梯爬上斜坡，眼前出现一溜儿饭馆，挂着花花绿绿的××鱼庄招牌，叫人眼花缭乱、不辨真伪。幸有老板指点，我们走进正确的一家，果然热闹非凡，旁边两家却是门前冷落鞍马稀。我们的运气很好，据说当日渔船捕获颇丰，往往需要预订才有得吃的河鱼得以顺利来到我们的桌上。四顾一望，几乎全是清一色操着本地口音的食客，服务员忙得脚不沾地。一大口红艳艳、热辣辣的河鱼火锅让人胃口大开，鱼肉极为鲜嫩可口，丝毫没有塘鱼的土腥味，配着锅底的豆芽、青笋、豆腐、土豆等新鲜素菜，美味无穷。酒足饭饱，我们满意而归。

夜晚的古镇极为安静，丝毫没有白日的半点喧嚣，脚步在安静的青石板上踢踏作响，感觉无比自由和惬意。半夜下起大雨，睡意朦胧中仿佛听见雨水哗啦啦倾斜在江面的声音。第二天清晨，刚打开房门，一股江风寒意扑面而来，我冷得打了个哆嗦。一夜风雨，降温10度，嘉陵江水也泛起徐徐波涛，不似昨日温柔宁静的模样。清晨7点多，码头已然停泊了不少渔船，装着鱼儿的大桶和大盆在码头上一字摆开，买者卖家开始热闹地讨价还价。

尽管下着小雨，依然无法阻挡我们雨中漫步的兴致。在这个没有游人的清晨，青石板被雨水冲刷得干干净净，微雨的古镇更加富有韵味。挑着两箩筐新鲜芍药的老人沿着石梯匆匆而来，花儿沾着雨水娇艳欲滴，忍不住花5块钱买上一束，撑着雨伞、手捧芍药花漫步走在青石板小路，仿佛化身为雨巷中那结着丁香般愁怨的姑娘。没一会儿，又有老大爷挑着新鲜的樱桃叫卖，颗颗晶莹剔透，夹杂着甜酸的味道，比城里打了过多膨大剂的樱桃美味很多。街边的小镇居民看我拿相机东拍西拍，总是冲我友善微笑，还生怕自己挡住镜头，羞涩而腼腆地避开——殊不知，他们也是这个小镇最富生气的风景啊。握着芍药，提着樱桃，和老乡三言两语，感觉自己不再是匆匆而过的游客，仿佛融入了这个小镇的真实生活。

嘉陵江边

清晨的周子古镇，几乎没有游人，也没有丝毫的喧闹和热闹。我是多爱这样的季节和景色，山青水碧，清朗明净，尽管三月的灿烂花季已过，春末时分的桐花和槐花点缀于古镇的木楼青瓦，却又是另一番清新和俏丽。微雨小镇，最美在这不经意的邂逅。此时此刻，它不再是一个游人匆匆的喧嚣古镇，它是嘉陵第一桑梓，尽管不是我的家乡，却让我忆起小时候住过的地方，感觉像是精神上的故乡。

因为季节因素，我错过了百牛渡江的奇观，尽管有些遗憾，却丝毫无损我对这个诗意小镇的美好印象。或许，为自己留一个下次再来的念想，也没什么不好。微雨清风，青瓦白墙，偶有行人从青石板小巷走过，眼前这个小镇，美好得叫人舍不得离开。

小贴士/TIPS

交通：可从成都市十陵汽车客运站乘坐班车前往蓬安县，车程约3.5小时；也可从成都坐火车到蓬安县，同样费时3个半小时，硬座约50元。周子镇紧邻蓬安县城，从蓬安县城打的或乘坐1路公交车可达。

门票：古镇无门票，登财神楼5元/人，游江船票20元/人。

作者手记：

1. 整个景区的面积不小，除了古镇，还有周边的嘉陵江山水也很值得游览。建议沿环线游览：桑梓广场－夫妻树－财神楼－下河街－新华街－红军街－爱莲池－万寿宫－红军街－半山亭－龙角山－画圣广场－画江楼－画江长廊－返回周子古镇，所有精华景点一网打尽。尤其后半段沿嘉陵江长廊行走，悠悠江水相伴，感觉非常惬意。
2. 百牛渡江是周子古镇的最大看点，每年暮春到初秋，这里会上演罕见的生态奇观——上百头水牛集体渡过嘉陵江到对岸太阳岛吃草。具体时间每年略有不同，但通常从4月中下旬开始，详情可拨打当地旅游电话（0817-8880750）询问。可购买游船票观看，人多的话也可以自己包一条船。
3. 建议在古镇留宿一晚，以体验最为迷人的古镇晨昏。镇上住宿也很方便，较为豪华的有周子客栈，经济的有夫妻树客栈、刘家大院、临江客栈、江梓楼等。

南充、广元交通旅游图
广元市
利州区
昭化区
朝天区
旺苍
青川
剑阁
巴中市
巴州区
汉中市
汉台区
南郑
宁强
南江
文县
陕西省
甘肃省

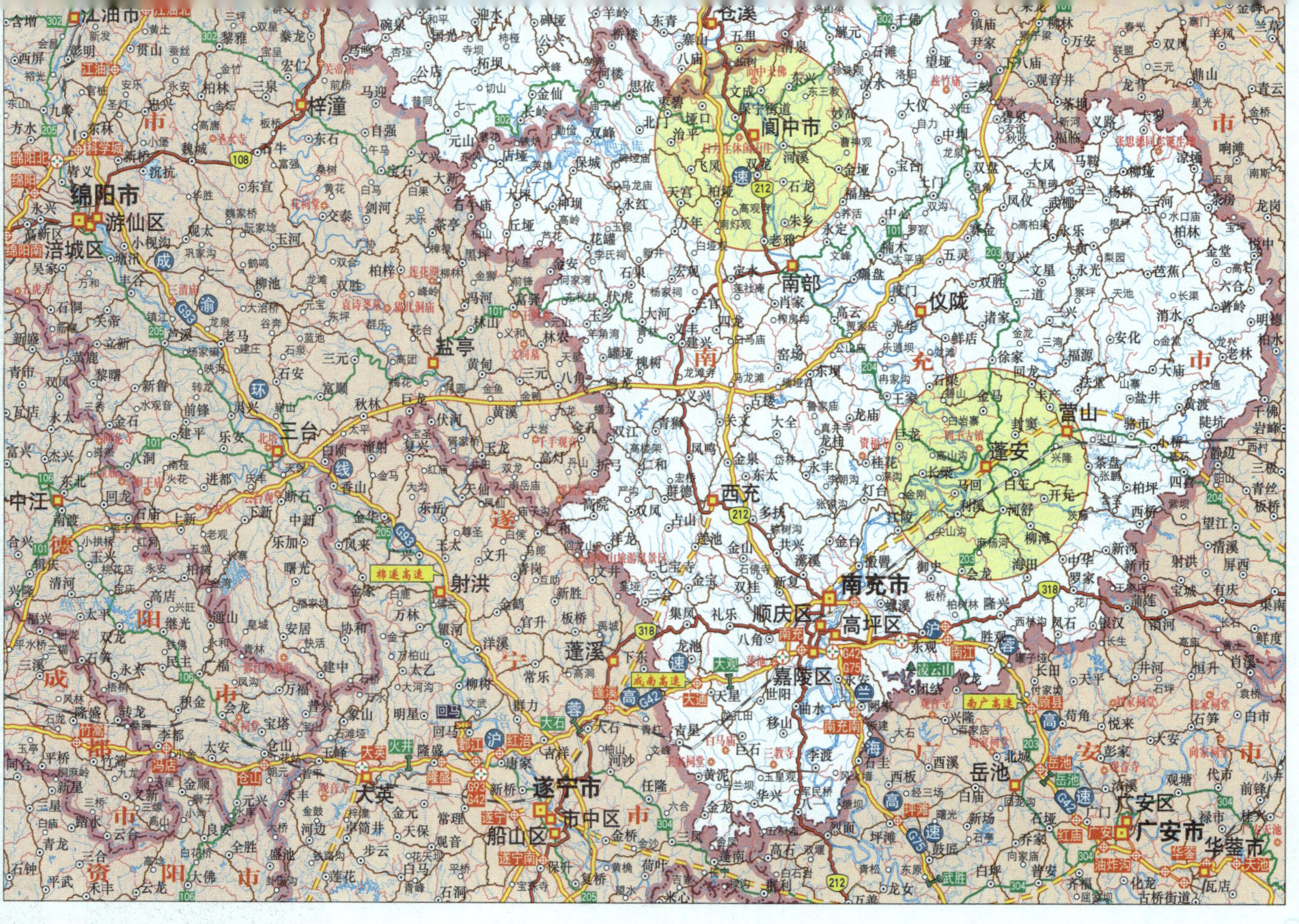
南充市
顺庆区
高坪区
嘉陵区
阆中市
南部
西充
仪陇
营山
蓬安
遂宁市
市中区
船山区
蓬溪
射洪
大英
广安市
广安区
华蓥市
岳池
绵阳市
涪城区
游仙区
三台
盐亭
梓潼
苍溪
中江
江油市

上里古镇

推荐指数：▲▲▲▲

交通指数：▲▲▲▲

美食指数：▲▲▲

住宿指数：▲▲▲

解读上里古镇

昔日南方丝绸之路的重要驿站。古镇依山傍水，居于两河相交的夹角内，民间传为“财源”汇聚的宝地，保留着许多明清风貌的吊脚楼式建筑。古时这里有五家大姓聚居，俗称“五家口”，很久以来就流传着“杨家的顶子，韩家的银子，陈家的谷子，许家的女子，张家的锭子”的说法。1935年红四方面军长征途经上里并驻扎半年之久，在镇内留下了数十幅石刻标语。这里还是《聊斋志异》等影视作品的外景地。

地理位置： 四川省雅安市

推荐理由： 这里曾是南方丝绸之路，茶马古道的起点；有水墨如画的风景，保存完好的青瓦民居，还有红军留下的沧桑足迹。

特色看点： 古老拱桥、红军石刻、韩家大院、石牌坊、挞挞面

如新月一般的拱桥

那个清凉的初夏，驶过拥堵的成温邛高速，路经邛崃和平乐，逐渐进入丘陵山地，路边景色变得优美，远山含黛，林木葱茏，山里的空气潮湿而新鲜，禁不住叫人深深呼吸，满口负氧离子啊。只是翻越夹关山的盘山公路狭窄而陡峭，颇为考验司机的手艺，路窄坡陡弯急，委实也叫人有点胆寒。拐过一个又一个弯道，海拔不停攀升，山路越发陡峭，很多时候竟以30—40度的倾斜盘旋而上。路边不知何时出现了一道沟渠，渠水清澈透亮，汩汩流淌。

○ 古树

上里东接名山、邛崃，西连芦山、雅安，坐落于四县交接之处，地势得天独厚。平乐到上里这一路，道路盘旋，景色清幽；从夹关到上里只有区区20多公里，却足足驱车四五十分钟。平乐、夹关、上里、中里、下里（现改名碧峰峡镇）……沿途或附近的这些地名，看着简单朴实，念来琅琅上口，涵义隽永，叫人莫名喜欢。

还未走进上里古镇，路边的新鲜竹笋就拉住了我们的脚步。新鲜的竹笋，每斤三毛，毛茸茸的笋壳还带着泥土芬芳，小男孩甜甜的叫卖也让人完全迈不动步伐。这样新鲜的竹笋，城里每斤三元也买不到啊。老乡的背篓中还有新鲜的折耳根、蕨菜以及晒过的笋干，看着都是那样绿色健康。还没走进古镇，手里就拎了满满一包。

一弯拱桥立在村口。小小的石桥，恰如一弯新月，青苔丛生，古意盎然，再看水中倒影，居然形成满月。临江吊脚楼的回廊晾晒着床单和衣服，粗壮的黄桷树已然换了新叶，满眼是那样清新的翠绿。眼前，俨然一幅优美的水墨图画。几个小男孩站在溪边，用竹竿和簸箕妄图逮住小鱼和蝌蚪，不时爆发出银铃般的笑声。这样无忧无虑的童年欢乐，竟然让人生出几分莫名感慨。

一溜凉粉摊背后的石墙，竟然刻着“抗日救国”、“自救救国”、“中国快要亡国了，打到卖国贼蒋介石！”“红军是穷人的军队”、“只有共产党才能抗日反蒋”等字样。看着颜色颇为鲜活，不知是否真是当年红军留下的笔迹，或许经过重新粉饰。不过，上里确是红军真实走过的地方。据史料记载，红四方面军曾在1935 –1936年期间在上里发动、组织和宣传群众抗日，在石桥、石碑、石坊、石壁、石柱上面书刻了不少口号。据说红军离开之后，上里群众自发用石灰和泥土将石刻标语覆盖起来，以保护这些珍贵的宣传标语。新中国解放后，群众又将覆盖物去掉，恢复了这批革命文物的原貌。这些镌刻了历史沧桑的石刻标语，顿时让人有种时光流转的感觉。

古镇经过修葺和改建，显得干净整洁，主街两旁的民居焕发出些许崭新的意味，挑起的木窗边摆放着盆栽，鲜花灿烂盛放，给古朴的建筑带来更多生机。走在背街的小巷，依然能够领略到那些曾经的朴实和古意。韩家大院是上里保存得最为完好的一座古宅，精美的木门雕刻透出一丝曾经的辉煌。这座由7个四合院组成的老宅据说建于清道光年间，人称“七星抱月”。

不仅有红军走过的足迹，

上里还曾是茶马古道的起点，是继邛崃之后的南方丝绸之路第二个重要驿站。据专家考证，上里附近是汉民族向藏族等少数民族过渡的区域，曾在南方丝绸之路上产生举足轻重的作用。想起刚才在韩家大院门栏上看见的字样——“丝绸之路流通南北货币、茶马古道交换藏汉友谊”，完全可以想见当年的繁华商贸。

依山傍水，小桥人家，“二水夹明镜，双桥落彩虹”，描绘出上里的特色——古桥和流水。除了刚才进入镇子经过的那座拱桥，另一座二仙桥显得更加古老。老旧的单孔拱桥上长满青苔和野草，碧水轻轻穿过桥洞，不着痕迹，恰如那些静静流淌的岁月。

上里不大，甚至可以用袖珍二字形容，不到1小时，就可把老街走遍。临江

○ 二仙桥

茶座生意甚好，高大粗壮的古树伸出浓荫，庇护着树下的竹凳和藤椅。喝茶，打牌、聊天、闲坐，这个世界从来不缺无所事事。河边高树上的一串串果实挂满枝头，真的很像一串串铜钱——尽管从没见过，我却极度疑心，莫非这就是传说中的榆钱树?

挞挞面是上里给我的又一惊喜。游逛老街，视线所及几乎每家餐馆门口都摆放着一盆盆满满的貌似红烧肉的东西，我们满心诧异：为什么家家门口都有这个？这条街上似乎除了挞挞面，就是烧烤摊。韩师傅挞挞面馆是其中生意最好的一家。招牌大肉挞挞面，自然成为我们的不二选择。当那碗泛着油光、颤悠悠的大肉端到面前，我……竟然一时无语！炸过的肉皮形成浅浅皱纹，幽幽泛着鲜亮的红光，香葱点缀其间，红绿相配，这坨大肉竟无端端让我想起风情这个字眼。皮和肉都是那么厚实，从肉的形状就能看出，选取的原料非常不错。咬一口，软糯，细嫩，肥的部位肥而不腻，瘦的部位紧实有嚼头，还一点都不塞牙。最棒的是，汤汁浓郁鲜香，面条筋斗入味，完全称得上色香味

江边茶座

俱全。这碗面实在叫人惊艳！连我这个一向对面食并不感冒的人也吃得赞不绝口，甚至把汤汁也喝了个一干二净。要知道我们中午两点钟刚吃过午饭，现在才下午五点，简直无法想象倘若在饥肠辘辘之时吃到这碗面会是什么感受。

吃完，踱到前面去看服务员做面，他们在面板上把面团打来打去，感觉有点像拉面的做法，但挞挞面比拉面更粗，而且形状似乎是扁平的。好奇之下，我询问了雅安挞挞面的来历，原来三鲜挞挞面是最正宗的口味。据说还有一种叫做“焦巴儿”的佐食，可惜已经几乎消失了，真想尝尝那传说中黄酥香脆的肉馅儿夹心油炸饼子是什么味道——听起来有点像军屯锅盔。

吃饱喝足，闲逛在上里的老街，无所事事，无比惬意。初夏的古镇，空气中满是新鲜潮湿的味道，满眼碧绿和青翠，还有那脆生生的新鲜竹笋和颤悠悠的大肉挞挞面，让平凡的生活充满惊喜和热爱。

小贴士/TIPS

交通：从成都新南门车站或成都石羊场车站坐班车到雅安，再从雅安旅游车站门口坐小客车可直达上里古镇。

门票：古镇无门票，韩家大院5元/人。

作者手记：

1. 到上里一定记得品尝雅安挞挞面。此外，乌骨鸡炖山药也是上里的特色菜。镇上有家“红军饭店”较为有名，提供香肠腊肉、砂锅雅鱼、凉拌土鸡、山药炖土鸡、血旺汤等特色川菜。
2. 古镇有多家客栈提供住宿，平时游人不多，周末和假日稍微热闹，标间价格从60到上百元不等，条件尚可。
3. 此外，距离上里古镇6公里处还有一处景观叫做“白马泉”，号称雨城雅安八大风景名胜之一。其泉水涌动时如白马奔驰，是为得名，有时间可前往一观。

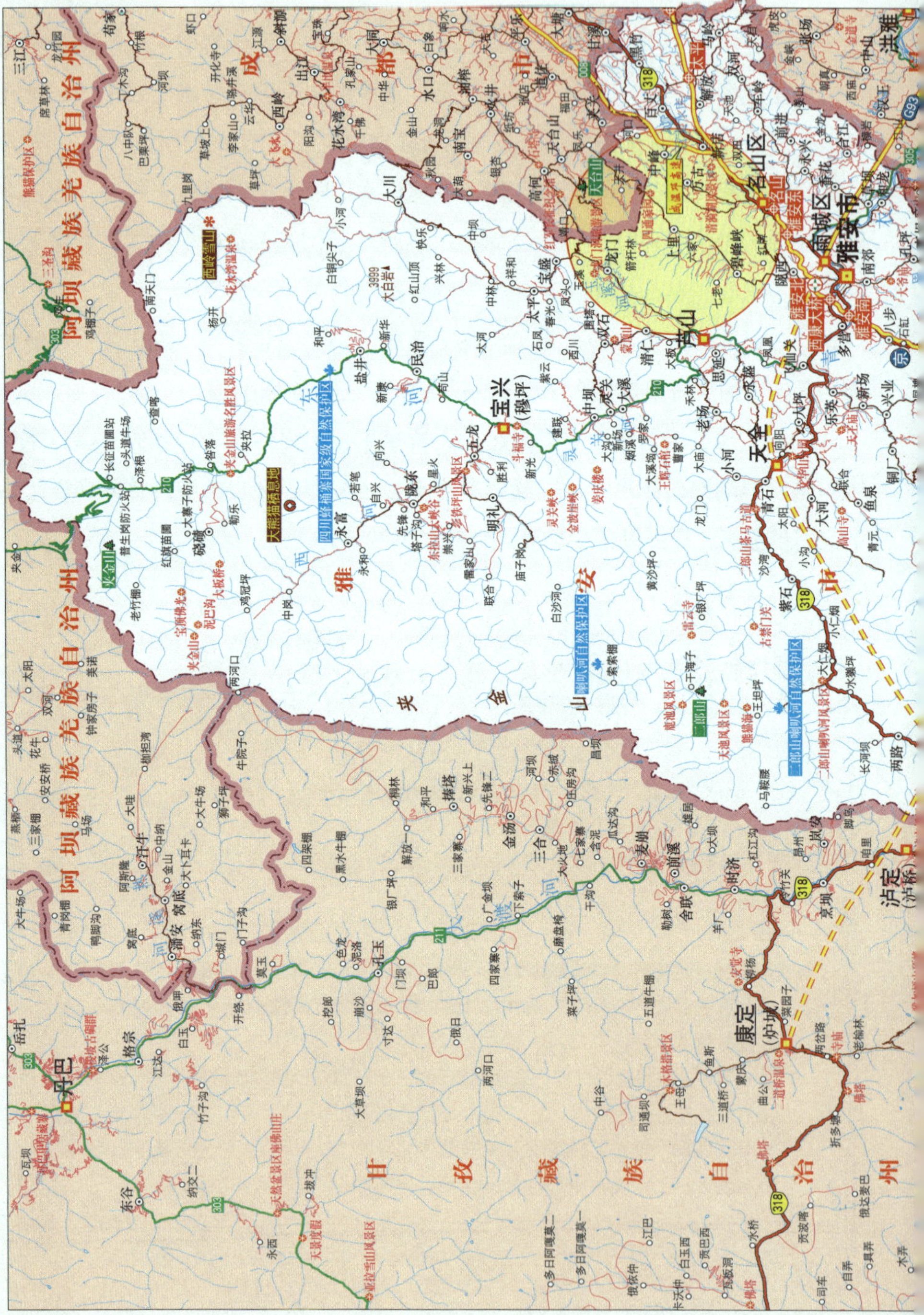
雅安市
雨城区
名山区
芦山
宝兴
(穆坪)
天全
泸定
(泸桥)
康定
(炉城)
丹巴
大熊猫栖息地
四川蜂桶寨国家级自然保护区
甘孜藏族自治州
阿坝藏族羌族自治州

雅安交通旅游图
汉源
石棉
荥经
金口河区
峨边
(沙坪)
甘洛
甘孜藏族自治州
凉山彝族自治州
乐山市
大相岭
小相岭
雪山

顶木头

解读西来古镇

典型的川西民俗文化古镇，距今已有1700多年的历史。古镇不仅完整地保留了大量明清时期的川西民居，还有12棵声名远播的千年古榕。古镇的核心景区是老街，这是一条有近百年历史的老街，簸箕街、烟巷子、水巷子、花龙门子、亭子巷纵横交错，构成了1200米的长街和近700米的小巷。

地理位置： 四川省成都市蒲江县西来镇

推荐理由： 没有簇新的仿古建筑，没有满街的商贩叫卖，西来古镇保持了一份难得的古朴和沉静。在古榕下憩息，在老街中穿行，微风拂面，吹来了沉淀两千年的历史气息。

特色看点： 文峰塔、船棺、古榕

西来古镇

推荐指数： ▲▲▲

交通指数：▲▲▲

美食指数：▲▲▲

住宿指数：▲▲▲

走进西来小镇，停车场的工作人员热情为我指路，他指向通往河边的路口，说道："走过去右拐，几分钟就到喝茶的地方。还没吃饭吧？河边有家鱼庄，巴适得很哦！"可惜我走岔了道，尚未行到河边，倒先进了老街。随意瞟了两眼，街边几家饭馆似乎都挺不错，宽敞、亮堂、朴实、随意，大圆桌、长条凳，食客似乎也多为本地人，展现了这个小镇尚未完全商业开发的一面。我犹豫了一下，以为前面会更好，于是婉言谢绝了饭馆门口卖力拉客的大婶。

前面狭窄巷道旁的路标"临江十二榕"挽留了我的脚步，巷口这家黑黢黢、油腻腻、食客众多的餐馆也吸引了我的目光。小店颇有古风，里面的陈设也确以长条凳和八仙桌当家。环境虽不佳，人气却很旺盛，完全符合以往我对苍蝇美食馆的定义。不待多想，赶紧进去坐下。可惜世事往往不如想象完美，小店生意好，老板娘也很热情，然而店员们实在太忙，吆喝了好几声才有人得空过来收拾桌椅和招呼点菜。此时才发现，这里是前往江边古榕的必经之地，占据了这样的有利地形，自然食客盈门。

小镇非常安静。午后时分，除了闲坐的几位老人，整条街上几乎没有别的身影。老街入口处伫立着一座文峰塔，外观灵巧秀丽。该塔建于清道光年间，保存得十分完好，塔上的青苔透出几分古朴。塔身四周的戏曲雕塑配有九曲篆文，即使不算世间罕有，也是非常特别。

街边晾晒着咸菜和豆瓣，寂寞的老人懒懒坐在屋前木凳上，看同样寂寞的猫咪和自己的影子玩耍。镇上似乎以老年人居多：古旧的理发店，头发花白的理发师正为同样年级的老人修剪头发；路边的简陋茶铺，斑驳的阳光透过树阴洒在麻将桌旁的一群老人身上；在挂着“西来镇老年协会”的旧屋，老人孤独地坐在门边。资料说西来老街居住着395户人家，总人口达1288人，我很疑惑他们都到哪里去了。端着相机走在寂寞的街上，自己像是无意中闯进别家院子的冒失小孩。

“旧时王谢堂前燕，飞入寻常百姓家。”小镇拥有上千年历史，也曾是商贾云集的热闹之所，可以追想那些酒肆、米行、典当铺的昔日繁华。一窝燕子正在一户人家的屋檐下衔泥，是多年没见的景象。小燕子，穿花衣，听燕儿叽叽喳喳，忽然有回到童年的恍惚。

没有门票，庞大的船棺被摆放在街边一间黑黢黢的古旧老屋中。船棺葬是古代巴蜀人盛行的一种丧葬礼俗，也是我国古代一些傍水而居、长于舟楫的民族的特有葬俗。不过据说先秦时期使用船棺进行土葬的民族并不多，目前已经发现的船棺也多见于四川境内。眼前所见的船棺由7米长、1.5米直径的整体楠木挖空而成，屋内空间局促狭小，只能侧着身子从人群中通过。如此随意的存列方式，让人很难相信这是一件具有3000多年历史的文物。3000年的沧桑以这样随意的方式呈现，感觉很不真实。

○ 涉水

西来给我印象深刻的还有江边那些苍虬蓊郁的古榕（即川人口中的黄桷树），据说树龄已过千年。12株黄桷树在临溪河边一字排开，所谓“临江12榕”——不知是谁给取了这么风雅的名字。正午阳光之下，黄桷树下尤显清凉，浓荫之下早有店家摆开桌椅，等你入座。临溪河从古镇墙根缓流而下，河中筑了一道堤坝。河边茶座临江处清波荡漾，下游则有些浑浊。岸边有人安静地垂钓，河中居然还有游船，好在并不喧闹。游人三三两两淌过小河，时有女人和小孩的尖叫，或许谁一屁股坐进了水中。河对岸山坡上有一群山羊在吃草，小朋友调皮地跟在后面想挠它们的尾巴，羊儿乍一回头，引得孩子们四散奔逃。岸边的露天茶座是大人们的休闲之处，浅滩则是孩子们的嬉戏场所。在水边和小孩一起打水漂，瞬间仿佛回到了童年。

“道边相送驿边迎，水隔山遮似有情。岁晚无聊莫相笑，君方雨立我泥行。”在诗人的眼中，西来是如此脉脉含情。没有让人痛恨的仿古商业街，没有簇新粉刷的建筑，没有满街的商贩叫卖，西来古镇保持了一份难得的古朴和沉静。游人还没蜂拥而至，喧闹尚未正式开始，比起旅游开发得风生水起的近邻平乐，西来像一个寂寞的老人，仍然生活在属于自己的年代。我自私地想，就让它继续寂寞下去吧。

小贴士/TIPS

交通：从成都的新南门车站（成都旅游集散中心）或石羊场车站乘班车到蒲江，然后从蒲江转车到西来镇。

门票：无

作者手记：

肥肠、豆花、血旺是西来的特色美食。临溪河边的露天茶座不提供饭食，但可请距离河边最近的一家鱼庄送餐。

○ 河边时光

古镇也吸引游客慕名而来

黄龙溪古镇

推荐指数：▲▲▲▲

交通指数：▲▲▲▲

美食指数：▲▲▲▲

住宿指数：▲▲▲

解读黄龙溪古镇

川西保存得最为完好的古镇，至今还保留着自己所独有的“十古”：古街道、古树、古寺庙、古牌坊、古佛洞、古渡口、古崖墓、古民俗、古战场遗址、古三县衙门。古镇是国家文化部命名的中国民间艺术（火龙）之乡、国家级环境优美小城镇。《芙蓉镇》等近200部影视片在这里选景拍摄，素有“影视城”、“中国好莱坞”之称。

地理位置： 四川成都双流县

推荐理由： 经过1700多年的历史变迁，完好地保留了7条明清时代的街坊以及76套明清民居，被誉为“中国天府第一名镇”。

特色看点： 街道、民居、寺庙、三县衙门在府河和鹿溪河交汇的地方，坐落着一个美丽的小镇——黄龙溪镇。“黄龙渡青江，真龙内中藏”，传说中黄龙显灵赋予这个小镇的美丽名字一直保持到今天。府河和鹿溪河给小镇带来了便利的水运交通条件，自古以来，黄龙溪就是一个繁华热闹、商贾云集之地。

“一脚踏三县，一街三寺庙，六街九巷子，十古一漂流”。虽然经过1700多年的历史变迁，黄龙溪的古街道依然保存得相当完整。漫步在古镇街头，脚下是青石板铺就的窄窄路面，街道两边的廊柱房屋井然有序，白底蓝字的店铺招牌迎风招展，街边不时出现的古老石磨，仿佛把人带回了旧日时光。黄龙溪完好地保留了7条明清时代的街坊以及76套明清民居，它们大都是一楼一底的建筑，临江的房屋更是颇有“吊脚楼”的风格。

○ 成都人的后花园——黄龙溪

与街道和民居一样古老的，还有黄龙溪的寺庙。古龙寺、镇江寺、潮音寺——这三座古寺都位于黄龙溪正街，其中潮音寺位于正街的中段，而古龙寺和镇江寺则一左一右分别居于正街的两端。正街形似一根扁担，两座寺庙仿佛是扁担上挑起的两个担子，这种独特的景致被人们誉为“街中有庙、庙中有街”。

每到农历六月初九和九月初九，是黄龙溪镇最热闹的时候。人们从四面八方聚集到镇上参加庙会，三个寺庙中香火最旺盛的就要数保存得最完好的古龙寺。古龙寺内现存古戏台、古寺庙和古榕树，三古有机结合在一起，别有一番

每逢节假日都有大批成都人来古镇喝茶搓麻

○ 游客和居民成为彼此的风景

韵味。更为奇特的是，古龙寺内的一棵大榕树内居然还藏着一座小小的寺庙，寺内有树，树内有寺，前人的智慧和玄机真是让我们琢磨不透。

古龙寺内还有一个大大有名的处所，那就是历史上的三县衙门（现为双流县三县衙门文管所所在）。一个小小的黄龙溪镇，怎么会有三县衙门呢？原来，历史上黄龙溪地属华阳县、彭山县、仁寿县的金三角地带，当时的民事纠纷、经济纠纷和匪患严重困扰着三地，于是这三个县就在黄龙溪设立了一个联合执法机构，称作“三县衙门”。衙门大门上悬挂的对联“黄龙钻山伸出龙爪抱鸡翅，白马临江勒转马头望虎岩”看似非常无厘头的语言，真实地再现了当时三县衙门的管辖范围，黄龙、龙爪、鸡翅、白马、马头、虎岩等不是别的什么，正是三县衙门所管辖的地名。

如果说古街道和古寺庙是黄龙溪古韵的主要骨架，那么镇上的古树则可以说是黄龙溪古韵的精髓。据统计，镇上现有6棵树龄在800年以上的黄桷树，千百年来，世事沧桑，斗转星移，它们默默地伫立在原地，谁知道它们见证过什么？又记住了什么？与古镇隔河相望的河岸上，那株枝繁叶茂的黄桷树下，如今是一个露天茶馆，人们坐在木桌旁、竹椅上悠闲地喝茶打牌，小孩子则在它裸露在外的盘根错节的树根上嬉戏玩耍。江边的风柔柔地吹着，这样的日子，谁说不是神仙过的生活？

小小的黄龙溪还是远近闻名的影视拍摄基地，先后有《卓文君与司马相如》、《海灯法师》、《家春秋》、《秦淮世家》等100多部影视片在此拍摄。镇上的三县衙门内，现在仍保存着很多影视剧组留下的拍摄道具。黄龙溪保存完好的古街道相当于为影视导演们搭建了一个免费的天然摄影棚，而吸引他们的，应该莫过于古镇那古朴而灵动的气质吧。

黄龙溪就是这样一个地方，当你疲极倦极的时候，来到江边那株大树下，抿上一口散发着清香的茉莉花茶，懒懒地往竹椅上一躺，所有人世间的烦愁仿佛都离你而去。在那一瞬间，你就是世界上最幸福的人。

小贴士/TIPS

交通： 从成都金沙车站或新南门车站乘坐直达黄龙溪的班车，1小时左右到达。

门票： 无

美食： 走在古镇上，满眼都是大大小小的餐馆和酒楼，相比较而言，黄龙溪正街上的沿江餐馆具有更好的环境。只要你选择在某家餐馆吃饭，就可以免费在餐馆的阳台上喝茶打牌。古镇著名菜品有石磨豆花、水煮黄辣丁、酥皮肘子、炸小鱼小虾等。

住宿： 古镇可供住宿的地方很多，几乎每一家都是楼下餐馆、楼上旅店的格局，条件和价格均相差不大。多数旅店的房间清洁情况差强人意。

作者手记：

1. 黄龙溪是全国著名的火龙之乡，古镇上有一个火龙表演场，每年正月初二晚上至正月十五日元宵节都会举办“火龙节”。
2. 从古至今，黄龙溪古镇一直保持着打更报时的古老传统习俗，镇上的打更匠也被戏称为活文物。

成都交通旅游图

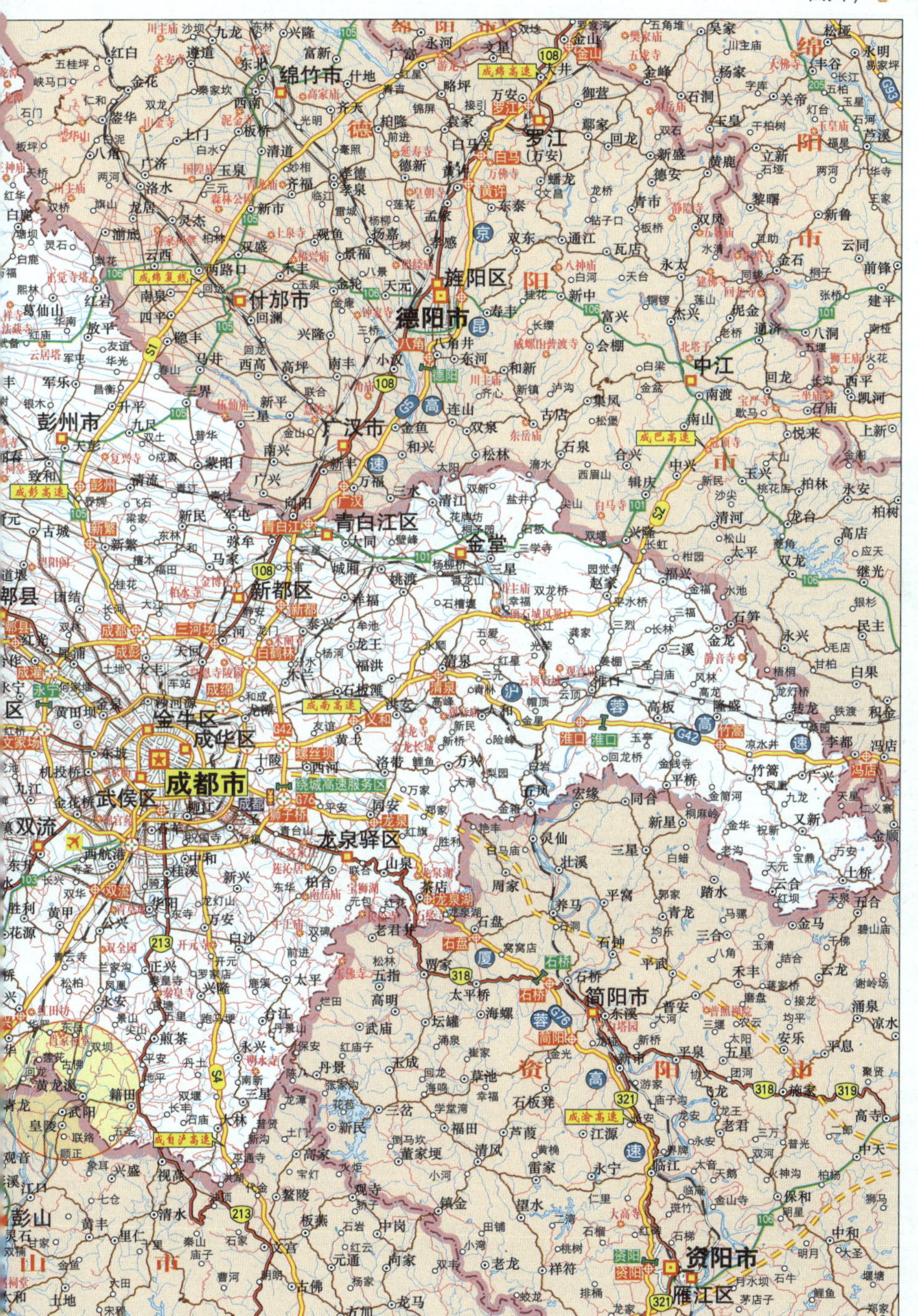
绵竹市
什邡市
德阳市
旌阳区
罗江
(万安)
中江
广汉市
彭州市
青白江区
金堂
新都区
郫县
金牛区
成华区
成都市
武侯区
双流
龙泉驿区
简阳市
资阳市
雁江区
彭山
成绵高速
成绵复线
成彭高速
成南高速
成巴高速
成渝高速
成自泸高速
绕城高速服务区
德
阳
市
资
阳
市
眉
山
市
绵
阳
市

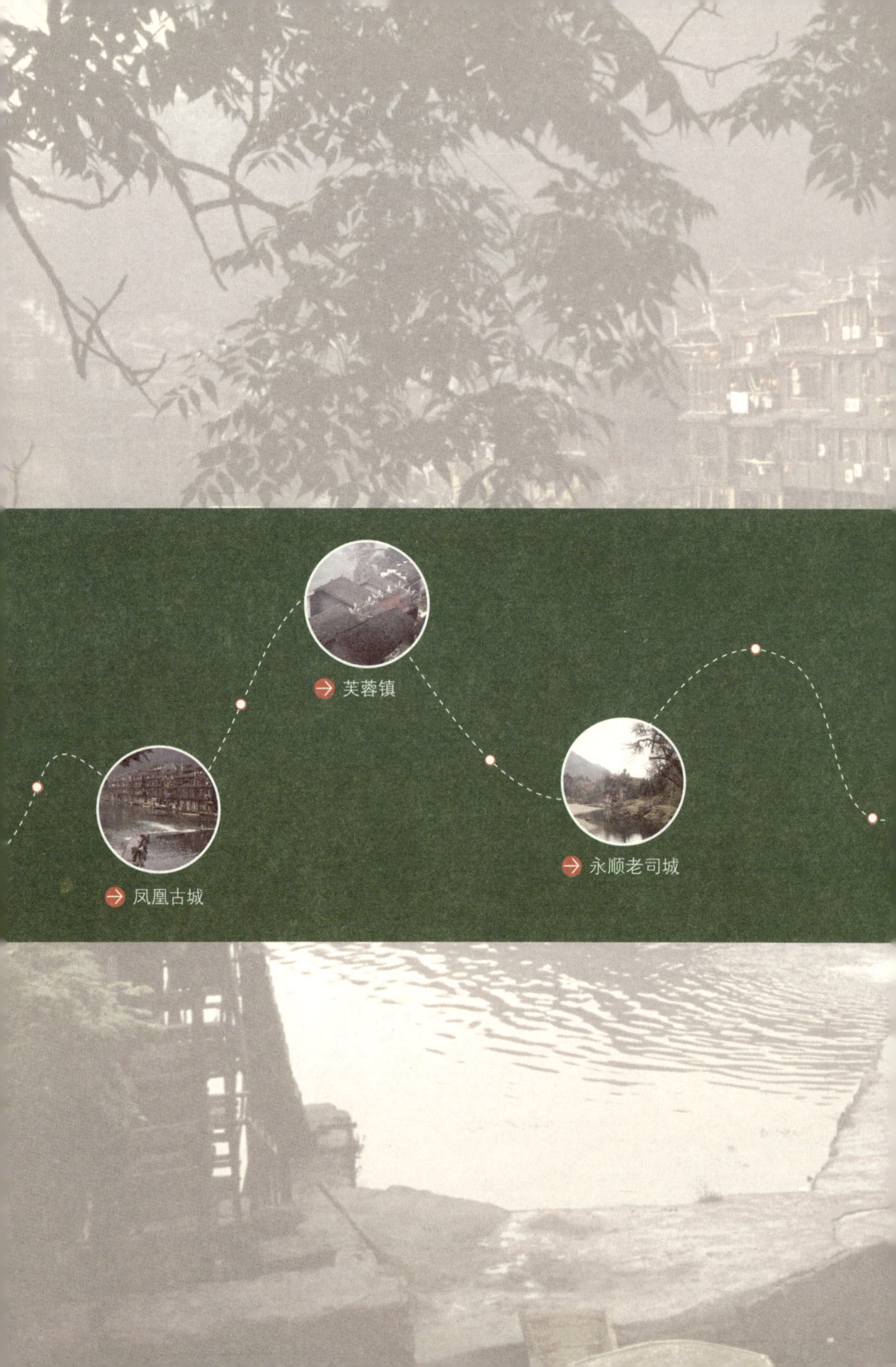
芙蓉镇
凤凰古城
永顺老司城

6
湖南
洗车河古镇
洪江古城
茶峒古镇

○ 凤凰之晨

地理位置： 湖南省湘西自治州

推荐理由： 中国最美丽的小城之一，兼具文化底蕴、民俗风情、特色美食、悠闲生活于一体。

特色看点： 沱江、沈从文故居及墓地、熊希龄故居、杨家祠堂

凤凰古城

推荐指数：▲▲▲▲▲

交通指数：▲▲

美食指数：▲▲▲▲

住宿指数：▲▲▲▲▲

解读凤凰古城

国家历史文化名城，曾被新西兰著名作家路易艾黎称赞为中国最美丽的小城。在地理位置上，西托云贵，东控辰沅，北制川鄂，南扼桂边。从凤凰走出去的著名人物有民国总理熊希龄、作家沈从文、画家黄永玉等。沈从文的《边城》将他魂梦牵涉系的故土描绘得如诗如画、荡气回肠，也将这座小城推向了全世界。

提起凤凰，总让人想起涅槃，凤凰是一只非梧桐不栖的鸟。相传“天方国古有神鸟名菲尼克斯，满500岁后，集香木自焚。复从死灰中复生，鲜美异常，不再死”。然而湘西凤凰，却是一个温柔的小城。当你踏上凤凰这片人杰地灵、奇人辈出的土地，曾经盘踞脑海多年的渴望与憧憬就在一瞬间盛开在眼前，片刻的恍惚过后，也许一个异乡人就真的会轻易醉倒在别人的家门口。在某个水粼粼、夜冥冥、思悠悠的时刻，将疲惫的身体任意舒展在一个吊角楼的廊前，守着一壶袅娜的香茶和一弯幽幽的沱江水，陶醉在“乡下人”柔软又恬静的故土里，醉到不知人事。时间在此流动而不凝固，仿佛温柔地拐了个弯，就渐渐地慢了下来。

沈从文故居

凤凰位于沱江之畔，群山环抱之中，关隘雄奇却又不失婉约多情。城内有条碧绿的江水，从古老的城墙下蜿蜒而过，妩媚的吊脚楼和它身后叠翠的南华山麓倒映江心，江中轻舟数点，河畔浣衣女笑声阵阵。沱江水不深，但清澈碧绿，江中的水草顺水漂游，更让人觉得清透动人。沱江上除了搭有虹桥，还有木板搭成半米宽的“跳岩”和石墩搭就的矴步。黄昏时洗衣服的男女老少，三五成群地聚在一起，捣衣声、欢笑声、孩子的嬉戏声此起彼伏，眼前的一切仿佛就是《边城》中还未结束的故事。

到凤凰旅游的人多半是在看过沈从文的《边城》后，直奔着他笔下的那个伶俐乖巧、长在风里、养在水边的“翠翠”而去的。来这个湘西一隅古老的小城，如果不是为了找寻翠翠与黄狗的影子，如果不是为了找寻江边吊脚楼里的灯红人影，如果不是为了找寻那只漂在沱江水上的渡船，如果不是为了找寻在那上面拉渡的白胡子老人，如果不是为了找寻沈先生曾在故乡留下的一点一滴的痕迹，如果不是为了把书中的文字重拾、填充并寻找成为自己记忆的一部分，如果来凤凰不是为了"怀旧"这一永久主题，那为的又是什么呢？

来凤凰的过客总想知道，是凤凰成就了《边城》，还是《边城》成就了凤凰？边城的过客也好，人生的过客也罢，行路总是匆匆又匆匆。在浮光掠影的风景中，在大大小小的故事里，做个安静的行者和听众吧，甘愿沉入古城的记忆河流，在飘飘然的散淡闲适中，去体会最先游走到记忆里的凤凰心情。

凤凰古城的清新温婉，更多也因着《边城》中的那个在风里长养的翠翠，从而加倍翠秀逼人起来。幻想着水边翠翠与二佬的故事，乘着美丽多情的湘女歌声，在古城沉默的石板上与沈先生的文字邂逅，在梦想与现实的朦胧间把心托入一段梦幻之旅。此刻的宁静、惊喜、安逸、精彩、平凡，不都是你如此向往的停留理由吗？

在轻烟袅袅中你会不经意地发现，小城似江南小镇一般婀娜多姿。细雨中徜徉于江边鳞次栉比的吊脚楼间，以及亭台楼阁的重重叠叠中，叮咚轻响的雨滴反复敲打着石板街，这样的景致让人有恍如隔世之感。雨中的虹桥、雨中的跳岩、雨中的北门城楼、雨中的石板路、雨中的吊脚楼、雨中的沈从文故居、

沱江岸边酒吧的灯红酒绿

雨中的南华山、雨中的一抹轻舟的波痕、雨中的几片酸辣萝卜、雨中的一锅特色“血粑鸭”、雨中一碗热腾腾的米粉、雨中的一杯古城守望者酒吧的咖啡、雨中的蜡染、绣包、银饰、花带……怀旧的情绪自然而然也就随着雨的到来而来了。

沈从文在《湘西》中写道：“一切风景静美而略带忧郁，随意割切一段，勾勒纸上，就可成一绝好宋人画本。满眼是诗，一种纯粹的诗。生命另一形式的表现，即人与自然契合，彼此不分的表现，在这里可以和感官接触。一个人若沉得住气，在这种情境里，会觉得自己即或不能将全人格融化，至少乐于暂时忘了一切浮世的营扰。”

凤凰的风景的确是静美而忧郁的，同时凤凰又是如诗而梦幻的，岸边的浣衫女是梦的主人，岸边的写生者是行吟的诗人，岸边的吊脚楼更是湿湿的，湿湿的叫人心疼。

渐渐的，你会发现原来自己也合上了与小城同样的节拍，时间就在慢节奏的闲适中一点一滴悄然消逝，此刻无需任何多余的表达，人就像在恋爱中无法自拔一样。那个名叫凤凰的小城，就成了记忆深处最难以割舍的爱！

小贴士/TIPS

交通：可先到达吉首或怀化后再转车到凤凰。

门票：古城通票148元。

作者手记：

1. 小城可以满足你随时随地看景、怀旧、吃喝、玩乐、逛街、休闲、购物等一切旅游需求，时间短的话用2小时便可以大致走完一遍，时间长的话尽可从容消磨时光。
2. 建议在古城沱江边的临水客栈住宿一晚，感受一下吊脚楼民居的风情。
3. 血粑鸭是凤凰第一名菜，苗鱼火锅、腊味火锅、小米粉蒸肉、罐罐菌炒肉、蕨菜炒腊肉等都是不可错过的地道凤凰美食。

芙蓉镇

解读芙蓉镇

有2000年历史，因电影《芙蓉镇》在此拍摄而得名。位于酉水之滨，因得酉水舟楫之便，上通川黔，下达洞庭，自古为永顺通商口岸，素有“楚蜀通津”之称。古镇不仅风景秀丽，民族风情浓郁，还有记载土家族政治军事历史的国家重点保护文物“溪州铜柱”和《芙蓉镇》外景拍摄现场等人文景观。

地理位置： 湖南省湘西自治州永顺县

推荐理由： 这里有鳞次栉比的土家吊脚楼依山逶迤，从河岸直贯山腰重重叠叠的五里长街，这里有被青石板磨旧的岁月中透出的清冷光泽，这里还有更叫人心动畅快的猛洞河漂流。

特色看点： 民俗博物馆、古民居、青石板路

推荐指数： ▲▲▲

交通指数：▲▲▲

美食指数：▲▲▲

住宿指数：▲▲▲

安静的芙蓉小镇

这个原名为王村的小镇，现在已改为那个人尽皆知的名字——芙蓉镇。据说当年谢晋在寻找心目中的芙蓉镇时，有人向他推荐了王村，这个清幽的小镇让他一见钟情。满街的石板如历史书表，记下了一代代历史的故事；一座座吊脚楼让人感受到独树一帜的土家文化，熏染在屋梁上的烟尘是时光的足迹；环

○ 青青石板街

村的汩汩溪流，千年依旧。于是，《芙蓉镇》在这里开拍了，而王村因此一炮而红。

走进这个小山村三面环水、一面靠山的小镇，一脚踏进去便仿佛是迈过了光阴与岁月。当年的青石板长街依然依坡伸展，从码头依山势蜿蜒而上长达5里，石板路旁的木屋依旧斑驳古旧，另一侧的吊脚楼也依旧是参差错落、古色古香。整个古镇的土家风情，与电影《芙蓉镇》中的场景毫无二致。当年谢晋导演踏破铁鞋才寻觅到了这里，看中的就是这里宁静粗朴和与世无争的自然感觉吧。

随意走进一处老房子，正是当地的民俗博物馆，曾经为英国人修建用作传授福音的教堂。如今展馆面积不大，有些图片、织锦、绣片等物，馆正中最抢眼的是重5000斤的“溪州铜柱”。公元940年，楚王马希范与溪州刺史彭仕愁交战，两败俱伤双方罢兵言和后，在铜柱上镌刻盟约，立在边陲，规定了互不侵犯所辖地域，并规定楚王不得在土司所属诸州内任意征收捐税、拉夫派差、强买特产等。铜柱为八棱中空，很清晰的柳体阴文工，共有2118字。相传里面曾藏有古钱，清代曾经被盗，但没等贼人把钱运到江心时，便遭遇了舟覆的灭顶之灾。柱上镌刻了一首彭仕愁

踩着石墩过河

表面承认军事上失败、表示“一心归顺王化”对楚王的颂歌：“昭灵铸柱垂英烈，手执干戈征百越，我王铸柱庇黔黎，指画风雷开五溪。五溪之险不足恃，我旅争登若平地。五溪之众不足凭，我师轻蹑如春冰。溪人畏威仍感惠，纳质归明求立誓，誓山川兮告鬼神，保子孙兮千万春。”

春寒料峭的芙蓉镇是湿漉漉的，是雾沉沉的。放慢脚步，沿着石板路的指引，心平气静地在小镇古朴凝重的背后寻找体会，感受它悠然中的世俗。在街边敞开的门里窥探一边烤火一边打麻将的妇人，在织锦的古老机器前驻足片刻时光，老婆婆坐在自家晒的鱼干前静静想心事，天台上在花卉盆景前晾晒心情的老汉，还有飘进耳中的刷马桶声、扫街巷声、洗田螺声、编背篓声……小镇的一天在开始中结束，在结束后又开始了新的轮回。我是来追忆半个世纪前小镇码头边商贾云集的热闹吗？是来邂逅昔日湘西人所称道的“小南京”的繁荣吗？或是来无意中搅动了青石板下的故事吗？接着，飘得不着边际的思绪被三五个刚下学孩子的嬉闹声打破了，我想这里的土地是他们的，其中的妙处也只有他们知晓，而我只是错把他乡当故乡了。

小贴士/TIPS

交通：可在吉首或张家界长途汽车站乘车到达。

门票：无

作者手记：

1. 比较有特色的民族工艺品小店都集中在老街上，逛古镇时可以适当地挑选些看看。对于一些古玩、瓷器、根雕、石刻等，最好还是谨慎购买。
2. 要品尝米豆腐，最好去老街牌坊旁边的113号米豆腐店，只是里面的辣子特别辣，如果不习惯吃辣，要提前跟老板特别说明少放些。吃螺最好就是去“天下第一螺”饭店，老店在五里长街上，门前有只很大的石螺作招牌，新店在上面的学校附近的公路旁。
3. 芙蓉镇老街靠码头处有十几家还颇有规模的饭店，多兼做客栈。

推荐指数：▲▲▲

交通指数：▲▲

美食指数：▲▲

住宿指数：▲▲▲

解读永顺老司城

古城本名福石城，是土司王朝800年统治的古都。土司时期，福石城是古溪州政治、经济、文化的中心，分内罗城、外罗城，有纵横交错的八街十巷，人户稠密，十分繁华。史书有“城内三千户，城外八百家”、“五溪之巨镇，万里之边城”的记载。2001年被国务院确定为全国重点文物保护单位，被原北京故宫博物院院长张忠培、古长城专家罗哲文等誉为“西南少数民族地区保存最为完整的军事性城堡”和“全国保存完好的西南古堡式民族文化古城”。

地理位置： 湖南省永顺县

推荐理由： 曾经“城外三千户，城内八百家”，它是彭氏土司历经600年沧桑的都城。

特色看点： 老宅、祖师殿

沿小溪坐竹筏可轻松到达老司城遗址

溪州竹枝词

福石城中锦作窝，土王宫畔水生波。
红灯万盏人千叠，一片缠绵摆手歌。

这首优美的竹枝词，盛赞的是永顺老司城曾经的繁华风光，“城外三千户，城内八百家”，它是彭氏土司历经600年沧桑的都城。这是我在到达老司城之前，在书本上看的全部概念。从永顺挤上一辆人货混装的小车，夹在中间度过了动弹不得的1小时。在车上的狭小空间中，一位颇像村干部模样的老人，对我怎么在春节前这样寒冷的天气里，到寨子里来具体做些什么作了反复的盘问。

下车后在码头前上桥过灵溪河，经过一段鹅卵石的滩涂就到了，老司城看上去与其他乡间村寨没太大差异，破旧得有些凄怆。始建于宋代的老城，如今年华已

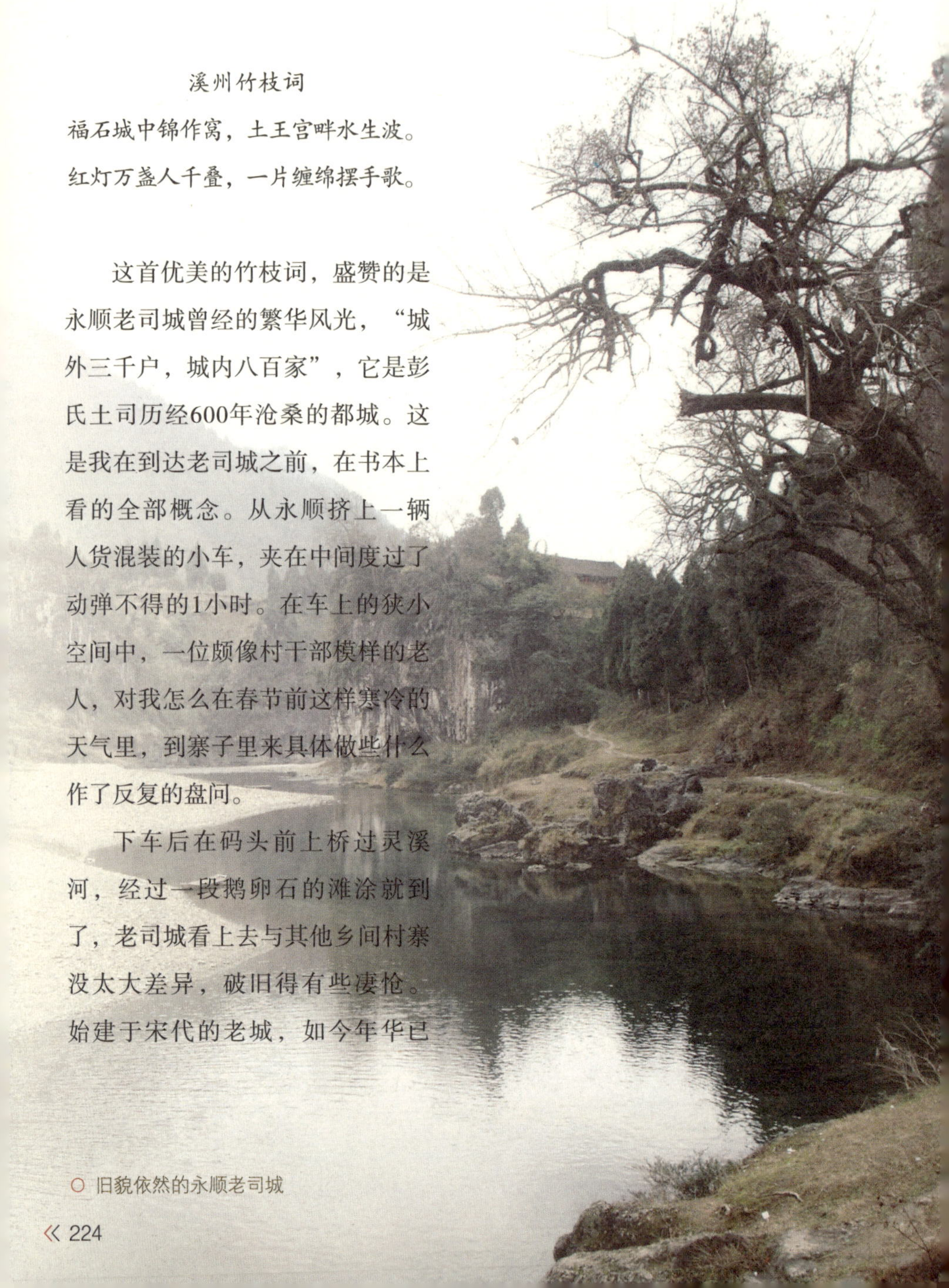

○ 旧貌依然的永顺老司城

逝，像是萧条落寞的遗址一样，被人淡忘在了湘西的偏安一隅。鹅卵石铺就的街巷背影是清冷的，像是骨质疏松的老人，关节僵硬又脆弱地瘫在灵溪河的旧事中。而这依着地势而建的城内右街、左街、上街、下街、正街、河街、渔渡街等8条主街道，与另外9条巷子造就了古城昔日的气势与辉煌。土司内宫、寝宫、乐宫、地宫、御街和城墙、城门、烽火台、摆手堂、演兵场、土王祠，这些遗迹也基本灰飞烟灭、沉入旧梦了。我正对这异常的凄清生疑时，刚才一同下车走在前面的那位老人，猛地回过头来又问我要去什么地方，我说随便走走，对于每日进村人员的逐一排查仿佛是他份内的职责。

不去理会那些疑惑的眼神，我接着向前走。门板上写着的一首赞美猛洞河风光的无名词和两旁老宅上挂着的红灯笼，才让我闻到了些许人间的烟火。恍惚听到前面那栋老宅门板后有很多人在一起吃饭、聊天的声音，凑近才看到原来是属于老宅的于归之喜，竟被我在这个冬日遇到了。穿着艳丽衣服的姑娘忙进忙出，门口垛着高高的喜气棉被，孩子们嘴里塞着糖在不远处放鞭炮，前来贺喜的老人、邻居吃着猪肉和粑粑，年轻人把接过来的香烟别在耳朵上。我没有看到嫁进来的新媳妇到底是个什么样子，但我想这样的村子，是不会叫人像沈从文笔下的三三和母亲一样，甘愿留在乡村的碾坊里的。新妇想象中的都市像故事一样动人，实实在在保留在心上，永远不会使她痛苦。如果寂寞的石头也会开口说话，我想它们不一定就不会幻想。孤零零的“子孙永享”牌坊，历代土司的109座墓葬，无从考究的石马墓碑，它们只是在锄头、木柴、桌碗、腊肉、泥浆、婴啼、古道的凝视中渐老了。

我走过一座新修葺的廊桥，鸟鸣伴着花香，一直沿松柏小路走了2公里，苍翠的山林间便影影绰绰现出了旧梦中的祖师殿。祖师殿是依山修建的，正殿、皇经台、玉皇阁依次重叠向上，守殿的老人给了我一份资料，上面写着：整组建筑前临“碧水灵溪”，后靠“罗汉晒肚”，右依“金帽插花”，左托“苍松乔木”。我想象这里曾经应该是土家最肃穆、庄严的地方吧，如今寥落在荒草丛中这般不为人知，如何保护、开发与继承，我想该更是那位老干部所要考虑

◎ 老司城的婚礼

的吧。在我这个不懂建筑美学的人看来，大殿梁柱牟榫相接得严丝合缝。檐上石兽以及浮雕，都像是要对我这个前来探访它的人倾诉些什么，它似乎是隐隐约约开口了，但最后不知是它话语含混，还是我在渐昏的光中恍惚没有听清。

小贴士/TIPS

交通： 从吉首汽车北站坐班车可以前往永顺县。出永顺车站后，沿左边的十字街走200米，到十字路口左转，大约直走500米后可以见到一座小桥，在桥东头左手边进入一条泥泞小路，有看到老司城的牌子就是换乘去往老司城人货两用车的地方了，车程1小时。

门票： 无

作者手记：

1. 在老司城等候回程的车都是上坡处的村公所那里，那附近有些餐馆，味道一般，推荐回永顺县城吃饭，口味还可以，价格也不贵。
2. 老司城的历史最为当地人所赞颂的是，在明嘉靖年间，永顺18岁的土司彭翼南奉命抗倭，率5000士兵奔赴江浙一带，歼敌1900多人，被称为“自有倭患来，此第一功”。后来朝廷便立下“子孙永享”的牌坊并保存至今。

茶峒古镇

解读茶峒古镇

隐于湘西群山之间，因著名作家沈从文的中篇小说《边城》而闻名。在地理上，位于湘、黔、渝交界处，有“一脚踏三省”之称，这里是内地入川、进黔的必经通道，亦是川黔土特产、货运的水旱码头。历史上曾有过一段繁华，成了商旅云集之地和兵家必争要塞。《边城》中描写的那个渡口还在，据说渡口恰是三省的交界点。

地理位置： 湖南省湘西土家族苗族自治州花垣县

推荐理由： 由四川过湖南去，靠东有一条官路。这官路将近湘西边境到了一个地方名为“茶峒”的小山城时，有一小溪，溪边有座白色小塔，塔下住了一户单独的人家。这人家只一个老人，一个女孩子，一只黄狗。（沈从文《边城》）

特色看点： 巷子、渡口、翠翠岛、店铺

推荐指数： ▲▲▲▲

交通指数：▲▲

美食指数：▲▲

住宿指数：▲▲

冬季的茶峒有着同沈从文一般的忧郁、寂寞。

沈从文1933年婚后的第一个冬至，在北京西城达子营新居“一枣一槐庐”的槐树下，开始在红木八仙小方桌上写下了一个在风里长养的、黑黑的、湘西小女子的悲情故事。这个喜欢在水边玩耍、帮着爷爷一起拉渡的小女子，名叫“翠翠”。

这个冬日的茶峒有着遗世的寂寞，巷子、西水、渡口、邮局、翠翠岛、杂货铺、诗社、菜市、卖年货的摊子、蒸糯米的柴火皆是静静的。那里依旧是买盐买油，翠翠爷爷喜欢喝酒，河街上有人家，湾泊小小篷船的凭水依山的边城。近年关了，没有游客的世界是无比真实安然的世界，司机问我这时来这里

干吗，我说去看“翠翠”。

我到了翠翠的家，而翠翠就在对岸，与她的小黄狗望着那个不曾回到茶峒来、也许“明天”就回来的人儿。“您渡我去翠翠岛吧。”我对一个守在酉水边的老人家说道。老人从容解开缆绳，带着我朝那个被沈从文的偶然与情感叠加出的人儿划去。老人的背影在河街边的老房子和酉水晕开的薄雾中沉默着，而我也在这个小小篷船上沉默着。

○ 茶峒老人

2分钟后，老人身手敏捷地先上了岸为我拢船。我背着行囊对老人说：“我去看看她就来。”他说：“好，我在这里等你。”我不知那个梳着大辫子站在黄狗身边、痴痴等着盼着的人儿，是否就是沈从文赋予的那个情窦初开、常爱忧伤的翠翠？于是我问老人家：“翠翠原来就是这样吗？”“翠翠像原来是半蹲的，这个是黄永玉新设计的。”老人指着岛的另一侧说着。清冷的早上，埋头抽烟的老人似乎有些感伤，我不知道他是否正为自家的“翠翠”而愁着什么？当我问到中秋、端午时，这条水上还会不会有人与鸭竞赛和划龙舟时，老人的眼睛忽然就明亮起来了，说是有的。接着娓娓道出的故事，仿佛是这流动而不凝固的水，它并不因白塔坍倒、渡船已失、老人已去而飘逝去了下游的碾坊里。老人说：“这里原来全是吊脚楼，一场大火就都烧没了。”他那苍老的声音在冬日惨淡的阳光中，再次黯然了下来。老人的心情能否在小浆划出的水浪轻波里欢畅起来呢？我在老人带我去炸灯盏窝的小摊子换了零钱后，得到了肯定的答案。

再次回到岸上，沿着河边漆了桐油的旧房子的隐约繁华，下到了真正的渡

渡口

口。翠翠的渡口，老百姓的渡口，牛马鸡鸭的渡口，新娘花轿的渡口，包袱、铺盖、米缸的渡口，眉毛扯得极细的牛保女人的渡口，能吃四方饭水手的渡口。小小的渡口已有些背着背篓的老人在等候着对岸的木船了，那眼神只是家常的、安宁的、不急切的。

“吱—吱—吱”过渡的老人拉着和自己一样老的木船拢了岸，人们陆陆续续登上船，围在老人升着炭火的小暖阁边拉着家常。老人看我像游客模样，便主动与我搭话，我知道外来人要付5角钱的渡船费，便主动掏了钱。老人眯着笑眼问我说：“来过？”我在带凹槽的木板滑在铁索上的“吱吱”声中回答道：“来前知道。”老人有着与翠翠祖父一样的年纪，一样从20岁起便在这小溪边，50年来不知把船来去渡了若干人，一样离不了水，离不了船，正像这份静静忠实的生活也离不了他一样。心急的小伙子拿起老人过渡的木板，在铁索上一用劲，拼命把船拉过去，这时老人便无声无息地坐在那里烤火。为了不冷，

我也靠在老人的小暖阁边，老人和蔼地朝我微笑着，那意思是期望我向他问些什么。也许我该像来到这里的其他游客一样叽叽喳喳，徒劳地问点什么关于翠翠住哪间房、要渡船不要碾坊的二老歌唱得是否动听、翠翠的祖父有没有白胡子、翠翠到底最后嫁给

了谁之类的问题。我知道老人把人由船上从此岸渡到彼岸，又从彼岸回到此岸往返了一辈子，肚子里肯定也会有一堆像翠翠、萧萧、三三、夭夭、雨后四狗的那个“她”的动人故事，但我像老人一样只笑不作声，静静地像这里人一样，把过渡只当作生活，我也在生活。

随着众人上得对岸，在已属重庆秀山洪安地界的小渡口回眺茶峒，才看到沈从文写有“边城”两个大字的石刻，原来就在茶峒的山脚。隔溪有人在磨得光滑的石级上捶衣、洗菜、说悄悄话、涮拖布、写生，而那船上的过渡老人又往反方向、在年复一年的单调拉渡声中继续着翠翠爷爷一样的日子。我想他家肯定也有个和翠翠一样天真活泼的孙女，在喜欢时尚小玩意、爱把自己打扮漂亮、崇拜“超女”之余，肯定也在思索着“爷爷今年70岁……3年6个月的歌——谁送那只白鸭子呢？……得碾子的好运气，碾子得谁更好运？……”之类的痴问题吧。

再望着那“边城”两字时，只听得隔溪又有人喊过渡了，那是离了茶峒的人儿今天就回来的声音。

小贴士/TIPS

交通：先乘车至花垣县城，县城的边城广场边有花垣—边城的班车，途经茶峒，6:00—19:00流水发车，车程40分钟。

门票：只有上翠翠岛才收门票，20元，包括过渡费用在内。

作者手记：

1. 在苗语中，茶指“汉人”，峒指“凹地”，相传最早因有两户汉人居此而得名。这里始建于嘉庆八年，曾筑有石堡护城，驻守官兵近百名。读读这个曾经是湘渝黔边境上的“小南京”历史，刘邓大军在此渡江的历史，以及不得不提的《边城》，也许都会帮你更深地品味茶峒。
2. 沿河边在翠翠岛售票处西侧，有几家吊脚楼客栈，屋内设施干净整洁。如果回花垣住宿，可到建设中路的赛特超市对面的小巷里，那里大概有三四家宾馆，干净卫生。

洗车河上的廊桥

地理位置： 湖南省龙山县

推荐理由： 湘西名镇，几座大桥构成古镇独特的风景线。

特色看点： 凉亭桥、东平街、吊脚楼

推荐指数：▲▲▲

交通指数：▲▲

美食指数：▲▲

住宿指数：▲▲

解读洗车河古镇

因有一条名叫洗车河的河流经过而得名，地形狭窄，沿河分布，保存着一批较为古朴的建筑。洗车河是土家族聚居区，至今仍普遍使用土家族语，其土家文化独具特色，有精美的土家吊脚楼，有土家族民间艺术打溜子，有闻名于世的土家织锦。

我来洗车河只因这里有像泰顺一样的廊桥，或许我会在这酉水畔的江西移民古镇找到像三条桥一样的无名词：

常忆五月　与君依依解笑趣
山青水碧　人面何处去
人自多情　吟吟水边立
千万缕 溪水难寄　任是东流去

我在去洗车河的班车上，陷入了自我编织的廊桥遗梦遐想中。眼睛却正在这时带我穿越了一个最美的土家村寨，那是个裹挟在青绿田垅中的无名村落。寥落、懒散的冬日里，惟独那几幢吊脚楼没有放下忙乱的箩筐，大地不停歇地兴旺着，河水依旧流淌着。班车在公路上远远地匆忙滑过它时，我只觉得它有着无异于帕特农神庙般的肃美、庄严，它构建的是希腊式的美学：强壮、自然、理性、优雅。它古典的美无法超越，就像我无法超越那些第一眼曙光、微雨、沙尘、黄昏、星夜中的景色一样，而你就恰巧赶上了这个正当最好时光的氛围，自然而然你的心上人、家、儿女、事业、白发，一切在不变与变中就这么发生了，这只是源于无意识的偶然与必然的碰撞。

身旁一位吉首大学的女教师告诉我洗车河名字的来由，说这里曾是诸葛亮带兵打仗清洗战车的地方。话没说完，坐在前面一个去苗市贺乔迁之喜、喝醉的土家老人，晃着脖子、歪着脑袋告诉我，洗车河到了。

上了洗车大桥，望着对面挂着防风蓝布的凉亭桥（风雨桥），以及两岸大多是木吊脚变水泥吊脚的楼子，我知道眼前的世界是个带有凡间世俗欲望的地方。它究竟是从古至今的传承品，还是远方的舶来品，或是心满意足的改造品？为了得到答案，我向东平街走去，去靠近真实。医院、杂货铺、关帝宫、棺材铺、米豆腐店、老宅、小块良田、风雨桥，一一撞进了我的眼球。这里的楼不需要我把头仰高去看它，当然它也并不是低得任由我俯视，我能感觉到我正在逐渐接近真实。这种实在又俗气的生活，让我想到北京的百花胡同。遛鸟的、骑自行车的、推垃圾的、嗖嗓子的、吃油条的、拉三轮的、咬糖葫芦的、跳皮筋的、吞炸酱面的、捏面人的、玩弹球的、嚼炒肝的、拉京胡的、喝豆汁儿的、投沙包的、倒便盆的……形形色色的人都在自在、泰然地活着。在洗车河我也找到了同样的安全、可靠，并且总有些街边的新鲜玩意儿让我眼花缭乱。红红的挤在一起的霉豆腐，排排椭圆的腌鸭蛋，油锅里被炸得金黄的灯盏窝，整列整列的寿衣绸料和绣花寿鞋，躺在桥下火炕上烟熏火燎的豆干，竹笼里嘎嘎的鸭子，婴儿圆嘟嘟的棉鞋棉帽，辛辣刺激的爽滑米线，珍珠似的酒酿圆子，如同干草的烟丝，碗里汪着红油的一小块的米豆腐，盆子里粉嫩脆生的

◎ 洗车河人家的安静生活

○ 老街

酸萝卜，万寿宫里的台球桌，罐头样溢出车外的山民和背篓，它们各自独属的声音、颜色、气味、性格越来越让我着迷起来，有种小小的幸福感正在我心底滋长，小市民的满足感能让存在主义泰然自若、气定神闲。

我像是日日迷恋从甲场赶到乙场不知疲倦的山民，拿起年画翻过来看看背面，盗版光盘的花花绿绿也要看上一阵子，米糖、发糕、点心摊前站定一会儿，远远地瞥一眼守着腌红辣椒的小妇人，把又便宜又甜的甘蔗、橘子、苹果塞到身后的背篓里，又小心翼翼挑了一篮子新鲜柴鸡蛋，斜睨了一下马路那边，又走过来买下了生这些蛋的那只老母鸡。最后心满意足地坐在街边的小凳子上，吃上碗米豆腐，再就两个泡在酸辣汤碗里的灯盏窝，吃时眼睛自然也是没闲着，搜寻着谁今天穿了胶鞋、谁还蹬着解放鞋、谁系了条红绸子纱巾、谁没有缠头帕、谁在街上又骂着野话。最后看够了、吃饱了、买齐了，抹着嘴，拍拍屁股，就上了那辆挤得像沙丁鱼罐头的货车，混入车顶的人群中，给脚找了个空处就消失在由赶场而来的路上了。

现在的公路不仅是交通的，也是赶场的，更是对俗常生活的浓缩，旧时商贾云集的坡子街，比现在的公路更能照得见洗车河码头的灵魂。那时的坡子街户户商铺迎门，处处人头攒动，喧杂热闹同如今公路上的墟场有过之而无不及。而今天坡子街蜿蜒上升的300多级青石板，两侧依坡而建的高低错落的吊脚楼，早成了这些已土家化的汉人的栖居之所。一栋老宅门楣上的对联，刻着“四围清荫到坡头，满室和风流市面”，横批“退而宽”，体现的不仅是曾经的熙攘人流更有其中的儒家思想。后来我印象中，这些楼子的颜色就越变越浓稠了，屋内火塘哔剥作响声越来越大了。

究竟这条浓缩了洗车河所有精华版本的巷子，是从何时开始在动与静、虚与实、一与多、言与意中逐渐被人淡忘仿佛是个谜。它往昔的色彩难道真的是因为如今交通的便利，便全部转移去了公路吗？黄昏的桥上，倚在卸去了艳俗妆容的美人靠旁，望着东流的河水，我不得而知。

小贴士/TIPS

交通：吉首长途汽车北站有直达洗车河的班车，车程要5-6小时。从龙山县城直达洗车河的班车较多，车程约2小时。

门票：无

作者手记：

1．洗车河因为水质很好，因此做出的豆腐也是远近闻名。可以尝尝这里价格便宜的素食，如霉豆腐、豆干、米豆腐等。

2．来前可以读读那本《悠悠洗车河》，书中详细地讲述了很多洗车河鲜为人之的小城故事，带着有趣的历史典故再去探访，也许又会有些特别的收获。

3．遇到洗车河赶场，那绝对是件很有趣的事。商场里的摩肩擦踵，极有可能叫人心生厌烦，但混迹在乡间的人流赶场，体会的却是一份已消逝很久的平缓、安宁。

湘西交通旅游图

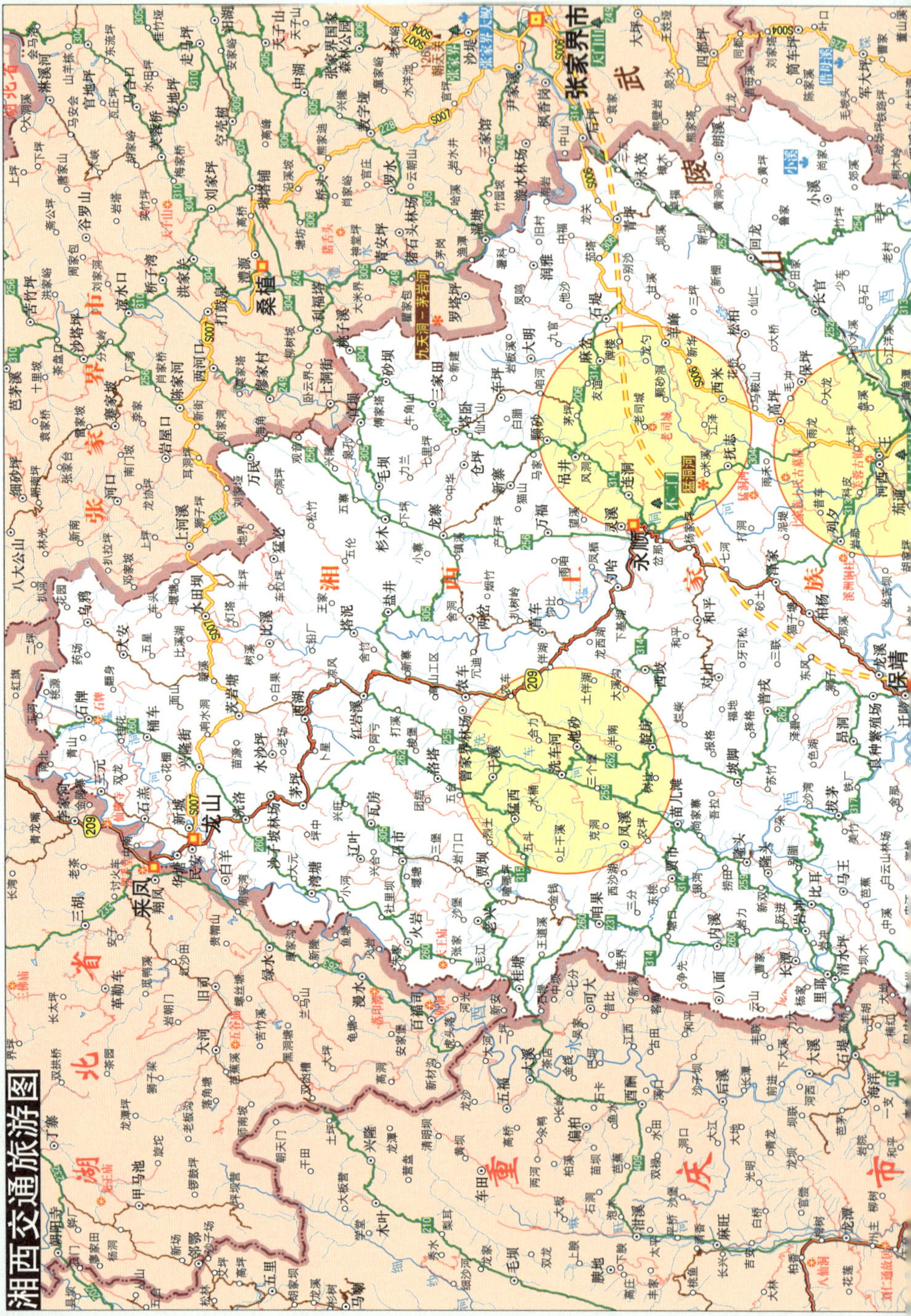

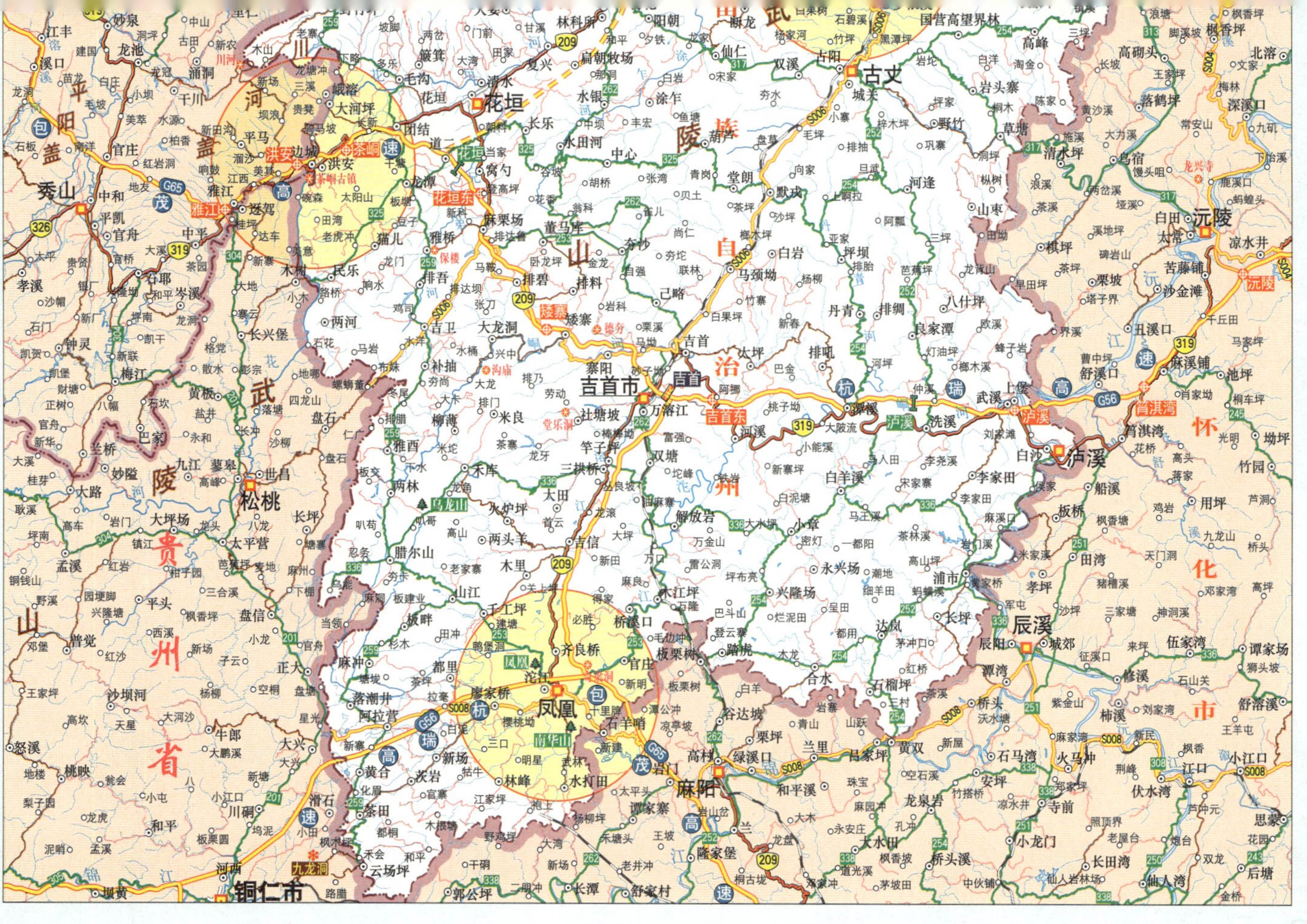

古丈
花垣
沅陵
秀山
松桃
吉首市
泸溪
辰溪
凤凰
麻阳
铜仁市

○ 窨子屋里的平凡生活

洪江古城

解读洪江古城

地处沅、巫两水交汇，历来是西南与华南之间物资水运的必经之路，更因其扼守湘、滇、黔、桂、鄂物资集散通道而被称为“五省通衢”。明末清初是洪江的鼎盛时期，商贾云集、店铺如林，桐油、木材、鸦片贸易红极一时。直至抗战期间，洪江还源源不断地为大后方转运物资。这延续数百年的繁华，为洪江留下了一大片自明清至民国的各种建筑，会馆、作坊、洋行、客栈，乃至烟馆、妓院、学堂、茶楼……380多栋古建筑星罗棋布地拥满整片山坡，青瓦粉墙，古色古香。

地理位置： 湖南省洪江市洪江区

推荐理由： 自明清到民国500年繁华商埠的遗存，西南地区规模最宏大、保存最完整的商业及民居建筑群，功能性与沅湘建筑特点的完美融合。

特色看点： 古建筑

推荐指数： ▲▲▲▲

交通指数：▲▲▲

美食指数：▲▲▲

住宿指数：▲▲

如果说凤凰恰似一位风情万种的少妇，那么堪与之并肩携手的，就应当是腰缠万贯的成功男士了，洪江可当之无愧。洪江与凤凰同处湘西，凤凰名满天下之际，洪江依旧深藏在群山之间。

古商城内的房子随地势错落而建，不讲究坐南朝北，形状也并不十分规整，但一律以高高的封火墙围砌，向外的窗户很少，且位置较高；门极厚实，有的包以铁皮铁钉；四面屋檐皆向内倾斜，形成天井，以纳阳光。这样的屋子看上去犹如立体的地窖，因此被称为“窨子屋”，显然是为了防火防盗。湘西多匪患，水火皆无情，乱世的商人们就用这种独特的建筑来保护自己的产业和家人。同为青瓦粉墙，洪江古商城的民居建筑与其他江南古城相比，最大的不同在于其商业特性。窨子屋院落多为两进或三进，前院高大轩敞，雕饰精美，多用于店面及仓库，后院安静而内敛，专用来安置家眷，典型的商住两用；其木雕与石雕也不似徽派和浙江民居的极尽繁复，而是贯彻了商家的实用主义，以平面浅浮雕为主，很少看到多层的漏雕和透雕，简洁却不简陋。

○ 洪江的味道

古商城地处洪江高处，沿迷宫一般的青石板街依山而上，曲曲折折，青石的街巷两旁，一家挨一家粉墙黛瓦的“窨子屋”，墙连墙、檐叠檐，院接院，高低错落，曲径通幽。最妙的自然是洒着绵绵细雨的清晨，湿漉漉的台阶泛着青绿的幽光，听得高跟鞋在小巷间笃笃地响，由远及近，便不由得盼望着自街角闪出一位撑着油纸伞结着幽怨的姑娘。同样在小巷中飘荡的还有油炸粑粑的芳香，背着书包的小学生蹦跳着掠过身旁，小猫毛茸茸的头从门缝中钻出，警惕的大眼睛看看周围，又哧溜一下跑得不见了踪影。只留下我的脚步声，扰动着古商城的宁静。

10点过后，便有旅行团涌来，在小旗子的指引下，被挂着牌子的景点吞吞吐吐。我一向不喜包装好的景点，便信马由缰地专挑无人的巷子里乱走，贸然踏进一处敞着门的民居，还好，没有吠叫的恶犬从角落蹿出。这是一座两进的宅子，外围的高墙一副不近烟火高不可攀的样子，高墙之内却是另一番景象：柱子皆是粗大的圆木，窗棂皆是繁复的雕花，彰显主人曾经的精致与富足，但墙根屋角散乱堆放的生活用品，证明如今已成为寻常百姓家了。一线天光自高高的天井投射进来，照着被油烟熏黑的花窗，照着挂在木板壁上的腊肉、围裙以及各色锅碗瓢盆。潮湿甚至略带点霉味的气息氤氲在周围，一台洗衣机轰轰地响着，将带着泡沫的水排入比它古老得多的排水口，有泡沫停留在苔藓苍苍的青石壁上，互相挤撞着，良久不去。

一位白发苍苍的老妪正在天井一角择菜，我点头微笑，算是打过招呼，眼睛却还向着屋内逡巡。老人家看出我的心思，操着浓重的湘西口音说："进去看吧，冒事的。"我探头看看屋内的陈设，又踏上咿呀作响的木楼梯，上楼转了一圈，整个楼是全木结构，大部保持完好，有些朽了的地方已经补上新的木板，看得出居者的精心维护。出于礼貌，我赞扬了一句："这房子看着真不错，盖了有多少年了？"老人不无自豪地说："民国前就有了，这里以前是油号呢，那时候修房子，没得偷工减料的，啧啧，除了用火、洗澡不太方便，住起来比现在的房子好得多，冬暖夏凉的……"接着她就絮絮地跟我这个不速之客谈起了搬迁、补偿、贪污、腐败之类的事，言语间既有对新单元楼的重重期待，又有与老宅的恋恋不舍，还带着些许愤愤不平。我偶尔附和老人几句，心

我的地盘我做主

小巷子

里确信她将要失去她的老宅了，也许这里的家什，甚至墙角的泡菜坛子，都将原封不动地搬往新城里的新房，但那些关于老屋的记忆，岁月的味道，以及雨水自瓦檐滴落的声音，都将永远地留在这里，然后被永远地遗忘。

自老宅出来，七弯八绕地走在蜿蜒的巷子里，经过的每一个景点，无论是衙门、会馆，还是妓院、茶楼，门口都挂着一模一样的红灯笼，当年怕是不会有这样的整齐划一吧。其实它们原来的模样又有多少人真正关心呢？挑一个阳光灿烂的日子，短暂地停留在那逝去的繁华中，去演绎某个想象中的角色，貌似是亲近商城历史的最流行方式。商业化或许断送了古商城近几十年来的宁静，但游客们往往更乐于投身其中，以追寻似是而非的跨越时空的感觉。古商城的命运就如同那街边的太平缸，它们在如今的社会已然失去了实用功能，只是一个展品，是过去的生活方式与社会结构的象征。历史的脚步在洪江似乎格外迟缓，每个时代都在洪江留下印迹，老砖墙上宣传三民主义的标语依稀可辨，木隔板上的毛主席语录也不过刚刚褪去了鲜红，如今的这个时代会给洪江留下什么呢？

小贴士/TIPS

交通：从长沙乘坐大巴到洪江市（又名黔城）约5小时，转中巴约半小时抵达洪江区，也可从怀化市乘车到达。

门票：120元

作者手记：

1. 要避开蜂拥而至的旅游团，最好选择清晨或傍晚，当袅袅炊烟从连绵的黛瓦屋顶间升腾的时候，看到的才是最本色的古商城。
2. 即使在美食遍地的湖南，洪江鸭也是一道名满天下的名菜，最宜以酸辣味炒制。
3. 古商城内住宿条件一般，可以选择住在怀化市。

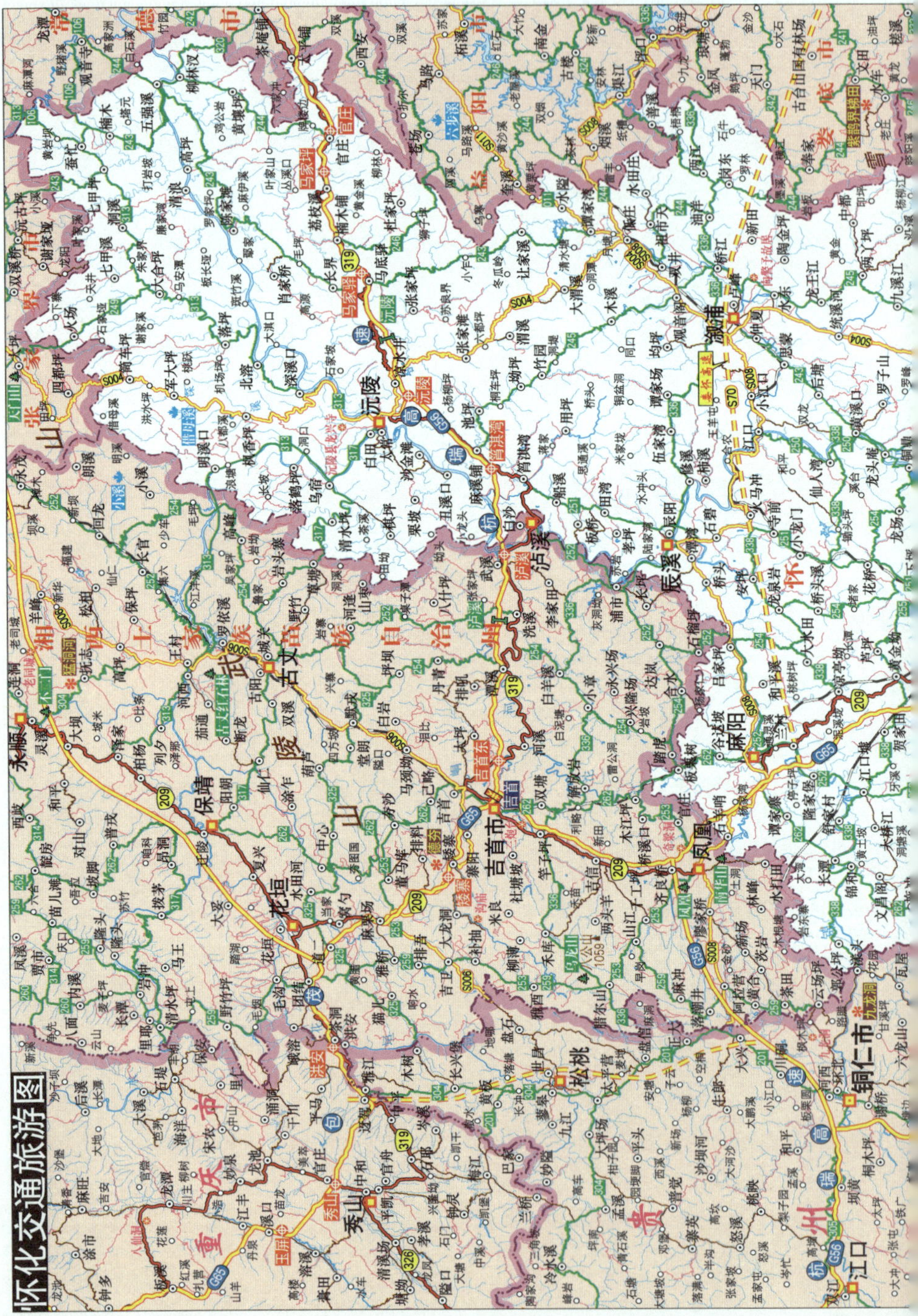

怀化交通旅游图

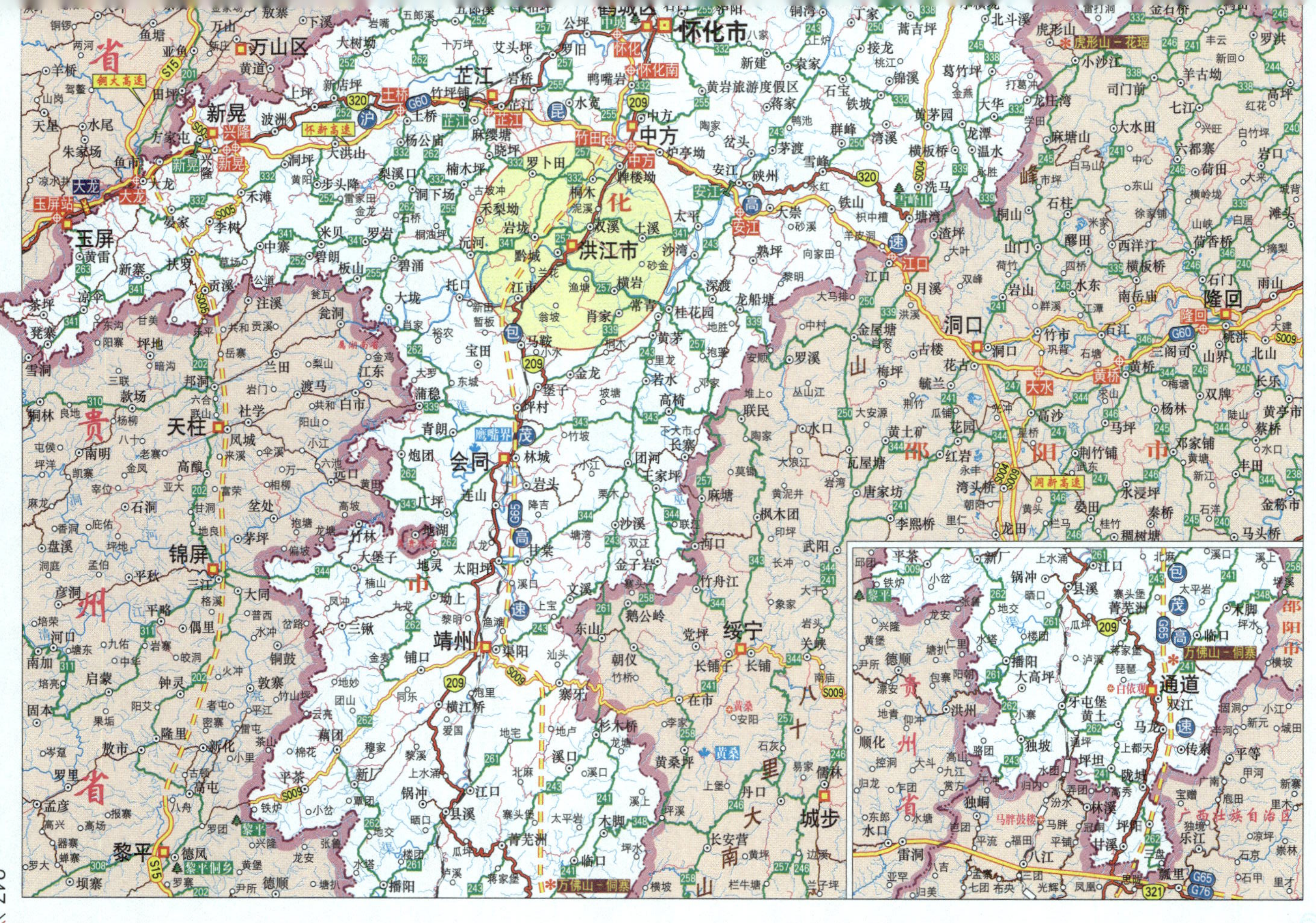
怀化市
洪江市
中方
芷江
新晃
万山区
玉屏
天柱
锦屏
黎平
会同
靖州
绥宁
洞口
隆回
通道
城步

镇远古城

贵州

隆里古城

○ 青龙洞

地理位置： 贵州省黔东南苗族侗族自治州

推荐理由： 一座地地道道、原汁原味的幽幽古城，多元文化在此交融汇聚。

特色看点： 古民居、古街巷、古码头、青龙洞古建筑群

镇远古城

解读镇远古城

中国历史文化名城，拥有2000多年历史，遗存有楼、阁、殿、宇、寺、庙、祠、馆等古建筑160多处。镇远古民居既有江南庭院的风貌，又有山地建筑的布局，这使镇远民居成为中国建筑史上的奇迹，其中"歪门邪道"是镇远民居建筑中独具特色之处。文学名著《儒林外史》共有50回，却用了3回的篇幅描写镇远。印度前总理尼赫鲁少年时曾到过镇远，上世纪五十年代初与周总理会面时还回忆起住在镇远青龙洞的情景。

推荐指数：▲▲▲▲▲

交通指数：▲▲▲

美食指数：▲▲▲▲

住宿指数：▲▲▲▲

舞阳河下游悠悠2000多年的古城，镇远的名字如此威武响亮。历史上湘楚中原西通滇黔的重要驿站，曾经重兵把守的关隘要冲，这也是一座移民城市，扮演的是多元文化交融汇聚的多彩角色。

一条舞阳河碧水绕城，隐隐绰绰中带来一丝江南风韵。山地上建起庭院建筑，有着北方的四合方院、闽南的飞檐翘角、苗疆的吊脚回廊，依山傍水，错落有致。

这是曾经文采风流的镇远，王阳明、张三丰、林则徐、邹一桂、何昭基、李烈军、冯玉祥，历代名人在这里留下墨宝诗篇。吴敬梓在《儒林外史》中称赞镇远为歌舞地。这里的古堡城垣融会于大自然的雄险柔美的山川怀抱，虽历尽沧桑，却依旧是一幅韵致不减的天然画卷。

这里有一殿、二庵、二院、四桥、四洞、六关、六官、八寺、八祠、八阁、九馆、九庙，共160多处文物古迹，古建筑群、古民居、古街巷、古码头，一座地地道道原汁原味的幽幽古城。

○ 在水一方

从火车一闪而过的窗口，也能窥得见镇远古城的那座桥，这座被当地人称为“老大桥”的祝圣桥，始建于明朝洪武年间，是古城内资历最老的一座石桥，已经度过了600多年的岁月，桥上的魁星楼还留有冯玉祥“还我河山”的手迹。如今立于桥头，桥下绿波荡漾，两岸山峰耸立，临水的岸边建起了一座座飞檐翘角楼，一条小舟在河水中飘荡，对岸便是几经沧桑的青龙洞。

青龙洞是一组建筑群，几度毁于战火，又几度重新修建，青龙洞、紫禅院、中禅院、万寿宫、香炉岩，它们和祝圣桥一起形成了集儒、道、佛、会馆、桥梁建筑于一身的文化载体，也成为镇远古城最具标志性的一张合影名片。

如今的古城正在向着凤凰古城的模式发展，城内已经修建起了密密麻麻的

旅馆客栈，一盏盏红灯高挂，晚上更是一片霓虹灿烂。节日里有人舞龙灯扭秧歌，有小孩子舞着一条自扎的小小草龙穿街走巷恭喜发财。

若不喜欢这份喧嚣，便上山，幽深的小巷，寂静的石阶，有古井，有老宅，有日复一日生活在这里的家家户户，深邃而又鲜活。这里的古巷号称“歪门斜道”，每个拐角不期然便和某家深宅大院相遇，高大的风火墙包围，富丽的门楼悬挂着烫金的匾额，“封唐召泽”、“清白家声”，昭显着家族渊源，却又无一例外的大门斜开，似乎是要避一避入世的锋芒。这里巷中有巷、巷中有井、巷下有沟，拐弯抹

○ 花扮古宅

角，依山就势，爬坡再爬坡，站得高了，舞阳河环绕古城的全貌渐渐落于眼底。曾经也是千帆汇聚、百舸争流的昔日码头胜景，如今仅留存于夕阳余辉下一抹淡淡的光华，走过的岁月，波澜不惊。

再走入古城主街，红酸汤、舞阳鱼、道菜扣肉、豆腐松、炒汤圆、香酥鸭、绿豆锅巴粉和灰浆粑，古城的美食让人垂涎欲滴，更有500多年历史的陈年道菜作为调味点缀，鲜香爽口的味蕾在陶醉中穿越时光而去。街上的特产店一家接着一家，酒坊中摆着竹筒酒缸苗家女儿红，玻璃坛子里腌着粉红色的酸萝卜，特产姜糖、猕猴桃干、陈年道菜、豆腐乳、酱油、贡茶，琳琅满目。这是为游客经营的镇远，又是古老婉约中隐约露出时尚浪漫气息的镇远。

○ 老城巷陌中的孩子

小贴士/TIPS

交通： 从凯里乘车可到镇远。

门票： 古城不收费，青龙洞60元。

住宿： 镇远古城内的客栈很多，推荐宇洁宾馆，电话0855-5726626；何家大院，准四星级酒店标准，电话0855-5723777；镇远往事客栈，电话0855-5726869。

作者手记：

1. 镇远的酸汤鱼、道菜扣肉和豆腐笋都很有特色。城里有一些特产商店出售姜糖、酱菜、豆腐乳等土特产。
2. 喜欢自然风光的游客可参加舞阳河一日游项目。

○ 书香第

地理位置： 贵州省黔东南苗族侗族自治州锦屏县南部

推荐理由： 中原文化与贵州少数民族文化融合的产物，明朝遗存的军事城堡，完整保存着明清时期的规划布局和居民建筑。

特色看点： 巷道、民居

隆里古城

推荐指数：▲▲▲

交通指数：▲▲
美食指数：▲▲
住宿指数：▲▲

解读隆里古城

隆里古城是明朝遗存的军事城堡，完整保存着明清时期的规划布局和居民建筑，是我国南方高原保存最好的古城之一。古城是中原文化与贵州少数民族文化融合的产物，城内街道均为卵石铺就，镶嵌以图案，以南门“蜈蚣街”和“古钱币”为典型，四座城门出口的“勒马回头”更具特色。隆里还是唐朝著名诗人王昌龄贬谪的地方。因其古朴的风貌，挪威王国在此建立了一座生态博物馆。

公元1385年，明洪武时期，楚王朱桢调集江南九省官军，在隆里设千户所，开始了这座古城的兴建。之后的几百年岁月，这里一直是调兵屯守的军事戍边重镇。

南征北调的屯兵部队大多来自江苏、江西、安徽等南方领域，而隆里所处的黔东南一带却是苗侗文化的天下。可是，600多年来，他们就这样坦然地杂居着，也坦然地孤立着，来自少数民族生活习俗的浸淫始终无法冲破古城堡垒的围墙。汉文化的精神力量就这样一代又一代地坚守着、传承着，他们没有骄矜地扩张，也没有屈辱地同化。

○ 古老的水井仍然在发挥余热

于是，这座长方形的古城依旧保留着近乎完好的昔日面貌。还是三街六巷九院子的格局划分，还是五色鹅卵石铺就的巷道，还是一色三间风火墙的民居，还是元宵节花脸龙舞龙灯的习俗。

穿过青青的菜田，山间薄雾缭绕，溪水潺潺，古城坐拥秀色。“月映文章光射斗，凰出枝头锦生花”，迎恩门上的一副对联无声中道出了这座古城的气质。

方圆不过几十公里的土地，城垣内围起的却是另外一个世界。踩着雨雾浸润中发亮的鹅卵石小路，走过青石板台阶，书香第、科甲第、将军第、三槐第、五柳堂、太原家风、苏湖世家，一块块书法上乘的牌匾彰显着旧日主人的家风赫赫。如今，这些粉墨生辉的高墙之内住的也不过就是普通人家，科甲第里贴着一张红榜，祝贺某某考上某著名高等院校。高中了，高中了，曾经飞马报喜的队伍里，不知有没有出过一位状元郎？

唐天宝七年，一代才子王昌龄因开罪朝廷，被贬为龙标尉。他来到隆里古镇，修建起了龙标书院。一座书院开启了文化思潮之门，成为隆里文风兴盛的

龙标书院

○ 古镇街道

重要因缘。如今，这座风格雅致清新的书院门建筑犹在，静静的后院现在仍然是一所小学校。几百年书香绵延不断。

挪威人在这里建立起了一座生态博物馆，其实，这座活着的古城本身就散发着巨大的生态能量，这里生活着的家家户户就是一处处底蕴深厚的人文景观。在正阳门下吃着米豆腐的时候，我决定今晚就落脚城中了。济阳人家，老房子盖起了新客栈，清清爽爽，明明净净，洁白的床单，老式的木桌，木窗棱一推开就是秀挹南山，从三楼的露台眺望过去是一片马头墙林立，这才是我喜欢的客栈，而不是闹市里矫情做作的青年旅舍。

和老板一家围坐小火塘吃了一顿家常饭，终于是汉家味道了啊。苗侗的饮食虽有风味，但到底还是有那么点水土不服，于是，这普普通通的酸菜、白菜、红菜苔成为回味无穷的美餐。

后来，餐桌上铺开了春联红纸，这家的老爷子开始奋笔疾书了，难怪谈吐气质不俗，人家还专门出了一本关于隆里的书呢，真人不露相啊！古城宅门内是不是也是藏龙卧虎呢？

门外敲敲打打起来，夜色降临，龙灯要上阵了，今天并不是十五，不是正式的舞灯日子，所以是一群孩子们在客串演出。他们热热闹闹地出发了，穿街走巷。东大门的灯火也亮起来了，依稀中还是那座封闭固守的军事城堡，还是那古朴内敛的明清遗风。

天亮的时候我离开这座古城，雾气隐约中依旧是湿润得发亮的石子路，有人在小巷内杀猪，有人贴上了结婚喜帖。生活一天天地继续，几百年不曾为异族文明同化的古城，但愿也不要陷落在今日旅游大潮的追捧中吧。

小贴士/TIPS

交通：从凯里汽车站乘车直达，全程6小时左右；或者从肇兴乘班车到黎平，在黎平乘坐到天柱的班车路过隆里。

门票：15元。

住宿：城内有几家老房子改造的客栈，都很有风情，价格不贵。推荐济阳人家（正阳门内）和曾经接待过挪威大使的龙溪人家（古城正门靠左边的一条巷子里）。

作者手记：

1. 正阳门洞下有卖米豆腐的小摊，味道酸辣可口，早上还有老太太卖热腾腾的大包子，味道很好。
2. 春节期间有舞龙灯、花脸龙等特色民间活动。

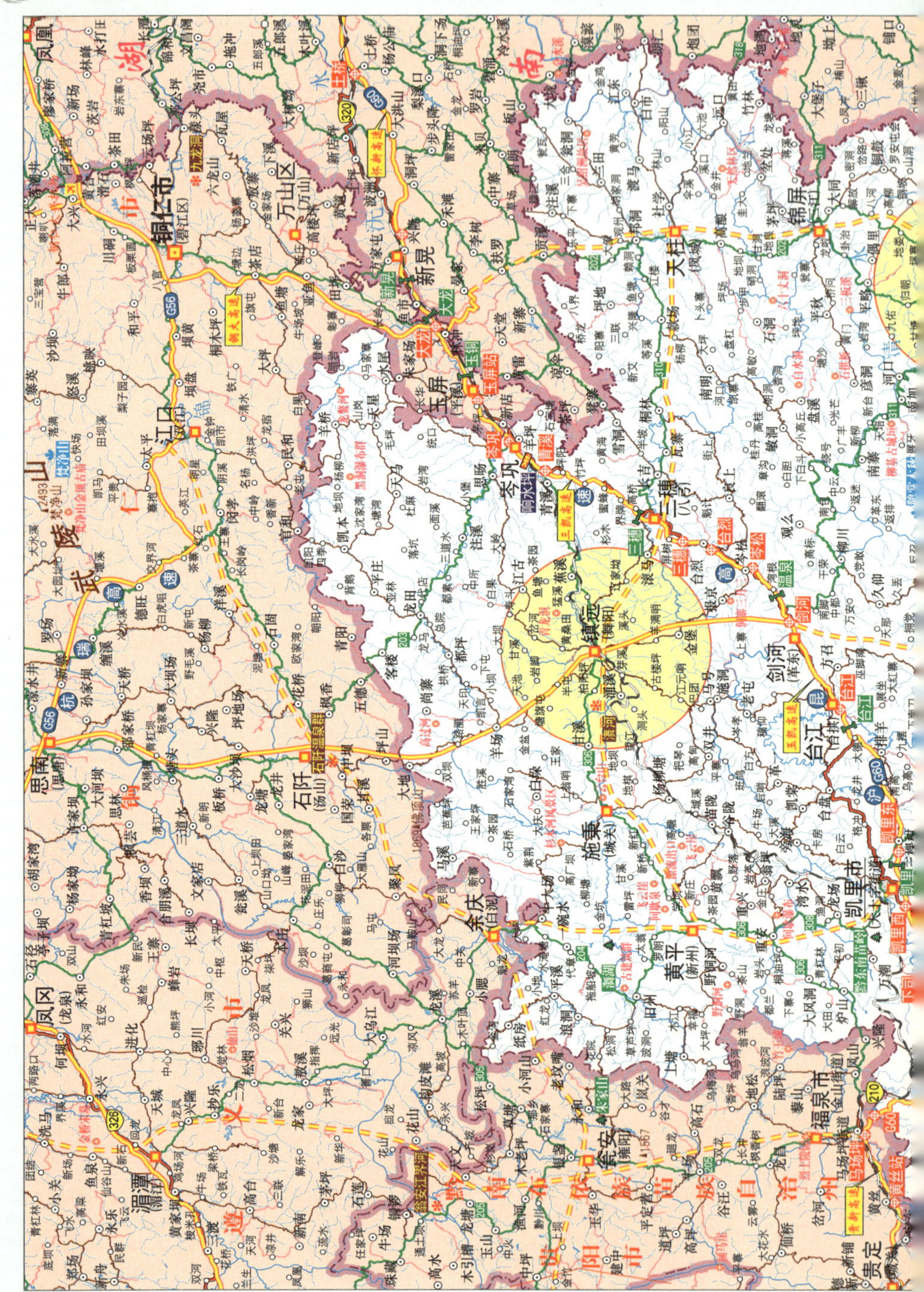
铜仁市
万山区
江口
思南
石阡
凤冈
余庆
湄潭
瓮安
福泉市
贵定
施秉
黄平
凯里市
镇远
岑巩
玉屏
新晃
三穗
天柱
剑河
台江
锦屏
梵净山

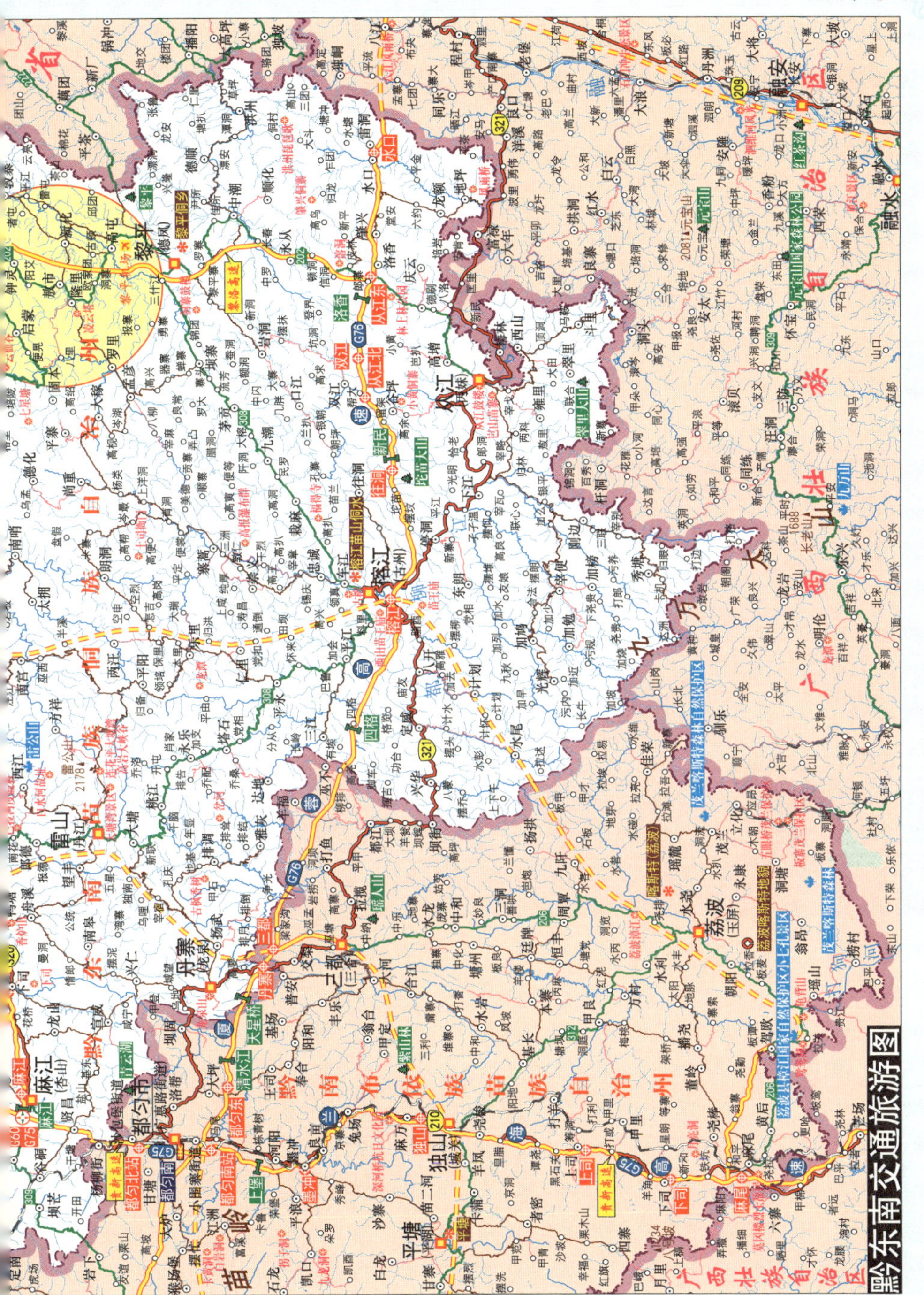
黔东南交通旅游图

泉州古城

五夫镇

福建

霍童古镇

崇武古城

泉州古城

解读泉州古城

5000年前新石器时代的繁衍，3000年前青铜时代的发展，“海滨邹鲁”的名号，被称为“音乐活化石”的南音和梨园戏，闻名中外的提线木偶和掌上木偶（布袋戏），“万国宗教博物馆”，郑和下西洋，就算这些都忽略不记，仅仅“海上丝绸之路”就给泉州留下道不完说不尽的故事。《马可·波罗游记》中对泉州的赞美，更让人对泉州向往不已。“地下文物看西安，地上文物看泉州”，泉州人住的老屋是文物，渡的石桥是文物，逛的小街是文物，拜的寺庙是文物，处处透出一个“古”字。

地理位置： 福建省泉州市

推荐理由： 深厚的历史文化底蕴与浓郁的市井气息的完美结合，有“万国宗教博物馆”之称。

特色看点： 李贽故居、天后宫、清净寺、文庙广场、古厝茶馆、承天寺、开元寺

推荐指数： ▲▲▲▲▲

交通指数：▲▲▲▲▲

美食指数：▲▲▲▲▲

住宿指数：▲▲▲▲

泉州到底有什么？看过《小城故事》吗？泉州恰如电影里那个滨海小镇，带你在现实和记忆中游走，展示出的市井模样让人感觉真实而亲切。老街上，有橘红色的老砖房，在黄昏的余晖里流溢着有些温暖又有些淡淡怀旧忧伤的光彩。骑楼转角处有提篮挑担的小贩用闽南语叫卖，声调绵长而好听。夜市唱南音的台子上，面容清秀的女子怀抱黑色的南琵琶，咿咿呀呀地吟唱着一些

外乡人听不懂的曲调，你可以说这是闽越遗韵，也可以说这是一座古城在沉静夜幕下的几分澎湃。

单单是泉州的历史悠久就不足为奇，泉州的妙处还在于她无处不在的人情味。那些跌跌宕宕的街巷，石板路，红砖墙，翘屋檐，朱门深锁；清静的承天寺，大气的开元寺，肃穆的清净寺，文庙的灯会，古老的顺济桥，热闹的状元街，清静的聚宝街，西街，东街，打锡街，中山路的钟楼。小城里肃穆的寺庙紧挨着热闹的居民区，宗教与俗世仅一墙之隔。美食一条街聚集了当地大多数风味小吃，状元街上则全是酒吧，茶馆开在古旧的大厝里，清源山上的夜宵一直吃到午夜。

除了故乡和居住的城市，泉州这个小城是我最熟悉最热爱的地方，记不清有多少次我徘徊在老城里的街巷舍不得离开，尤其迷恋那么几个去处，依依不舍。

南门曾经是泉州最繁华之地，只看街名就足以说明。聚宝街，昔日的繁华和如今的清静；万寿路，朴实平常的李贽故居；顺济桥，犹如新桥恋人的定情桥；天后宫，供奉着神仙姐姐林默娘。南门，那是道让人迷恋的城门，在夜深时攀上城墙，站在高处看暮色中的泉州，把自行车扔在聚宝街边，爬过已封闭的顺济桥头，走到那座古老的桥上，透过残缺的栏杆看黑暗中的河水如何被夜色和灯光点燃。

天后宫

李贽故居装修过了，做了块大牌子在万寿路入口的一面墙上，很醒目。院子里做了故主人的塑像，一个儒雅但倔强的书生。一只猫儿在院里的石碑上，懒洋洋地眯着眼打量我们。我走近，它“嗖”地起身上了树，在绿色叶子间瞅着我；我走出院门，回头看它上了屋顶，在瓦檐间踱着猫步，好不悠闲自在。夕阳正洒过来，金色光芒笼罩了整个院子。

天后宫边上的秉正石花店，说起它只怕很多人要咽口水。石花蜂蜜和冰水，还有各式蜜饯、珍珠、水果和豆可选三种。当然也可以多加钱多选几种。我一口气至少吃两碗。以前这店在聚宝街上一间小屋里，夏天里每天络绎不绝的人几乎挤破门，现在终于搬了出来。

当然了，小城内还有很多美食，牛肉羹、烧肉粽、面线糊、沙茶面等等，看看哪家小店生意最好，进去点上几样边上别人正在享用的，保准错不了。

清晨的后城最为奇妙。从百源路拐上涂门街，清净寺就在路边。**这是我**特别喜欢的地方，一面是人声鼎沸的闹市，一面是庄严肃穆的清真寺，一个小小的广场连接了圣地与俗世。坐在寺前的台阶上，恍恍惚惚，是冥想的极好地方。太阳刚刚升起，从清净寺的残垣上射过一缕光芒，给它涂了金色。这里是中国最古老的伊斯兰教建筑，寺里保存了一些拱北，还有一个礼拜殿的遗址。在海原跟当地人聊天，他们有的并不知道福建的厦门和福州，但是一说起泉州，他们便面露虔诚，多是因为这座带有土耳其风格的清真寺。

清净寺边上即是关帝庙。不过清晨6点多，前来烧香许愿的信徒就络绎不绝。年逾越古稀的老人和穿戴时髦的女子，点香磕头膜拜的样子一样虔诚。我在边上呆呆地看，感觉自己是闯入圣地的莽撞者。

看过了清真寺和关帝庙，晚上该去文庙广场上听戏。自然是南音，明亮的舞台上几个装扮整齐的女子咿呀唱着，台下鸦雀无声的一众戏迷。这么些年来，我竟然是头一次认真坐在那里听南音，这一出叫《审月英》，身穿红袄红裤的月英，嗓音婉转动听，身形柔弱婀娜，神态妩媚中带着惆怅，不知不觉就

黄昏的钟楼

○ 旧馆驿巷

入了戏。

后城的古厝茶馆不可错过，这里被称为泉州的一张名片。古厝意为老房子，是典型的闽南红砖屋，院子里两旁的回廊里安置着竹桌竹椅，很多绿色植物在院子里生长，生机勃勃的样子让人感觉清凉了许多。一只陶缸里养了鱼，几尾红色的小家伙欢快地游曳。

闽南茶道似乎对姿势的要求不那么严，但是讲古的风气很盛。旧时讲古在茶馆里必不可缺，可惜新派茶馆里几乎绝迹。古厝茶馆的名气，除了年代久远的红砖厝、古色古香的环境，每天下午的讲古也是如今茶馆里难得一见的。才

不过1点，老人们陆续来了，在院子里坐着聊天、打盹。多是年逾古稀的老人，他们在等着2点半那一场水浒。讲古的桌子上放着先生的用具，整个院子都在期待他的到来。

承天寺是弘一法师度过晚年并圆寂之地，这里也有全国唯一的宗教图书馆。闽南人笃信佛教，许多人家中设有佛堂，寺院香火十分旺盛。人虽多，但寺院里却很安静。承天寺尤其如此，因此这也成了我最爱的寺院。最近一次去那里，是南方1月午后的暖阳，阳光透过龙眼树叶子与叶子的间隙，洒在树下的青石凳子上，把我的脸也晒得有些发热。我坐在树下的石凳子上，打量着身边被称做广钦佛教图书馆的那幢红砖老屋，有点儿不知道自己身在何处。慈悲，宽容，然后才有幸福，图书馆门口的墙上写着这样的故事，我站在那里看了许久。

而始建于唐的开元寺中矗立着壮美的双塔，每年春天刺桐花盛开之时，历尽沧桑的双塔与娇艳的花儿相得益彰，这是“刺桐城”泉州最美的时节。

小贴士/TIPS

交通：交通十分便利，临近的晋江机场和厦门高崎国际机场到达泉州市区都只需1个多小时车程；早上6：00到晚上21：00之间每隔20分钟有一班车在泉州与厦门长途汽车站之间对开；与福州之间每天也有多趟班车。

门票：无

作者手记：

1．城市不大，景点分散，出租车是较好的交通工具。

2．由于老城和新城相对独立，景点几乎全在老城区，建议住宿在老城。

挑担的惠安女

解读崇武古城

崇武古城是我国仅存的一座比较完整的石头古城，不同于中国古代其他城池城堡用砖砌或泥土夯筑城墙，崇武的城墙全部用花岗岩砌筑而成，坚不可摧。崇武古城是中国海防史上一个比较完整的史迹，为全国重点文物保护单位，其建筑工艺之独特被称为“古代系统工程的案例”。崇武古城有三个最具特色的地方：石头、海岸、惠安女。

地理位置：福建省惠安县东南
推荐理由：我国现存最完整的丁字型石砌古城。
特色看点：城门、城墙、民居

推荐指数：▲▲▲▲

交通指数：▲▲▲
美食指数：▲▲▲
住宿指数：▲▲

崇武古城，其实是有两副面孔的——一副是被修复的古堡，簇新，倒也不失阳刚；一副是古堡外城墙下的民居，老旧，却满是故事。

车到崇武车站，还要步行10分钟才能到古城，崇武街上已经建设得相当现代化，商店旅馆林立，这一切，都和600多年前那血雨腥风、金戈铁马的古战场扯不上半点干系。从新修的“崇武古城”牌楼走进去，右手边是售票处，踏上石砌的台阶，缓缓走上城墙，感受不一样的海风，脑海中不由会想起古城昔日的威严。

和大京古堡一样，崇武古城是朱元璋时代的海防堡垒，同样也是周德兴的“作品”。因为靠近泉州、厦门等重要城市，崇武被倭寇进犯的次数和被进攻

崇武古城

程度的猛烈，却是大京古堡所不能比拟的。仅嘉靖年间（1522—1566年），倭寇直接进犯崇武及附近村庄就有7次，最惨烈的一次是在嘉靖三十九年（1560年）四月初一，倭寇“乘夜雨密蒙，潜梯城而上”，偷袭崇武，战斗进行了6天6夜，城内军民死伤无数，最终因孤立无援而宣告沦陷。倭寇在崇武城里盘踞了整整42天，烧杀掠抢，无恶不作，崇武城内被掳掠一空，尸横遍野，损失相当惨重。直到5月10日，明军派人混入城内，夜间在倭寇食用的水中投毒，大批倭寇中毒而亡，明军于第二天挥兵进攻，古城才得以收复。

崇武古城因周德兴而建，却因戚继光而兴。嘉靖四十二年（1563年）春，一股倭寇再次突袭崇武，但这次他们就没那么走运了，正碰上大名鼎鼎的戚继光亲临崇武指导抗倭，他们很快就尝到了“戚老虎”的厉害，不得不仓皇败退，一点儿便宜也没捞着。之后，戚继光亲自调整完善崇武的防御系统，建立中军台，设陆路军、城操军、征操军、兵马司等，从此崇武才真正发展成为一座固若金汤的海防重镇。现在，崇武古城内有“崇报祠”、“元饲宫”等，都是为纪念抗倭英雄而建，顺着台阶走上城墙跑马道，凭海临风，仿佛跟随古城一起历经血与火的洗礼。

崇武古城在明代海防线上扮演了举足轻重的角色，可谓利国利民，但奇怪的是，崇武的“设计师”周德兴本为福建海防建设而来，却在崇武乃至闽南留下“千古恶人”之名。传说是因为崇武古城所坐落的地基是风水宝地，古城耸立其上，破坏了当地风水。周德兴在闽南究竟做了怎样的恶事，让当地人对他恨之入骨？数百年后，许多往事已无迹可寻，无从考据，我们现在所知道的是，周德兴和戚继光这两个与崇武息息相关的人物，最后都没得到善终。周德兴因不成器的儿子与皇帝的女人乱搞，最后全家被诛，身首异处，还被朱元璋“赐葬绝穴”；戚继光则在支持者张居正死后立即被罢免官职，黯然回到家乡暴病身故。所谓“功高盖主，必有不祥”，“狡兔死，走狗烹，飞鸟尽，良弓藏”，如此悲剧几千年里都在上演，多少英雄事都已随风而去，留下的只有这坚固的城墙。古城已老去，缔造者们皆隐退，眼望远方无边无际的大海，让人唏嘘不已。

明末清初，郑成功与清政府在崇武、海坛一带拉锯数年，终于败退台湾之后，崇武古城渐渐失去海防意义，最后一次大修是在道光年间，后来武备完全松弛。抗日战争时期，崇武古城已基本处于不设防状态，只有十几名保安队员。1938年5月17日，日寇兵舰炮轰崇武，在南门城墙留下一处长与高均超过一人的大窟窿。1940年7月15日，200多名日寇在4架飞机的配合下，几乎未费一枪一弹轻而易举就占领了崇武古城，崇武又一次饱受战争的摧残与蹂躏，从此长期废弃，城墙失修倒塌，一片狼藉。1983年，由国家拨款进行全面修复，但是在我看来，与其“砖雕石砌个古城出来”，倒不如保留它原本的残破，也许，一座满目颓垣、满身伤疤的古城，会比现在这样修葺得过于簇新的城墙，更能带给人岁月的沧桑感，更能给人以心灵的震撼吧！南面滨海景观区，还建有一片占地9万多平方米的石雕博览园，用以展示中外闻名的崇武石刻技艺，但可惜，园内500多件石雕作品，全是一些与抗倭及古城历史无甚联系的题材，让人好生纳闷。

崇武古城另外一副满是故事的面孔在城墙脚下。穿过古城前面和渔港相对的文化广场,沿着城墙一直往左走，不远处就有一个小小的城门洞，和走路的、挑担的或是骑摩托车的当地人一起走进去，古城安静、世俗的生活画面便呈现在眼前。石头房子，或青色或

○ 祖孙二人

灰色，狭窄的巷道铺着条石。城内的十字大街分别通向4个城门，民居的大门大多随意掩着或是干脆敞开着，徐徐海风吹过，古老庭院里传来细细的人声，驻足处却又不见人影，只有阶前的草泛着干净的绿。和坚固的城墙一样，古城里老屋的立面都是用厚重的花岗岩垒砌，有些连院落的门框、窗棂也都是用花岗岩石条砌成，湿润的海风让石头变得润泽而色彩丰富。老屋都不高，不像闽南大厝那样飞檐雕花，这里的屋子几乎没有屋檐，样式极朴素。城防之地，一切以实用为上，自是见不到奢侈。有飞檐斗拱的是城内的关帝庙和妈祖庙，都是典型的闽南庙宇建筑风格，红色屋顶，檐角轻灵，屋檐下的木雕和石雕极其精美。关帝庙门前还矗立着一把硕大的青龙偃月刀，传说当年日本飞机轰炸崇武时，关二爷的大刀还帮忙挡了两颗炮弹。妈祖庙就在不远处的城门上方，和关帝庙一样香火鼎盛，充满世俗的欢乐。

渔港

小贴士/TIPS

交通： 泉州中心客运站每天6:30-20：00都有去崇武的班车，每隔15分钟一班。厦门直达崇武的班车在松柏汽车站发车。

门票： 45元。

住宿： 崇武的酒店主要集中在古城外，古城内很少，条件都很一般。古城外推荐尚好佳商务酒店，就在渔港那条街上，电话0592-87675799。金海岸宾馆离古城很近，电话0592-87673777。

美食： 崇武特色小吃是鱼卷，不可不尝。鱼卷的专业作坊属瑞芳鱼卷最出名，专卖店就在崇武牌坊那条街上。

作者手记：

如果不去城墙和雕塑博览园，只是去古城民居区的话，可以不买门票，但会错过很多古迹，也不能登上城墙远眺大海。

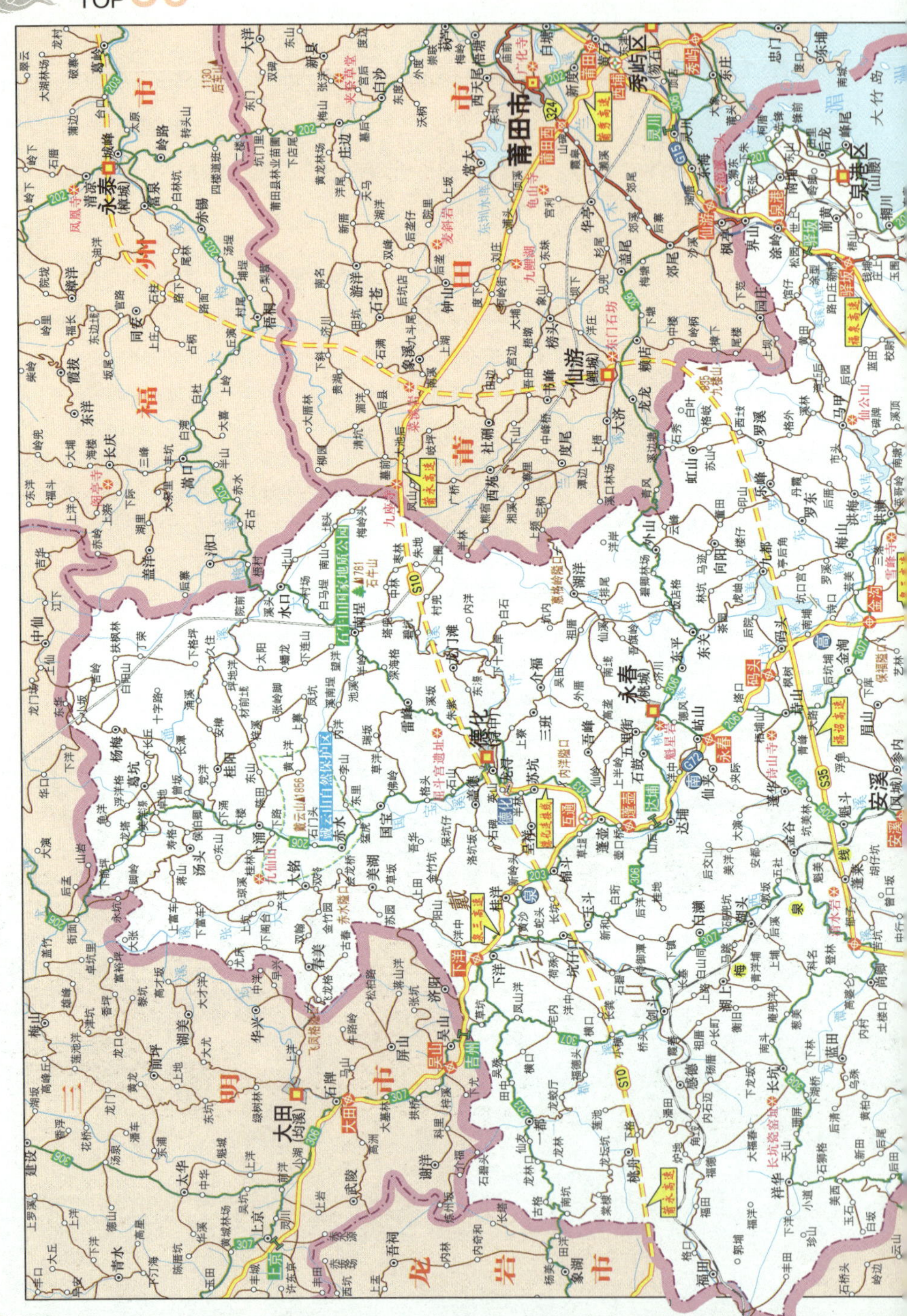

莆田市
秀屿区
泉港区
仙游
永泰
德化
永春
大田
安溪

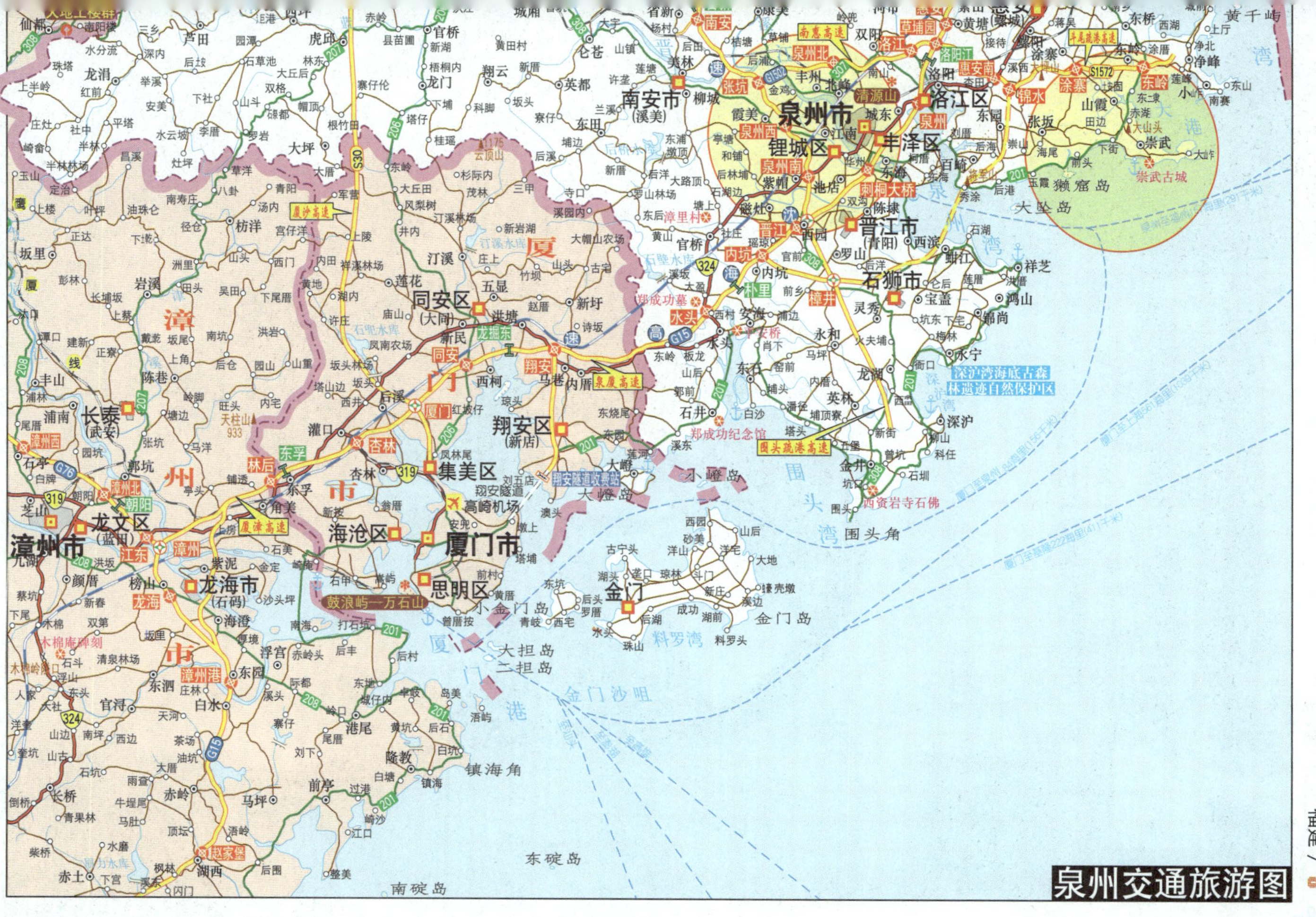
泉州交通旅游图
泉州市
鲤城区
丰泽区
洛江区
晋江市
石狮市
南安市
翔安区
集美区
同安区
厦门市
思明区
海沧区
龙海市
龙文区
漳州市
长泰
金门
金门岛
小金门岛
大担岛
二担岛
东碇岛
南碇岛
围头角
镇海角
崇武古城
獭窟岛
大坠岛
郑成功纪念馆
郑成功墓
鼓浪屿-万石山
大嶝岛
小嶝岛
料罗湾
围头湾
高崎机场
西资岩寺石佛
清源山
刺桐大桥
深沪湾海底古森林遗迹自然保护区

五夫镇

五夫镇

推荐指数：▲▲▲

交通指数：▲▲▲

美食指数：▲▲▲

住宿指数：▲▲

解读五夫镇

中国历史文化名镇，自古就有“邹鲁渊源”之称，是理学宗师朱熹、词圣柳永的故乡，历代名人辈出，境内遗址遗迹丰富，是武夷山武夷文化遗产的重要组成部分。古镇环境优美，气候宜人，素有“白莲之乡”的美称。

地理位置： 福建省武夷山市东南部

推荐理由： 理学宗师朱熹的故乡，有“邹鲁渊源”之称。

特色看点： 紫阳楼、兴贤古街

到达五夫镇的午后很闷热，出了车站问路后经过一短长长的上坡，往兴贤古街方向走去，路上经过五夫镇市场，鸡鸭鱼肉、萝卜白菜煞是丰富，卖朱子孝母饼的摊子就当街摆着。朱熹在五夫镇犹如“镇宅之宝”一般，不但镇外有他的故居紫阳楼，兴贤古街上还有一条朱子巷，据说朱熹无论是幼时上学，还是成年探友寻幽，每次外出都要经过朱子巷。这条巷子是五夫中和坊与儒林坊（古名）的交界线，路面全用鹅卵石铺成，巷多曲折，两侧皆是古屋高墙，步入其中，颇有些故意盎然。

朱熹祖籍江西婺源，生于福建三明，14岁时父亲朱松病逝，去世前将妻儿托给原籍五夫的挚友刘子羽、刘子翚兄弟和胡宪、刘勉之照顾。于是，朱熹便随母移居到五夫，这一住就是近50年。不得不钦佩朱熹父亲的眼光，在朱熹到来之前，五夫的刘氏家族就已经名满士林，刘子羽和弟弟刘子翚当时已是知名的道学家，刘子翚不但通经学，又具有出众的诗才，小小五夫里，由于刘氏家族的人气，一时间聚集、涌现出许多大学者，五夫的文风已开始向外发散。而在朱熹之前百年，五夫还出过另外一个名人——柳永，虽然他的故乡白水村如今已经划归下梅乡，但在当年，那里是归五夫管辖的。柳永的确是一个世宦子弟、词坛奇才，但同时，他也是一个白衣卿相、失意举子，更是一个青楼常客、情场浪子，这和一生都在推崇规矩、纲常、伦理的朱熹相比实在是大异其趣，特别是将柳永的词和朱熹的诗加以比较，有时难免感觉朱熹理性有余而感性不足。

五夫镇里最能体现朱熹及先辈功业的地方是兴贤古街。这条古街早在中晚唐时即具雏形，南宋后期达到鼎盛时期。街上牌坊林立，石坊门上分别镌刻着“崇东首善”、“五夫荟萃”、“过化处”、“邹鲁渊源”等横额，我最喜欢“过化处”三字，飘然出世的感觉跃然纸上。朱熹曾经讲学的兴贤书院就在兴贤古街的后半段。虽年代久远，但书院依旧门楼高耸，门饰砖雕花鸟人物生动，造型雄伟凝重。朱熹一生从政的时间只有7年多，而他应召当皇帝老师的时间更是只有短短的46天，从这个记录看，朱熹当时在官场上的确是不受欢迎，境遇甚至还不如孔子，但不可否认的是，他们都是中国历史上最伟大、最成功

◎ 兴贤书院

的老师。

紫阳楼是朱熹故居，一幢掩隐在莲花和古树之中的老屋，雪白的墙壁很抢眼，屋前是半亩方塘，屋后是青翠的竹林，传说朱熹的那首《观书有感》“半亩方塘一鉴开，天光云影共徘徊。问渠哪得清如许，为有源头活水来”就是在这里有感而发的。在楼里转悠了半天，一个房间一个房间地细看，朱熹夫妇和几个儿女都曾住在这里，都布置得小巧别致。及至出门寻到兴贤老街，天色已变，下起小雨，一个人走在行人稀少的路上，想象朱熹是如何在这里度过他的年少时光。

○ 朱子巷人家

小贴士/TIPS

交通： 武夷山市区汽车站每天有班车发往五夫镇，从早上8:00-17:00，每小时一班。

门票： 紫阳楼门票60元，学生半票。兴贤古街不收门票。

作者手记：

1. 兴贤书院没有开放，只能看看外墙，紫阳书院经常锁着门，要到镇上找到看门人才能进去。
2. 五夫镇地处崇山峻岭之中，莲池十里，又称“莲花之乡”，武夷山最好的莲子就产于五夫，可买些回去馈赠亲友。

鹰潭市
贵溪市
江西省
武夷山市
(崇安)
浦城
光泽
(杭川)
邵武市
建阳市
(潭城)
建瓯市
顺昌
南平市
泰宁
(杉城)
将乐
(古镛)
沙县
明溪
(雪峰)
资溪
(鹤城)
武夷山自然保护区
将石自然保护区
上清自然保护区
武夷山
黄岗山
2157
和平古镇
五夫
浦南高速
宁武高速
武邵高速
邵三高速
三福高速
三明市
武夷山脉

南平交通旅游图

○ 古镇宗祠

地理位置： 福建省宁德市蕉城区

推荐理由： 有众多古老的明清民居，西北面的支提山在唐朝时就被道家列为神仙居住人间的名山洞府之一。

特色看点： 民居、古巷、宗祠、古渡

霍童古镇

解读霍童古镇

中国历史文化名镇，中国民间文化艺术之乡。霍童在唐朝时就被道家列为神仙居住人间的名山洞府之一。霍童西北面有支提山，西周时就有高人到此修炼，唐天宝年间被敕封为“霍童洞天”，在三十六小洞天里位列第一，属于传说中的仙人王纬玄的领地。古镇最经典的地方，当属那条古屋夹道的老街。

推荐指数：▲▲▲▲

交通指数：▲▲▲

美食指数：▲▲▲

住宿指数：▲▲▲

从宁德市区前往霍童古镇，一路溯霍童溪而上，光是溪流两岸那些村庄的好听名字，就已经惹人遐思，凭空生出许多向往，桃花溪、梅溪、花园里、溪池、铜镜、扶摇、云气……淡淡雾气，一泓悠悠的溪，溪边缓缓的滩，老旧木船静静地横泊，老树下红衣女子正在洗衣，竹林掩映处，村舍依依，河滩上满是迎风摇曳的芦苇。霍童的美，像溪水一样悠然流淌。

到了霍童古镇上，穿行在古老的明清民居间，又常常让人有迷失的感觉。霍童镇不大，穿过镇上的主街，转左是明清古街，店铺集中，多是前店后宅式的民居，木阁楼，联排门板。霍童著名的“仁记”剪刀现在还在古街上开着铺子，40多岁的老板一年到头都守着老铺，默默地淬火、钳钢，坚守着一份家传的祖业。这家“专业剪刀铺”，创始于清嘉庆年间，历经200余年不衰，完全手工打制，刀口处钳以精钢，淬火准确，不但剪丝绸一剪到底不连不滞，甚至断铜截铁刀口不缺，真正达到刚柔并济的境界。

从明清古街再转左，就到了人们所说的“街尾”，一片狭窄、悠长的古街巷，那些古老的民居，或是青砖大院，或是简陋土墙，里面住过富甲一方的商人，住过心灵手巧的工匠，住过特立独行的艺人，或许还有身怀绝技的武林高手，每一个角落都刻着深深的岁月痕迹。霍童古民居从空间分布上呈现出明显的以血缘为中心的特点，几乎各个大姓都设有宗祠，同姓人家围绕宗祠建屋，集中居住，因而，霍童保留最多的古建筑当属宗祠。大户人家的门前牌匾精美，上面往往写着“云蒸霞蔚”、“赫声隆德”等字样，比较有代表性的是黄姓大宅，三座透后，青砖空斗式山墙，平面布局对称，入口门厅，中门设屏，正屋五开间，两侧厢房或廊庑，内合天井，子孙们按辈分房，整个家族聚居在大宅之中，端的一个清雅而封闭的小世界。而普通人家也是拾掇得干净利索，门墙木板虽然已经黧黑，上面的雕花却也别有一番况味，当院一口古井，青苔滑腻，角落里月季半开半合，有些寂寞，有些自得……

在霍童，一个人穿梭在古街古巷间，明明不长的一条巷子，却总是半天也转不出去，小巷虽然均是直线走向，但却在10米之遥处小巷分一为二，再从一分巷进，则10米之遥又一分为二……如此形制，据说当年是为了抵御贼寇入侵，而现在，对于我这样一个“路痴”来说，的确是一项不小的考验，以至于最后不得不循原路“撤退”，才回到了明清古街上。

从明清古街往东，走到一个被当地人称为“榕树头”的地方，霍童古渡就出现在眼前。古渡的台阶仍在，斜斜而上，两旁蔓草横生，一道浮桥让南北两岸往来畅达，让艄公、渡船没有了存在的意义。在这样的渡口，曾经发生过的那些相见时难别亦难的故事，那些行道迟迟、顾盼频频的画面，都只得烟消云散，只能从“久雨如病醒，逢晴忽眼明，沙平两岸白，风迅一帆轻，垂老无所好，所思在远行，汪伦劳送别，潭水有深情”这样的诗句里去品味、想象了。

○ 霍童古镇

其实，消失的岂止一个霍童古渡口，现代化、大开发的脚步下，霍童溪上游的古瀛洲如今已经被湮没在洪口电站的水下。据说，那里曾经船泊古岸、楼悬天街，曾是韵味别致的历史文化名村。洪口电站造就了一片人工湖，号称“天池”，时常有快艇载着游人在湖上呼啸而过。洪口水电站满负荷时，即使高峰期每天平均也有7个小时不放水，霍童溪上没有生态流量，下游处于基本静止状态，往日撑竹筏泛舟溪上的诗意场景不复存在。由于溪水流量减少，霍童溪的水质明显变差，鱼虾逐年减少，取用霍童溪水的霍童镇自来水厂，水里长满了苔藓，只能靠大量使用化学净化品来解决水质问题，而古瀛洲，便只能似歌谣里唱的那样，一水隔天涯，相逢永无期了。

说到霍童，就不能不提线狮，而说到线狮，便不能不提黄鞠。一个隋朝末年从官位上退隐的河南籍书生，为了避免被屠族的惨祸，携家带口到遥远的霍童投亲靠友，不但在此兴修水利，大力推广从中原带来的先进农耕技术，奠定了霍童千年以来农业生产的基本格局，更将中原文化全盘引入，其中就有狮子

◎ 剪刀铺

舞。霍童当地民间艺人把中原的狮子舞和闽南的提线木偶相结合，发展出了堪称中华一绝的霍童线狮。如今，霍童石桥村里有黄鞠纪念堂，霍童方言里仍夹杂着河南乡音，霍童每年的农历二月二灯会，线狮是当仁不让的主角。霍童线狮，又称抽狮，当地人称之为“打狮”，其实是一种具有独特风格的乔装动物的杂技节目，狮子全身用竹蔑做框架扎制，里面用棉花、布料等加以填充，狮毛则用特殊的彩色塑料丝制成，通过绳子将狮头、狮身、狮尾、狮脚吊挂在木架上，木架安上车辕，表演者边走边抽绳子，通过绳索操纵狮子表演出各种动作，这就要求表演者必须身手敏捷，臂力过人，所以线狮技术传男不传女。霍童镇上现在有黄家和陈家擅长制作和表演线狮，一年前还成立了线狮表演俱乐部，就在陈家祖宅的二楼，但后来听说遇到资金问题，线狮表演后继乏人，俱乐部的活动也渐渐偃旗息鼓。不过，只要二月二灯会不散，古老的线狮艺术就一定会有发扬光大的一天。

小贴士/TIPS

交通：从宁德汽车北站乘班车可到。

门票：古镇不需门票，支提山门票50元。

作者手记：

1. 霍童镇上小饭店很多，保证可以吃到可口便宜的饭菜。不妨品尝一下霍童著名的小吃——芋包。镇上旅馆不多，推荐君安酒店，电话0593-2702666。
2. 在霍童古街虽然很容易迷路，但好在街区不大，不必担心找不到路，只是会重复走回头路。
3. 霍童镇上有旅游中心，相关事项可以向他们咨询，也可向他们预约线狮表演，但非节假日时间，线狮表演很少，旅游中心电话：0593-2701066。

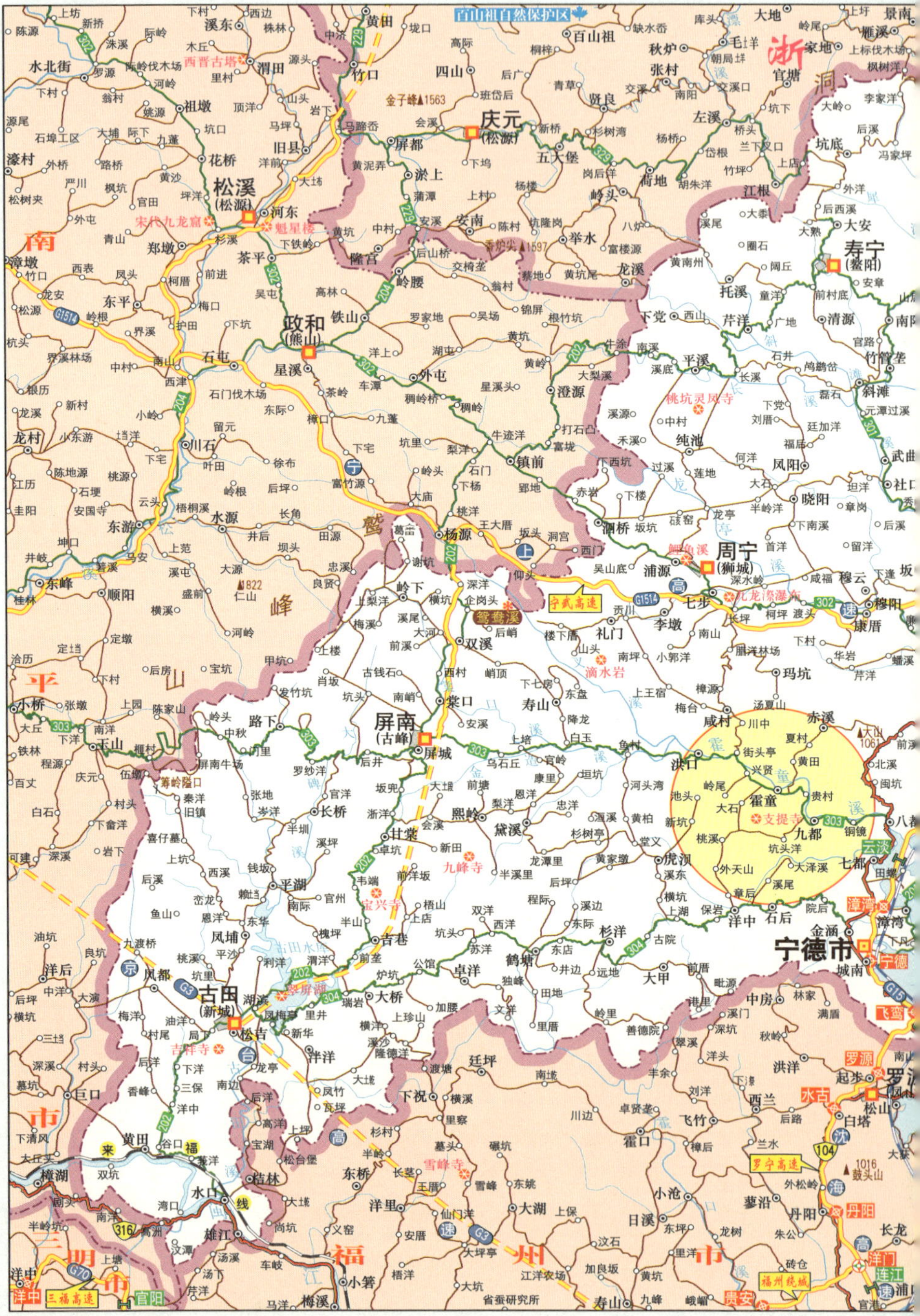

百山祖自然保护区
浙
松溪
(松源)
政和
(熊山)
庆元
(松源)
寿宁
(鳌阳)
周宁
(狮城)
屏南
(古峰)
古田
(新城)
宁德市
罗源
南
平
市
福
州
市
三
明
市
宁武高速
罗宁高速
三福高速
福州绕城
鸳鸯溪
西晋古塔
宋代九龙窟
魁星楼
桃坑灵凤寺
鲤鱼溪
九龙漈瀑布
滴水岩
支提寺
九峰寺
宝兴寺
翠屏湖
吉祥寺
雪峰寺
霍童
金子峰1563
香炉尖1597
822
1016
鼓头山
G1514
G3
G15
G70
204
229
302
303
304
316
202
104

宁德交通旅游图

黄姚古镇
商丘古城
赣州古城
喀什老城
正定古城

其他
朱仙镇
杨柳青古镇
荆紫关
江孜古城
铺前镇

○ 古城街巷

地理位置： 江西省赣州市章贡区

推荐理由： 中国最美的小城，专家眼中的“宋城博物馆”，有着江南现存规模最大的古城墙。

特色看点： 八境台、郁孤台、文庙、建春门浮桥、灶儿巷

赣州古城

解读赣州古城

位于赣江起点的赣州扼赣闽粤湘之要冲，自西汉初年建制至今，已有2100多年的历史，它曾凭借三江直达鄱湖长江的黄金水系和岭南古驿道之便，留下了“南方丝绸之路”的美名。荷兰人约翰尼霍夫的《荷使初访中国记》，对300多年前赣州古城面貌有过详细记录，他以“中国最著名的城市”来称呼赣州。

推荐指数：▲▲▲▲▲

交通指数：▲▲▲▲

美食指数：▲▲▲▲

住宿指数：▲▲▲▲

“郁孤台下清江水，中间多少行人泪。西北望长安，可怜无数山。青山遮不住，毕竟东流去。江晚正愁余，山深闻鹧鸪。”辛弃疾的这首《菩萨蛮》让郁孤台和赣州早在宋代就声名远扬。如今，赣江畔的这座城市依然保有了它最初的灵秀和质朴，而老城内保存完好的处处古迹，默默述说着近千年的沧海桑田。

雄伟壮丽的宋代古城墙在江边蜿蜒将近4000米，城砖上历代铭刻的文字记录了古城的兴衰和嬗变。八境台矗立在章江和贡江水汇合之处的古城墙上，多少文人骚客在此大抒诗情。郁孤台上苏东坡、黄庭坚等人的题咏犹在，当然最慷慨而不可一世的要数辛弃疾，因此公园里立起了他的雕塑。100余艘木舟组合而成的建春门浮桥连接着江水两岸，已与古城相伴有800多年。还有开创于唐末的通天岩石窟寺，岭南建筑风格的古代县学遗址文庙，宋代知名瓷场七里瓷窑，由宋沿用至今的城市排水系统福寿沟，以及灶儿巷的客家民居和具有浓郁客家风味的采茶戏。随着我对这个小城的了解逐渐加深，我对它的喜爱也越来越多，我甚至觉得，这就是自己追寻了多年的那个路易·艾黎曾见到过的中国最美的小城。

2009年春节前夕，再一次的夜班火车，将我带到了赣州。上一次到赣南是2004年初夏，5年过去了，走在熙熙攘攘的街巷，赣州在我眼里依然如故，热情、好客、质朴、简单，仿佛回到儿时故乡。古城所在的区域如今被命名为“章贡区”，它与新城分而独立，保持着自古以来的风韵。我住在厚德路的赣南宾馆，安静又整洁的政府招待所，地处赣州古城，方便四处步行游览古迹，也方便寻觅美食。

清晨时去了文庙，现存文庙建筑群为乾隆年间所建，典型的岭南风格建筑，整体布局和主要建筑均保持完好。东侧是慈云寺及其附属建筑舍利塔，西

◎ 悠闲生活

○ 皂儿巷

侧有武庙与其隔街相望。在庙里四处走动观看拍照，平行轴线对称的主体建筑多用朱红色，与周边墨绿的树林交相辉映，地面低陷的灰砖展示着修建年代的久远。庙门口的石狮子，有一只已被抚摸得光滑而看不清五官，有人在一座石碑前虔诚作揖，我没去惊动她便出了门。

如今文庙两侧分别有一所中学和一所小学，我们正好遇到学校里的学生在排练采茶戏，穿着鲜艳的衣裙，手上拿了扇子，和着音乐边跳边唱。我听不懂她们所唱何意，但大概知道这采茶戏用的是当地方言，唱的多是乡村的日常作息生活，也在非物质文化遗产名录之列。远远地听了看了一阵，想着来年有机会一定要好好欣赏。

冬日的阵雨下了一会便停住，从避雨的建春门城墙上往下俯瞰，江面上起了水气，烟雾飘渺，水面上百来只木舟做基础，其上架木板为桥身，名副其实的浮桥。行人来来往往，有挑了担子的中年妇女，有背着书包的学生，有老态龙钟的白胡子大爷。江边的渔船上人们正在收拾刚打上来的鱼，大大小小装了满盆，也有前些时候晾干了的，整齐地挂在迎风的绳子上。水边的空地上一字

○ 民居建筑

排开几个小摊，售卖的是一些日常生活用品和一些孩子喜欢的小玩意儿，有点儿跳蚤市场的意思。收回眼光眺望远处，城墙延伸到烟雾笼罩的遥远江边，树木和厅台楼阁影影绰绰地浮现，恍如仙境。

我拉着同伴在巷子里逛来逛去，见到路边的小店或小摊就上前询问有什么好吃的，同伴跟我说起儿时伙伴存钱上街吃清汤的故事，那是多么奢侈的事情啊。大半天的时间里，米粉鱼、肉丸、炸豆腐、炒粉还有清汤，热热辣辣吃了一路，最后还买了一堆水果，赣州的脐橙可是闻名全国啊。

后来还去了灶儿巷，这是古城街道的活化石，巷子经历了赣州古城自唐至宋而清的变迁，至今还保留着宋时的区划和走向，民居、店铺、作坊、宾馆、钱庄、会馆、衙署等等都照着旧时摸样。由于许多衙役住在这里，他们身着衙门统一的黑色服装，即皂色，因此被称做皂役，他们住的这巷也就叫做“皂儿巷”，后来谐音变成了“灶儿巷”。

雨后的街巷十分清新，鹅卵石的潮湿地面带着泥土的气息。作为江西客家人聚居之处，赣州古城里保留着典型赣南客家风格建筑，朴质一如这里的客家人，而巷子里也能见到赣中天井式建筑、徽州建筑以及西洋式建筑，共同述说着古城千年历史与辉煌而沉淀下来的包容和丰富。

小贴士 / TIPS

交通：汽车和火车到达赣州都非常方便。赣州机场的航线和航班都比较少，不建议选择航空方式。

门票：无

作者手记：

1．古城区和新城区相对独立，在古城区住宿是较好的选择。

2．菜肴口味偏辣和酸，古城内米粉鱼、米线等各种风味小吃值得品尝，脐橙和柚子等水果也是赣州特产。

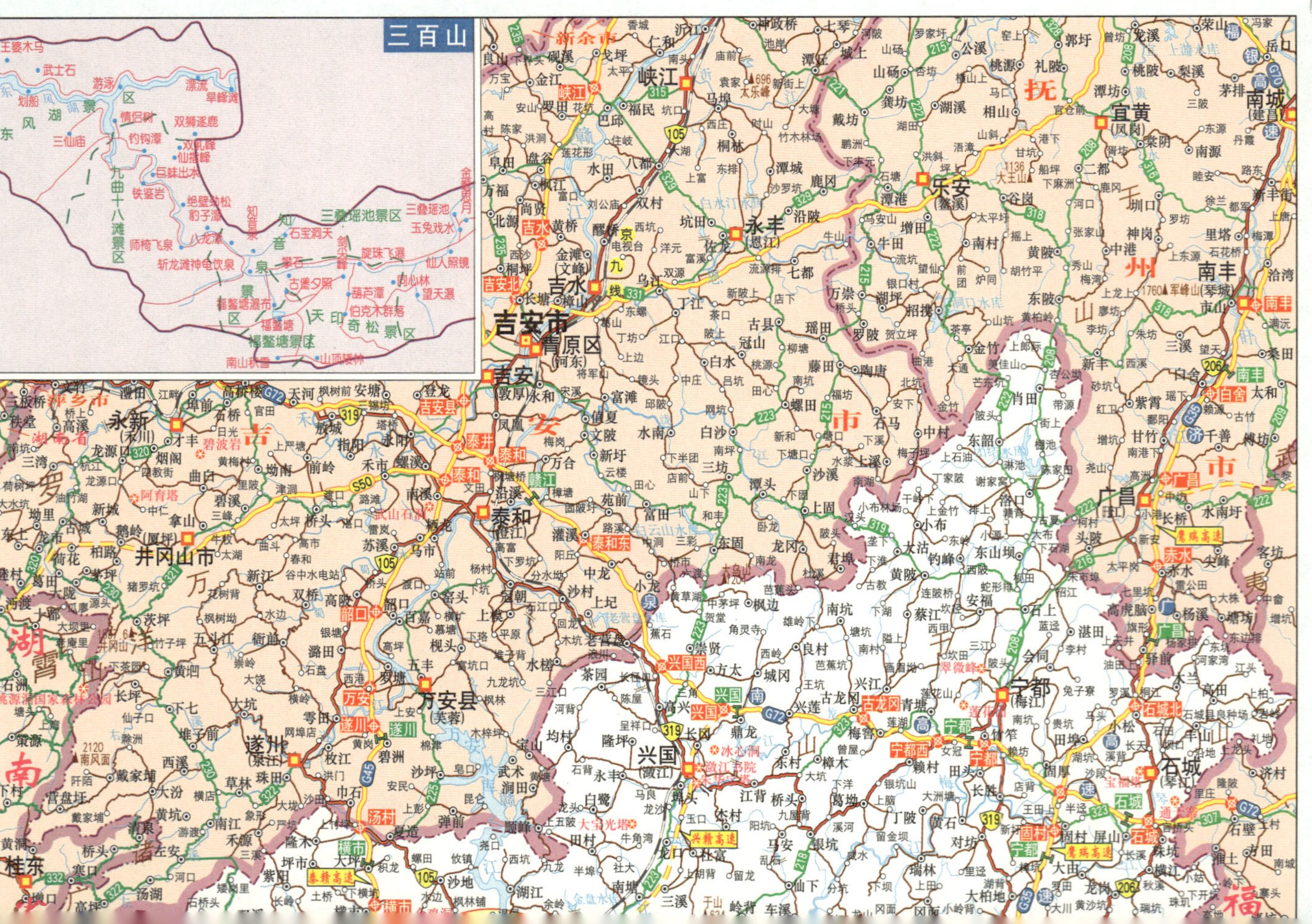
三百山
吉安市
青原区
吉安
吉水
峡江
永丰
乐安
宜黄
南丰
南城
广昌
宁都
石城
兴国
泰和
万安县
遂川
井冈山市
永新
桂东

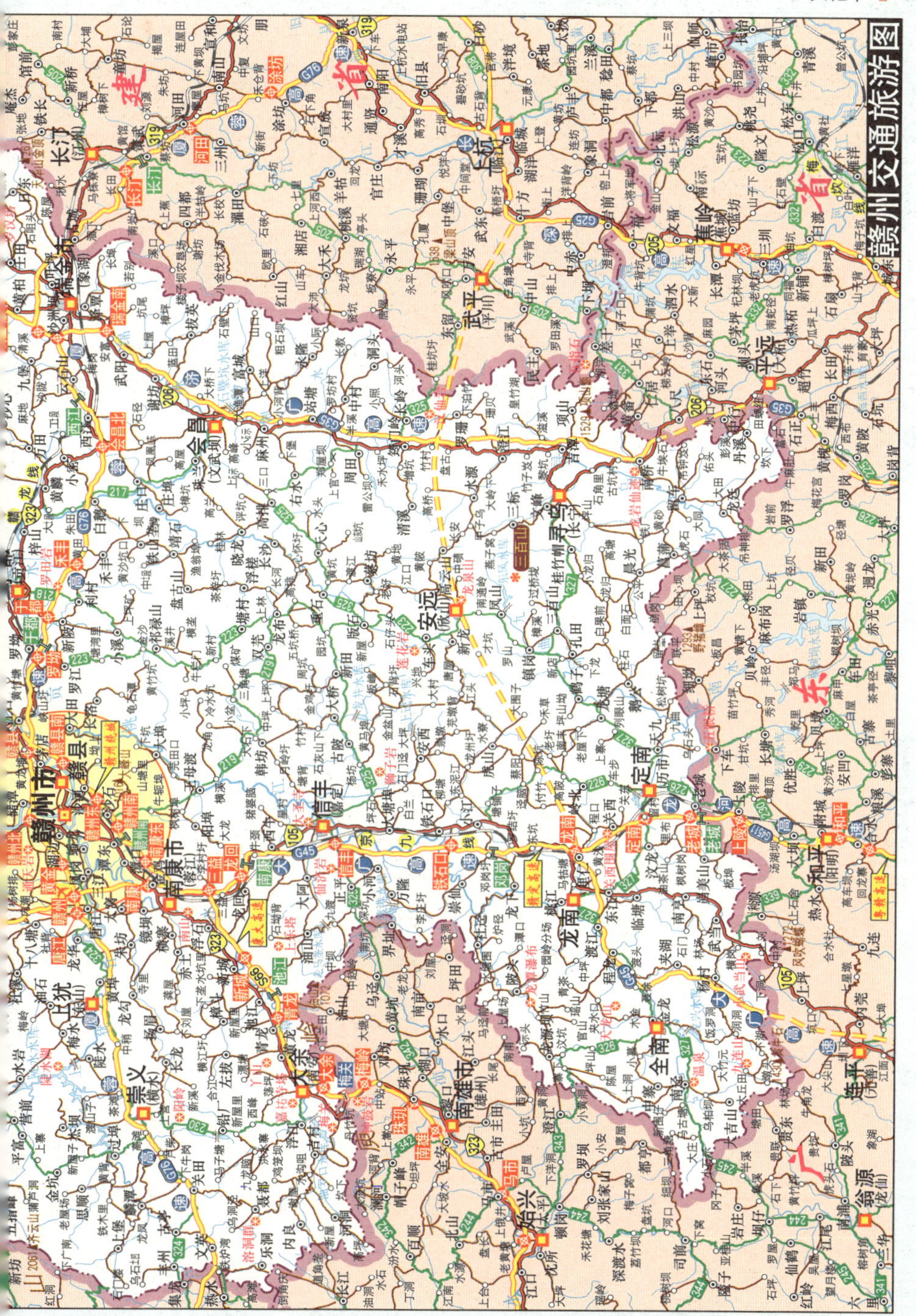
赣州交通旅游图

古镇建筑

黄姚古镇

解读黄姚古镇

广西第一古镇，有着近千年厚重的文化积淀。古镇地处漓江下游，素有“梦境家园”之称。黄姚镇发祥于宋代，据说宋将杨文广率部到昭平平乱，路经此地，得知当地黄姚两姓人居多，于是给小镇起了一个名字“黄姚”。古镇曲径幽深的街巷上是青一色的石板路，串起了300多幢错落有致、古朴典雅的古民居。

地理位置： 广西壮族自治区贺州市昭平县黄姚镇
推荐理由： 漓江下游的世外桃源。
特色看点： 明清古建筑、街巷、石桥、仙人井

推荐指数： ▲▲▲▲

交通指数：▲▲
美食指数：▲▲▲
住宿指数：▲▲▲

时隔多年，我仍然怀念黄姚。那个坐落在漓江下游的古镇，因山和水的阻隔保持了难得的完整和安静。镇子里磨得光滑了的石板路，年代久远的戏台，写满沧桑的老屋，老屋边上堆砌的柴火，枝繁叶茂的参天古树，荡漾着粼粼水波的清澈河流，午后暖暖的阳光，浅蓝色的炊烟，摇尾巴的狗儿，路遇的两个同行女孩，热情的旅店老板，可爱的孩子们，还有巩桥中学的老师，一切仿佛就是昨天。

冬天独自去那个小镇，天色将暗时到达，汽车停在公路边，路遇的两位当地老师帮我从窗户把行李送出来，再次邀请我有空到他们学校去做客，和我一起下车的还有两个女孩儿，她们也是到黄姚的旅行者。我们敲开了市场旅社的门，这个家庭旅馆是当地一位退休老师开的，五层的小楼房，是当地最豪华的

一家，顶层的平台是整个古镇的制高点，站在上面古镇全部美景一览无遗。

黄姚是个很小很小的镇子，主干道顶多容得下两辆车，从头到尾走一遍也用不上10分钟，路边是些新盖的房子，古城区在这些新房子的另外一侧，被保护得很完整，几乎没有破坏。找到一家正在营业的小餐馆，要了几道简单的菜，清炖走地鸡、烧豆腐酿、炒菜心、平菇肉片汤。走地鸡是当地对土鸡的叫法，豆腐是黄姚最有名的菜肴之一，因为水质好，做出的豆腐又甜又嫩，口感极佳。

吃完饭出了门，夜已经很安静，镇子上星星点点的灯光发出温暖的光芒，偶尔的狗吠声在空旷的夜空里尤感清脆，三个人走在街道上，听得见自己的脚步声，久违的童年记忆突然跑出来，很想就这样一直走下去，走下去，走不到尽头。

○ 黄姚古镇全貌

夜里，退休老师给我们看印刷精美的黄姚宣传资料，老人指着图片好一番述说，讲的是古镇的历史、辉煌以及美丽种种。小桥流水人家的飘逸，喀斯特地形山水的秀美，遍布各处明清古建筑的风韵，无一不让黄姚人引以为豪。

次日早上天还没亮就起床了，沿着一架有点摇晃的木梯子，我们爬到顶楼的平台上，薄薄的阳光慢慢充萦在周围，天亮了，雾气也跟着起来，远处的山峦勾画出清晰的剪影矗立在朝霞底下，线条流畅而优美。大片大片的庄稼地被分割成大小不等的方块，有的黄，有的绿。俯瞰眼底的黄姚古镇，穿城而过的河流仿佛一条碧玉带子，家家老屋的青瓦，飞翘的屋檐，清晨袅袅的炊烟，看得我们舍不得下楼。

早饭后，旅店老板的孙子以及镇里的几个女孩做了我们的义务向导，一方水土养一方人，这里的小孩子个个模样俊美，皮肤好得捏得出水来。古镇出奇安

○ 写生

静，偶尔见老人和狗坐在屋前的凳子上晒太阳，眯着眼打盹。青石板铺就的街巷正合了小镇的尺度，宽不过两三米，两旁的房屋青砖黛瓦，是典型的岭南风格建筑，据说是按九宫八卦阵势布局。

黄姚是有着900多年历史的古镇，发祥于宋，兴建于明，鼎盛于清，最发达的时期是清末民初，保留至今的都是明清建筑。几百年过去，青石板上的盘道石鱼仍然清晰可见，只是被磨得光滑如镜，沿街两侧房屋的砖雕石雕和木雕刻依然栩栩如生，只是昔日的店铺已多做他用。我穿行在这小巧而静谧的镇子里，想象它曾经的繁荣，黄姚的先人们如何择了这青山碧水环绕的山谷，如何费心修建了这古镇，如何在这里种桑养蚕、纺纱织布、榨油、做豆豉。现在看来黄姚不免偏僻，然而彼时，它曾经是广东、广西、湖南三省通衢之地，商人们沿着珠江、桂江转姚江途经这里，发现这一世外桃源，渐渐有人驻足在此定居，本地人也有了商品意识，打开自家窗户做起买卖，黄姚于是成了一个热闹的集市。如今繁华散尽，幸运的是寨门、祠堂、房屋、街道、亭台、戏台和石桥都保留下来，如果不是亲眼所见，很难想象如此小而完整的古镇的存在。

快出镇子的地方有座石桥，被参天的古树掩隐着，树荫下聚集着聊天的人们。小家伙们争着让我们看鸡上树的奇观，那里的鸡都被放养，习惯上树蹲在树干上休息，可谓一奇。而当地的水井更具特色，被称为仙人井的一口井眼引出的水被一分为三，一为饮用水，二为洗菜洗米之用，三为洗脸洗手洗农具等用途，如此一来大大增加了用水的清洁，让黄姚人引以为荣。每日黄昏这里最为热闹，妇女们聚集在此挑水清洗，孩子们在附近嬉戏玩耍，也交流着小镇的各种消息。

不知不觉出了镇子，沿着田间小道往前，顺着河流边上的路前进，中午时分我们到了巩桥中学。前一天在车上邂逅的两位老师对我们的造访又惊又喜，一行人乘摩托和农用车到镇上吃饭。正逢赶集，巩桥镇是方圆几十公里最热闹最大的集市，街道上挤满了各式摊铺。后来我们买了一堆烟花，晚上和一群孩子到镇子尽头的街道上玩耍，黑漆漆的夜，彩色的花炮在空气里划出一道又一道的弧线，以及久久不曾散尽的硝烟味道，如同黄姚带来的回味一般。

小贴士/TIPS

交通：可先乘车到贺州，再转车到达。

门票：68元

作者手记：

古镇偏安一隅，是远离尘嚣的好去处，相应的住宿和饮食都相对简陋，交通也不是非常便捷。

田园牧歌

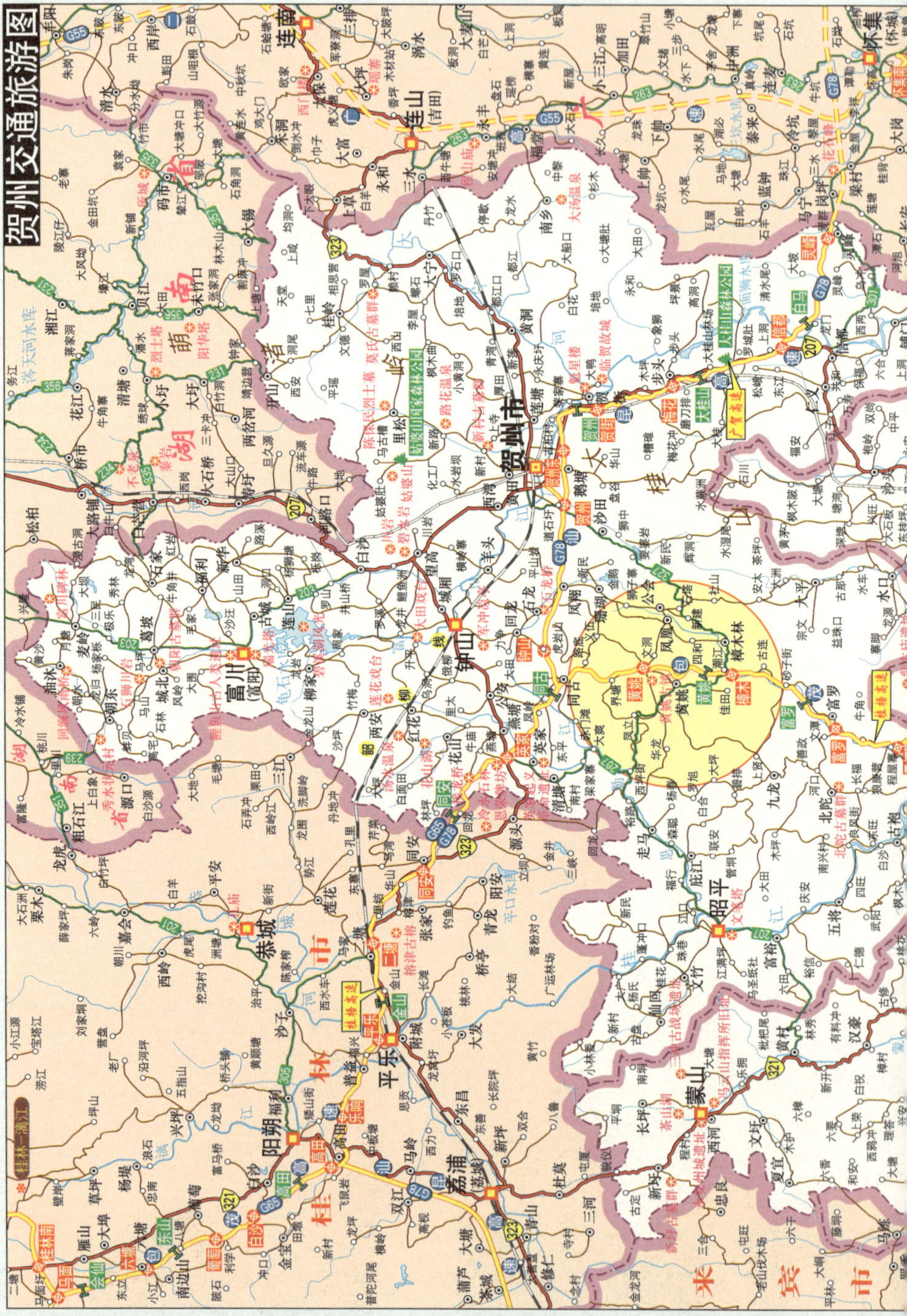

贺州交通旅游图

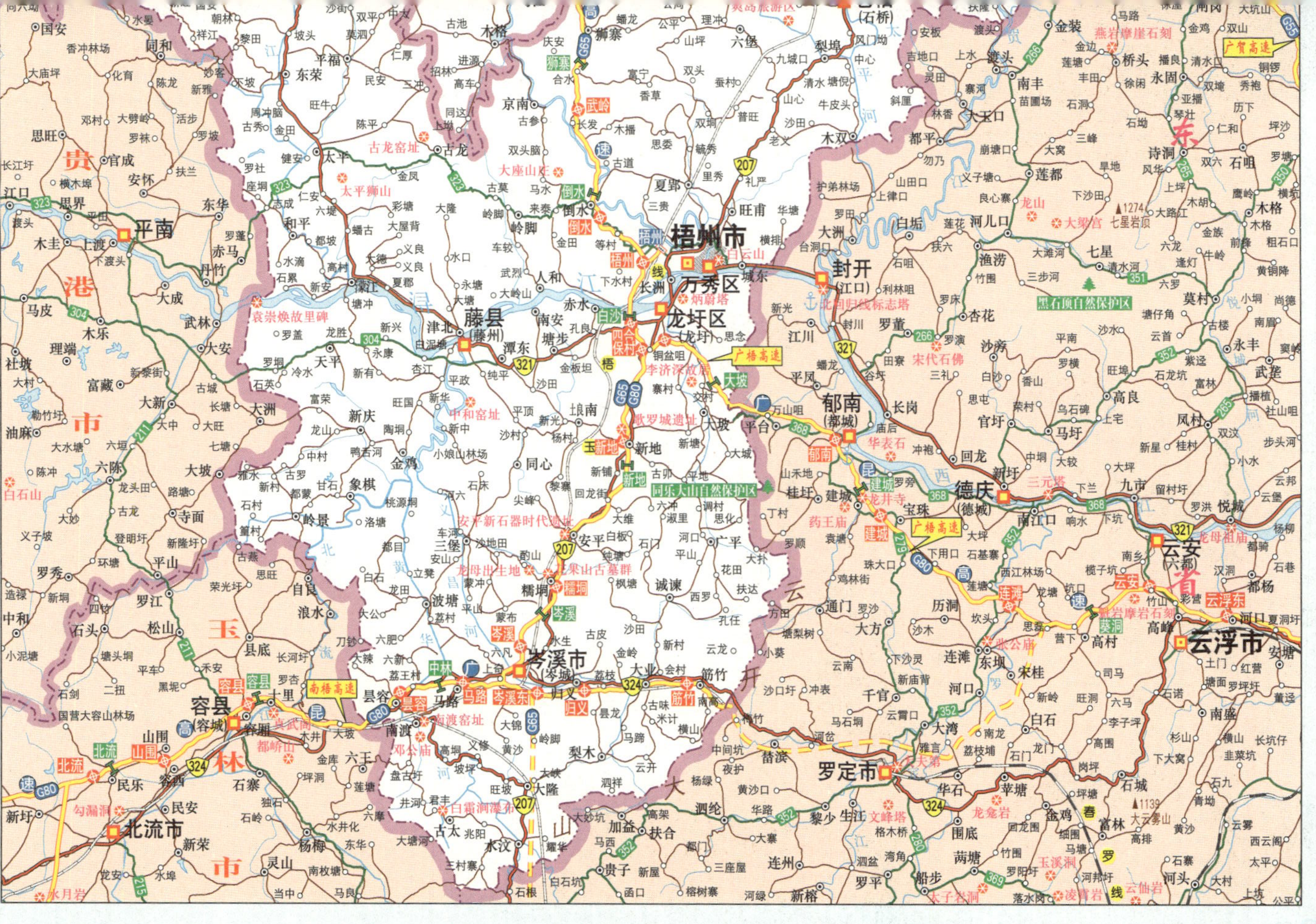

梧州市
万秀区
龙圩区
藤县
岑溪市
封开
郁南
德庆
云安
云浮市
罗定市
容县
北流市
平南

○ 老城故事

地理位置： 新疆喀什地区

推荐理由： 我国唯一的以伊斯兰文化为特色的迷宫式城市街区。古老的泥坯房子和神秘的幽深小巷，凝聚着维族人民世代生活的缩影，这是岁月沉淀下摇曳心灵的美丽微笑。

特色看点： 维吾尔民居、清真寺

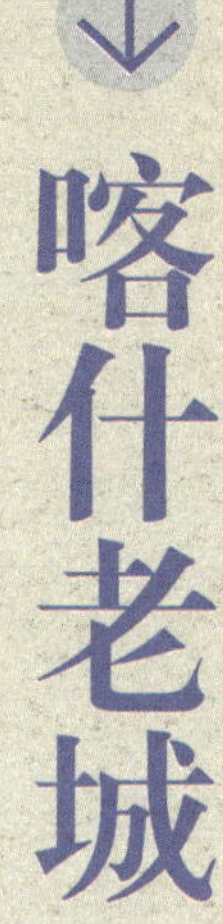

喀什老城

推荐指数：▲▲▲▲▲

交通指数：▲▲▲

美食指数：▲▲▲▲

住宿指数：▲▲▲

解读喀什老城

喀什的灵魂所在，曾是喀喇汗王朝的王宫所在地，如今的面积有4.25平方公里，居民约13万人。老城被宽阔的街道包围住，俨然是现代喀什的城中城。城里仍旧保留有许多手工艺家庭作坊，绣花帽、烧土陶、做乐器，无不把人带回到手工业时代。喀什老城里的路有两种，一种铺有六边形的地砖，另一种是普通红砖或土路，只要沿着六边形的砖走，便可走出老城。

喀什老城实在是一块瑰宝，一块被岁月把玩得内敛而温润的瑰宝。这片城区的脚步似乎一点没有因为外面世界的日新月异而错乱原始的步伐，依旧保持着缓慢而凝重的节奏，日复一日在这泥土颜色的堡垒中故我地轮动着。那些互通有无的深巷，在木头桩子泥坯墙的背景下，在阳光与阴影的明灭中，就是一片充满无穷魅力的风情大舞台。而那些走过的戴着头巾面纱的女子、拄着拐杖白胡子的老人、嬉笑中一闪而逝的孩童、吱呀推门后探出的老妇的面孔，他们，全是这片舞台上最自然丰满的演员。到底是六边形花砖走得通还是规整的长方形才是捷径，这里竟然是一座蜿蜒曲折的迷宫，走到碰壁又折返，折返后又有新的岔路，转弯、抬头、侧身、登高、下坡、一瞥而过，等待你的并不是迷路的怅惘，而是不断有新惊喜的探索。

一位羞涩的维族美少女站在门内，意外地没有闪躲，而是招招手让我进门，于是在这飘散着芳香的小院子内，我参观了那铺着厚厚地毯、四周布满白色壁龛的如宫殿般华美的客厅，品尝了她的妈妈亲手烤制的刚出炉的甜饼，不通语言的礼让并没有增加距离的隔阂，微笑就是一把打开心灵枷锁的钥匙，虽然我们时常更换密码，可是这把钥匙始终具有致命的诱惑力。在这静静的庭院，吹过静静的风，听到静静的心跳，我疑惑着，这样的少女是不是就算养在深闺人未识，这样的地方是不是一场落英缤纷的桃源梦。

过街楼下的维族少女，时光突然就凝固在那一瞬

老城里的孩子们更是这宝中之宝，在如今的政策下维族家庭可以生养三个孩子，这个民族仍然把繁衍后代当作建立家庭的首要任务，他们始终觉得家里有更多的孩子才是幸福，而没有孩子的人无疑是不幸的，甚至是真主对他们的惩罚。所以一路上被提问最多的问题就是：“有几个娃娃？”学不会撒谎的应答就只有接受无辜的同情。一位风韵绰约的少妇与我同龄，她骄傲地对我说：“我已经有两个娃娃了。”嗯，我想她一定也不会浪费第三个名额，能够享受这样简单而原始的快乐真的是一种幸福，不因环境变迁而焦虑，不因世事沧桑而猜疑，没有借口，没有面具，始终执着而坚韧，这在我们的城市中是多么奢侈的生存方式啊。

○ 喀什小巷

当几个只有五六岁的娃娃们也问我“有几个娃娃”的时候，我真的觉得这里的娃娃们太可爱了。无论是羞涩的、好奇的、活泼的、惊慌的，他们在相机镜头前的表现力都是如此让人震撼，这是一群喜欢照相的孩子，甚至会很合作地主动摆好POSE，只等快门一落便争先恐后地拥上来一睹自己的芳容。他们要的就仅仅是这一刻的满足，只要看一看就好，还要和你说谢谢。多么天真无邪的童年，我们也曾有过的童年，只不过我们终于要长大，他们也一样要长大。当那些娇憨的女孩子们长大了，戴起了厚重的面纱，成为了年轻的母亲，她们便再也不能如此无拘无束了。她们会把怀中的宝宝推到镜头面前，而自己却要蒙着脸躲开去，还是那样如花美貌的青春年华啊，就这样日复一日地蒙着面颊在这幽深的古巷中消磨而去了吗？就在刚才，那个轻笑盈盈引我进门的少女，她的未来也会是如此吗？可我们始终不能走进别人的生活，只有徒劳地在这里叹息感慨唏嘘作态。

走出巷口，一位须发斑白的老者坐在轮椅上，正被一位摄影师不停摆弄着姿势拍照。艺术背后的真相总是残忍的不堪，正如我们品尝一道美食却不能去想刚才厨师的操作，倒胃口的内幕我宁愿将其忽视。

可是当我要走过的时候，这位老人却看见了我并且向我伸出了一只手，“从哪里来的？”“北京。”“北京好啊，北京好！”

他紧紧握我的手，再也不多说一句话，本是素昧平生，但是人生的哪一种相逢不是缘份的见证呢？也许我们的心灵都是寂寞的，在陌生人的面前，在来自天南地北、不同城市、不同民族、不同生活阶层的陌生人面前，因为有着天差地别的距离，所以愿意享受一份轻松的释怀，因为没有纠缠没有顾忌，所以可以肆意挥霍真诚，简简单单毫无遮掩的感受这一刻，仅仅是一刻，走过后便没有回头，再回头也找不到相同的风景。这一刻我也紧紧握着老人的手，微笑如心底绽放的一朵玫瑰花，芳香娇艳，在这晴朗灿烂的日光下，我微笑得想要哭泣。

喀什老城就是一座神秘花园，开启它的方法其实很简单。在我们心灵深处

○ 卖馕人

总是隐藏着一些脆弱的真实，害怕在阳光下遁形，害怕在红尘中沾惹尘埃，于是便自以为安全地用谎言、猜疑、矜持、世故封锁了它们。但没有了来自真诚的力量，拿什么去感知别人的美好。释放它们吧，释放熟悉的自己，迈入未知的陌生，它们所共用的，明明就是同一把钥匙。

小贴士 / TIPS

交通： 从喀什市区艾提尕尔清真寺对面的欧尔达希克路步行进入，或乘7路公交车也会从老城周边经过，可在东门站下车后再步行进入。

门票： 30元。

作者手记：

1. 喀什老城共有三个出入口。一般游览时都不走回头路，除非迷路。万一迷路又无法问到路，顺着六边形的地砖道路就能走出去。
2. 喀什老城的区域很大，随处都可以走进去。

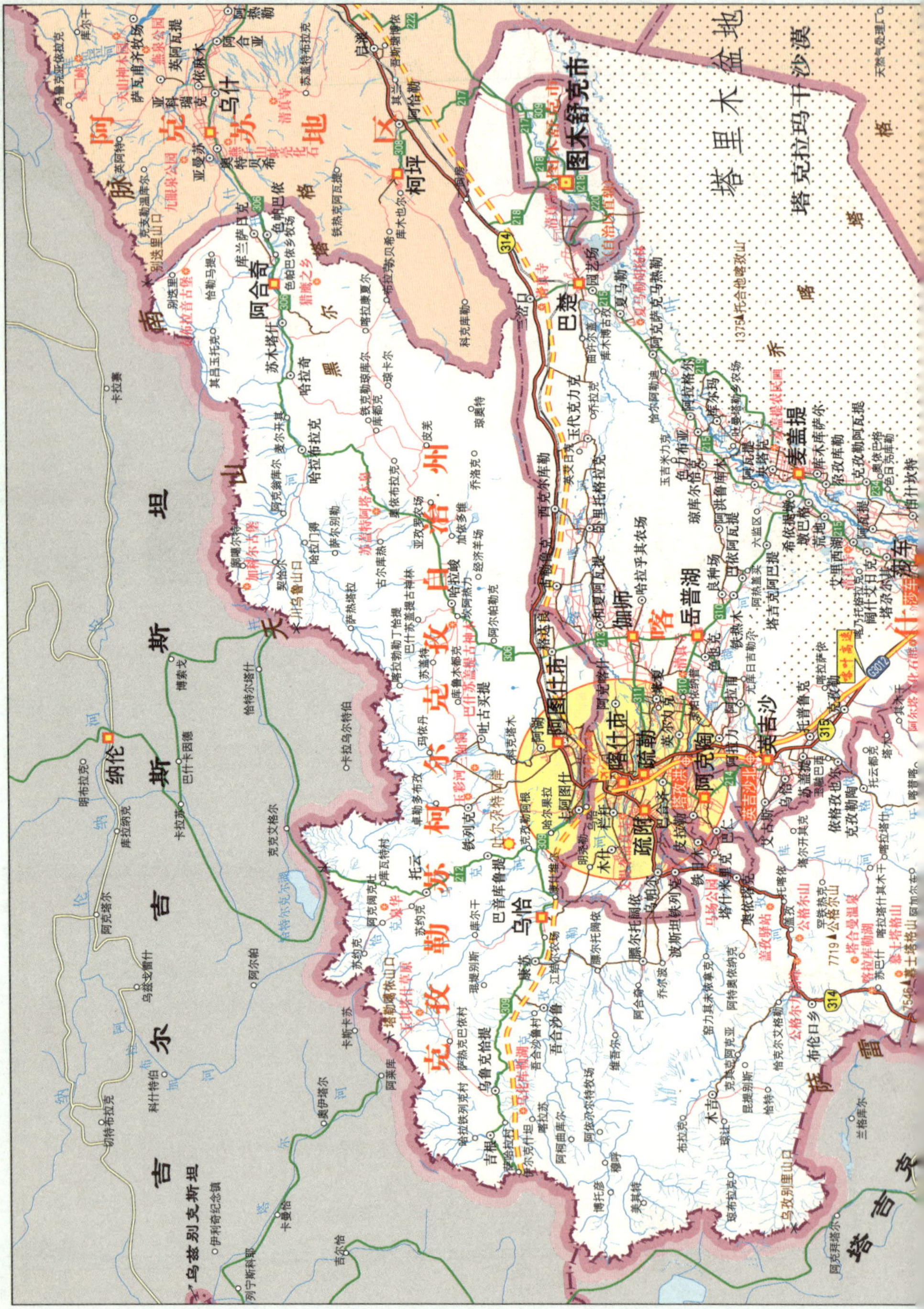

阿克苏地区

克孜勒苏柯尔克孜自治州

喀什

塔里木盆地

塔克拉玛干沙漠

吉尔吉斯斯坦

乌兹别克斯坦

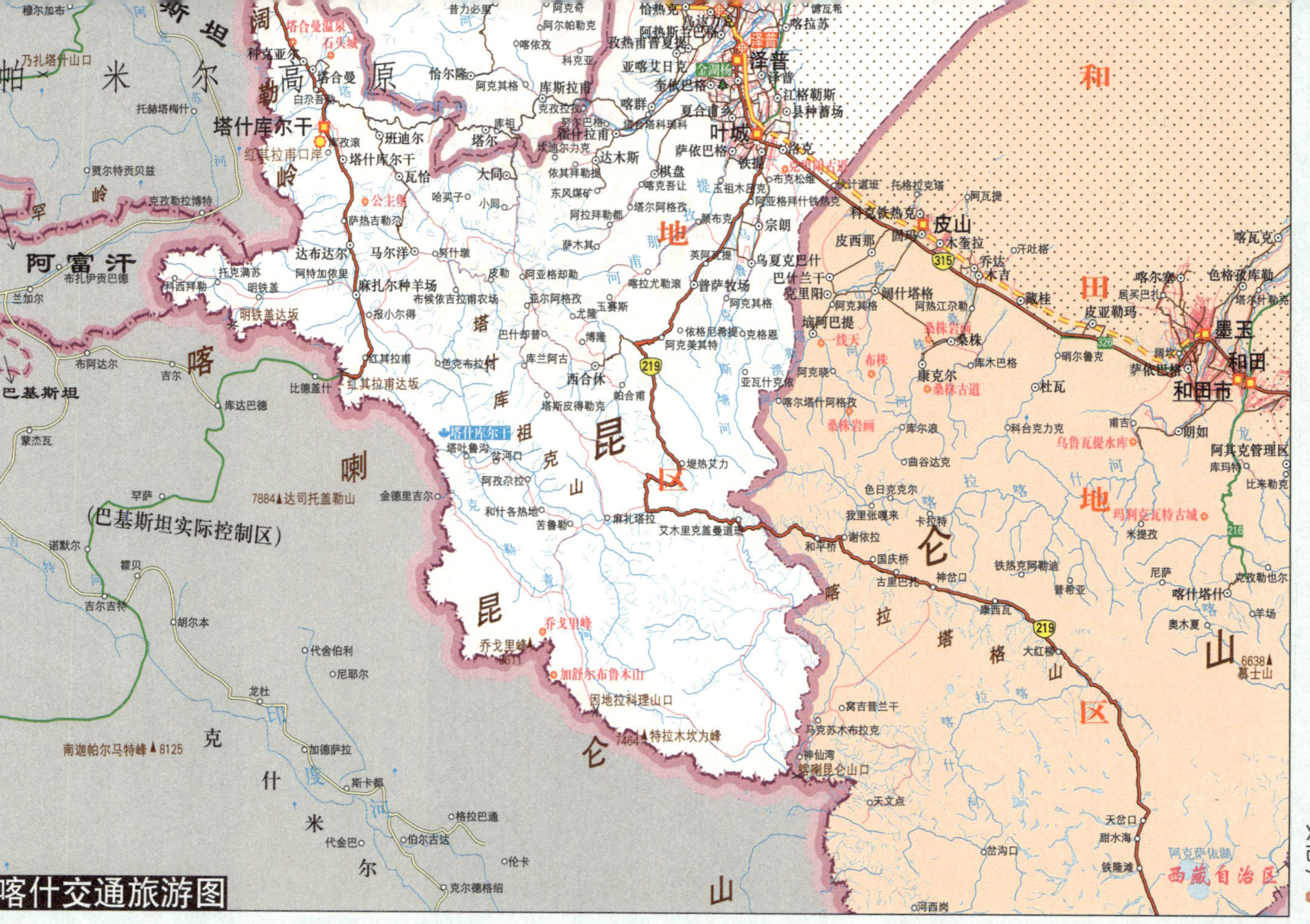

喀什交通旅游图
帕米尔高原
塔什库尔干
泽普
叶城
皮山
墨玉
和田
和田市
和田地区
喀什地区
昆仑山
喀喇昆仑山
喀拉塔格山
阿富汗
巴基斯坦
(巴基斯坦实际控制区)
兴都库什山
西藏自治区
乔戈里峰
南迦帕尔马特峰 8125
7884 达司托盖勒山
7464 特拉木坎力峰
6638 慕士山

商丘古城

推荐指数：▲▲▲

交通指数：▲▲▲

美食指数：▲▲▲

住宿指数：▲▲▲

解读商丘古城

有4000多年历史的中国历史文化名城。古城格局是古代城池的典范之作，古城下同时叠压着春秋时期的宋国都城、秦汉和隋唐时期的睢阳城、宋代应天府等6座都城、古城。商丘是火的发源地，传说中的1万年前，燧人氏在这里钻出了中华文明的第一盏人工火种，城郊至今仍有燧皇陵。应天书院为北宋中国四大书院之一，范仲淹曾在此任教。城内还有《桃花扇》作者、被誉为"清初文章第一家"的侯方域的故居。

地理位置： 河南商丘市

推荐理由： 火文化、商文化的发祥地，一座天人合一、与日月同在的古城典范。

特色看点： 侯方域故居、穆家四合院、应天书院、八关斋、张巡祠

商丘的名字在古城范畴中也许显得有些陌生，点开网页上的查询结果，其实这座城市也有着辉煌灿烂的文化印记。也不奇怪，河南的版图中，中原的阔土之上，哪里不是悠悠古风猎猎传奇。

五帝之一的颛顼、帝喾曾在此建都，商汤伐桀灭夏，建立商朝，定都南亳

侯方域故居

（今商丘），历六世十帝。阏伯观星高台下的土丘封之为商丘。阏伯之孙相土发明了马车，六世孙王亥发明了牛车。“立皂牢，服马牛，以为民利”，生产发展了，有富余了，便赶着牛车去交易货物，“商人”的称呼由此而来。今天的商丘古城也叫做归德古城，也就是曾经的睢阳，那个安史之乱中上演最惨烈的一场保卫战的睢阳，那个张巡、许远、南霁云拼死坚守10个月的睢阳，睢水之阳，这座古城竟然依旧完整如初。

从现代化的城市中心一直向南，道路的两旁逐渐变得狭窄起来，建筑变得低矮了，开始出现了很多仿古式的店铺招牌。冲出车水马龙的包围，眼前豁然开朗，却是大片的水域凸现，走上桥头，古城已近在眼前。

城门

原来这还是一座四面环水的城池。内方外圆，形似古钱，四门八开，城墙周长3.6公里，护城河碧波荡漾。歇山重檐南北城楼，拱券式的城门，棋盘式的街巷，走马楼与四合院，一切都还保存得那么完整、那么齐全、那么原汁原味。如此难得，如此叹为观止。

待走入城中，不由得更生出一层敬意，这还是一座活着的古城啊。南北纵向的中轴路就是一条繁华的商业街，古老的建筑配上了现代的装潢，仍旧在发挥着余热。没有人去刻意摆弄某种怀旧的题材，也没有谁家过多的修葺堆砌、粉饰一新，就是那么随随便便从从容容。牌楼底下就是小商品市场，石狮旁边就是糖葫芦大排档，反而是那一面面迎风招展的杏黄旗招牌多多少少带来一点思古情怀的痕迹。

城南门外，有著名的应天书院，它与江西庐山白鹿洞书院、湖南长沙岳麓书院、河南登封嵩阳书院并称北宋四大书院。范仲淹年轻时曾在这里学习，后安家商丘，当时的应天知府晏殊力邀其来此讲学，“从学者不远千里而至”，应天书院从此声名远播，就从这座书院里走出了一位世家才子——侯方域。人们不一定很清楚他的文章才名，可是却很少有人不知道他和秦淮八艳李香君的爱情故事。一曲南明兴亡罢，歌尽桃花扇底风。

如今就在这商丘古城之内，仍旧保留着侯方域故居。关于他和李香君的爱情归属在野史传奇中演绎出了太多版本，只是在这里，人们相信的是二人最终脱难而归、携手重返归德城侯府。但实际上这二人的故事一样逃不脱悲剧的结尾，官宦世家始终容不下一个风尘女子的身份，30岁，李香君落寞得抑郁而死。35岁的侯方域将自己的书房更名为“壮悔堂”，两年后亦郁郁而终。一把桃花扇纵然可以见证才子佳人的爱情操守，可最终也只能是末世王朝下的一曲哀歌。零落成泥碾作尘，虽然少了白首之约，人们仍然愿意相信，这香君楼上隐隐飘散的一缕幽香，传递着曾经两情相悦的柔情绻缱。

文庙、教堂、四合院民居，古城中随处散落着古老的历史遗存。纵横交错的93条街巷，充盈着浓郁生活气息的民居和店铺，时刻可以找到时光的印记。

某一所年久失修的房屋，某一处字迹模糊的店铺门匾，某一口水井，某一种小吃，也许不经意间所找到的，就是某一段漂浮在流光中业已失传的故事情节。

南门外墙根的阳光下总是闲坐着很多老人的身影，或者下棋，或者说唱，光阴悠悠闲闲地荡过，护城河水波澜不惊。隔水相望这座古城，进进出出的行人、自行车、三轮车、电瓶车穿流不息，券门旁的石狮屹立威严，一静一动之中，几百年岁月匆匆。

这真是一块宝地啊，如此一座可以让世界为之侧目的古城，竟然就这样大隐于市，如此低调如此不为人知。然而，也许这样才是最好，真真正正的生活，每一天都有新鲜面孔的呼吸，不会成为某某遗产儿A级景点的赚钱机器，也不会成为雷同而虚假的留影做秀照片。那么，就这样，就这样还是不为人知的好。

○ 古城街道

交通：商丘位于京九铁路沿线，可乘火车到达。古城在商丘城市南端。

门票：古城没有门票，侯方域故居、应天书院、张巡祠等需门票。

作者手记：

1．古城内的遗址不少，但标识不多，需要自己寻找。随意地闲逛可能反而有意外的收获。

2．主街上有小公共汽车，1元招手即停，也有能开到城外应天书院、张巡祠的车。

3．住宿可在商丘市内，古城内的吃住不是很方便。

兰考
民权
睢县
宁陵
商丘市
梁园区
睢阳区
曹县
(曹城)
杞县
太康
柘城
淮阳
鹿邑
郸城

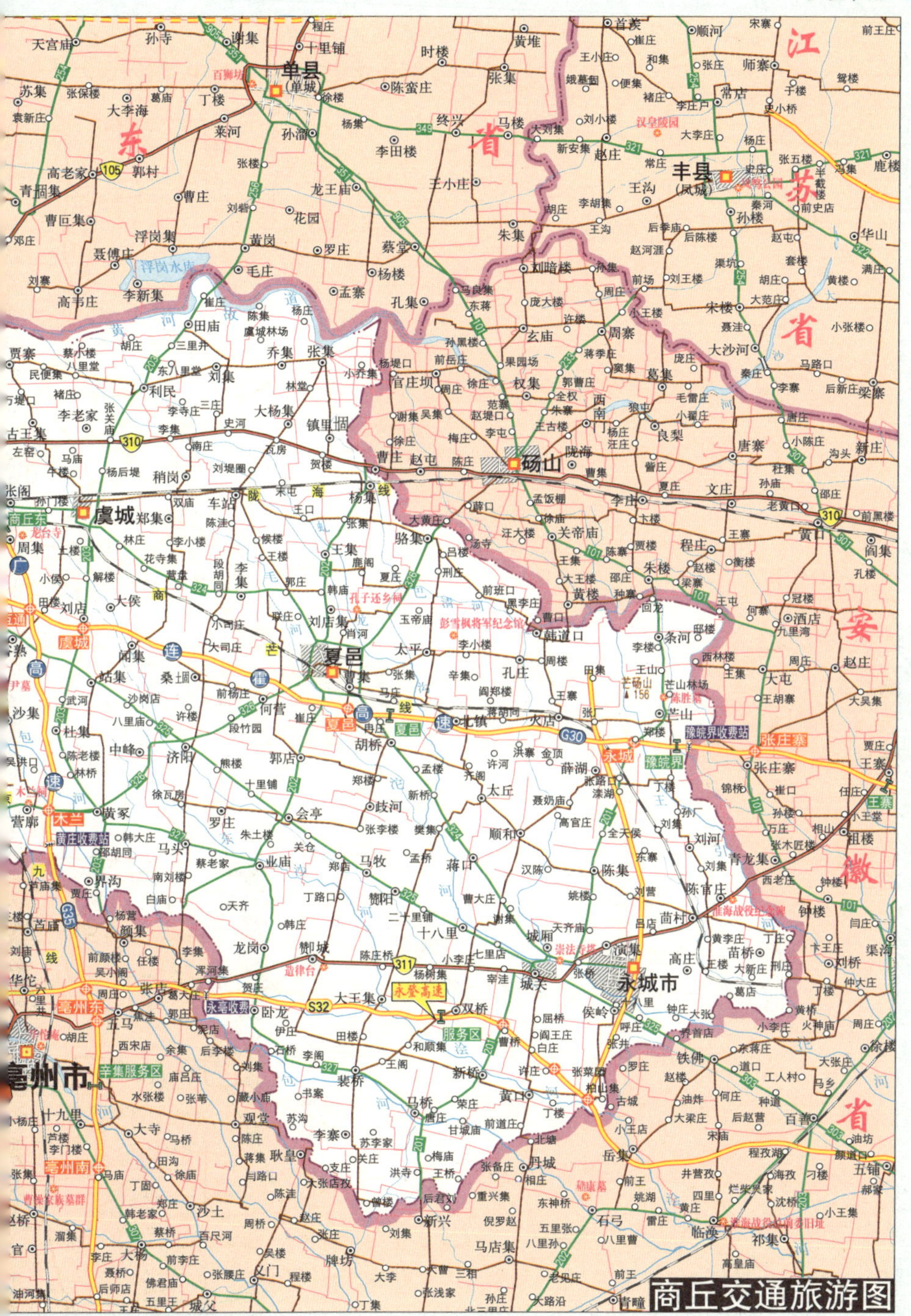
商丘交通旅游图
单县
丰县
砀山
虞城
夏邑
永城市
亳州市
江
苏
省
东
省
安
徽
省
芒砀山
陈胜墓
汉皇陵园
孔子还乡祠
彭雪枫将军纪念馆
淮海战役纪念碑
崇法寺塔
遵律台
百狮坊
浮岗水库
黄庄收费站
豫皖界收费站
永亳收费
张庄寨
永登高速
服务区
辛集服务区
亳州东
亳州南
G30
G35
S32
105
310
311
陇海线
京九线

正定古城

推荐指数： ▲▲▲▲▲

交通指数：▲▲▲

美食指数：▲▲

住宿指数：▲▲

解读正定古城

国家历史文化名城，历史上曾与北京、保定并称“北方三雄”，现有国家级文物保护单位8处，享有“古建筑宝库”、“中国民间艺术之乡”的美誉。隆兴寺的观音彩塑被鲁迅誉为东方美神，铜铸千手千眼观音像即民间所谓“沧州狮子定州塔，正定府的大菩萨”，还有国内仅存的几座五代大殿之一——正定文庙大成殿及四座造型各异、风格独特的宝塔。

地理位置： 河北省石家庄市区以北

推荐理由： 曾与北京、保定并称“北方三雄镇”，保存着大量唐宋时期的重要古建筑。

特色看点： 隆兴寺、四塔（天宁寺塔、开元寺塔、临济寺塔、广惠寺华塔）

很小的时候，听《三国演义》评书，说到“吾乃常山赵子龙也”，总是让人热血沸腾。长大了以后，对此还记忆犹新，然而常山到底在哪，却一直一无所知。

知道正定是因为梁思成先生所著的《中国建筑史》，里面介绍了那里的几处古建筑，原来就在河北省会石家庄以北不远。和已是高楼林立的石家庄市区相比，今天的正定古城显得低矮而破旧，很难想象不到一个世纪之前，石家庄还只是正定府辖下获鹿县的一个小村庄。而那时的正定，早已是与北京、保定并称的“北方三雄镇”之一。

初到正定，看到崭新的赵云庙，才知道如今的正定，就是当年的常山郡真定县。只是汉时的常山郡，治所在今元氏县内，晋时移至今石家庄古城村，直到唐初才迁至现址。清朝时为避雍正皇帝的讳，真定改名为正定，之后一直沿袭。现在的赵云庙，是在清道光时的遗址上重建，尽管无论时间、地点都与那位常胜将军没有直接联系，总还是寄托了后人的一种敬仰和纪念吧。

曾经恢宏的正定城墙，已是时断时续，即使经近年整修，终难复当年雄姿。位于南门内南大街上的阳和楼，曾被梁思成先生比作“全部的结构就像一座缩小的天安门”，可惜只能在《失去的建筑》画册上一睹风采。岁月无情，盛衰无定，千年的古城，早已是历尽沧桑。

开元寺塔和钟楼

然而城内还是有很多古建筑一直保存至今，隆兴寺是其中规模最为宏大的一处，仍然保存着宋时的寺庙格局。重檐九脊顶的摩尼殿，四面各出山面向前的报厦，此种唐宋以前常用的造型，实物已经十分少见，难怪梁先生对其青睐有加。殿内的观音彩塑，一派怡然自得的写意笑容，经梁先生拍成照片送给鲁迅，被其誉为东方美神。更壮观的还在后面，高大雄伟的大悲阁里，那尊高达21.3米的铜铸千手千眼观音像，面容庄重，衣饰繁复，华美而又匀称，令人不由得对古代工匠的高超技艺赞叹不已。民间所谓“沧州狮子定州塔，正定府的大菩萨”，的确是名不虚传。

正定的宝贝还远不止此，除去国内仅存的几座五代大殿之一——正定文庙大成殿，就说那四座造型各异、风格独特的宝塔，每一座都是国之重宝。开元寺的须弥塔，方形九级，叠涩出檐，保持着唐代古朴清秀的特征；天宁寺的凌霄塔，九层楼阁式，塔身多为木结构，自唐朝建成1000多年仍屹立不倒；临济寺的澄灵塔，金代常见的砖砌八角九级实心密檐式，是临济宗创始人义玄大师

◎ 古城南门城楼“三关雄镇”匾额诉说着古城的辉煌历史

的衣钵塔；最令人称奇的还是广惠寺独存的宋代华塔，主塔塔顶密布彩色壁塑，犹如一层一层的花瓣，精巧华丽，底层环抱的四座六角形亭状小塔，主次相依，如此造型的华塔无疑是绝无仅有的稀世珍宝。一城之内能留存如此之多珍贵的古建筑，国内实在不多见，难怪正定能享有“古建筑宝库”之美誉。

○ 隆兴寺

然而辉煌只属于遥远的过去，正定在北方的地位，先是被保定所取代，后又转移到石家庄，如今还能记得古老的常山郡真定府者，恐怕已经少之又少。不过这又何尝不是一件好事呢？至少斑驳的城墙，没有成为现代化浪潮下的牺牲品；众多的古建筑，不至于在高楼大厦的夹缝中艰难求生。正定还是一座古城，没有灰飞烟灭，也没有自我迷失，已是难能可贵的了。

小贴士/TIPS

交通：石家庄火车站斜对面有中巴直达，车程约40分钟。

门票：隆兴寺40元、开元寺10元 、广惠寺10元、临济寺5元 、天宁寺5元。

作者手记：

1．正定古城并不大，徒步都可到达各处景点，打车也不会太贵。

2．正定城内有住宿和吃饭的地方，不过回到石家庄市区有更多的选择。

石家庄交通旅游图

石家庄交通旅游图
阳泉市
郊区（荫营）
矿区
平定（冠山）
盂县
昔阳（乐平）
平山
灵寿
鹿泉市（获鹿）
井陉（微水）
井陉矿区
赞皇
西柏坡
岗南
温塘
东回舍
天桂山
苍岩山
娘子关
冠山书院
山
西
省
石
家
太
行
山
西柏坡高速
石太高速
石太高铁
石环公路
忻阜高速
207
307
G5
G20

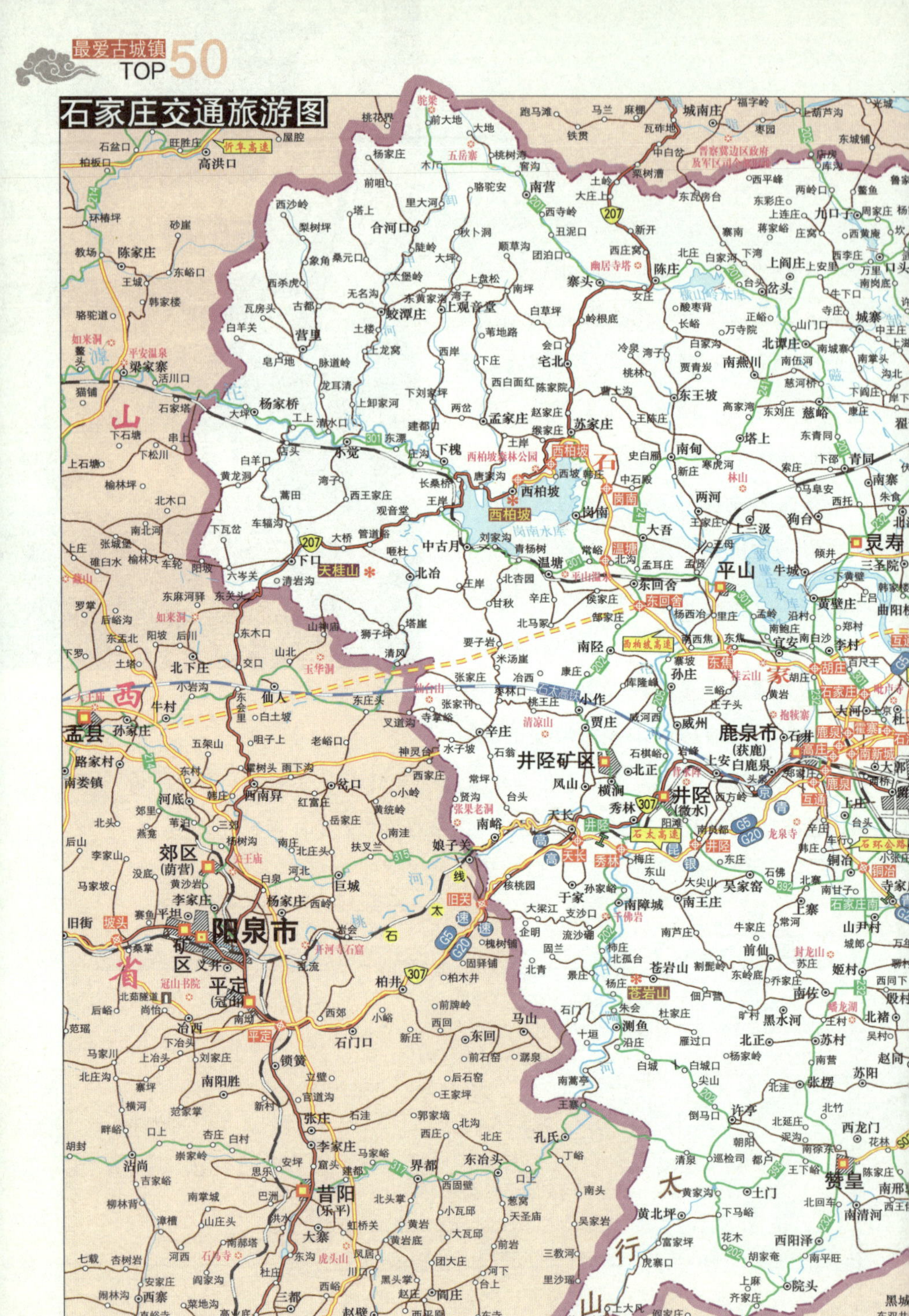

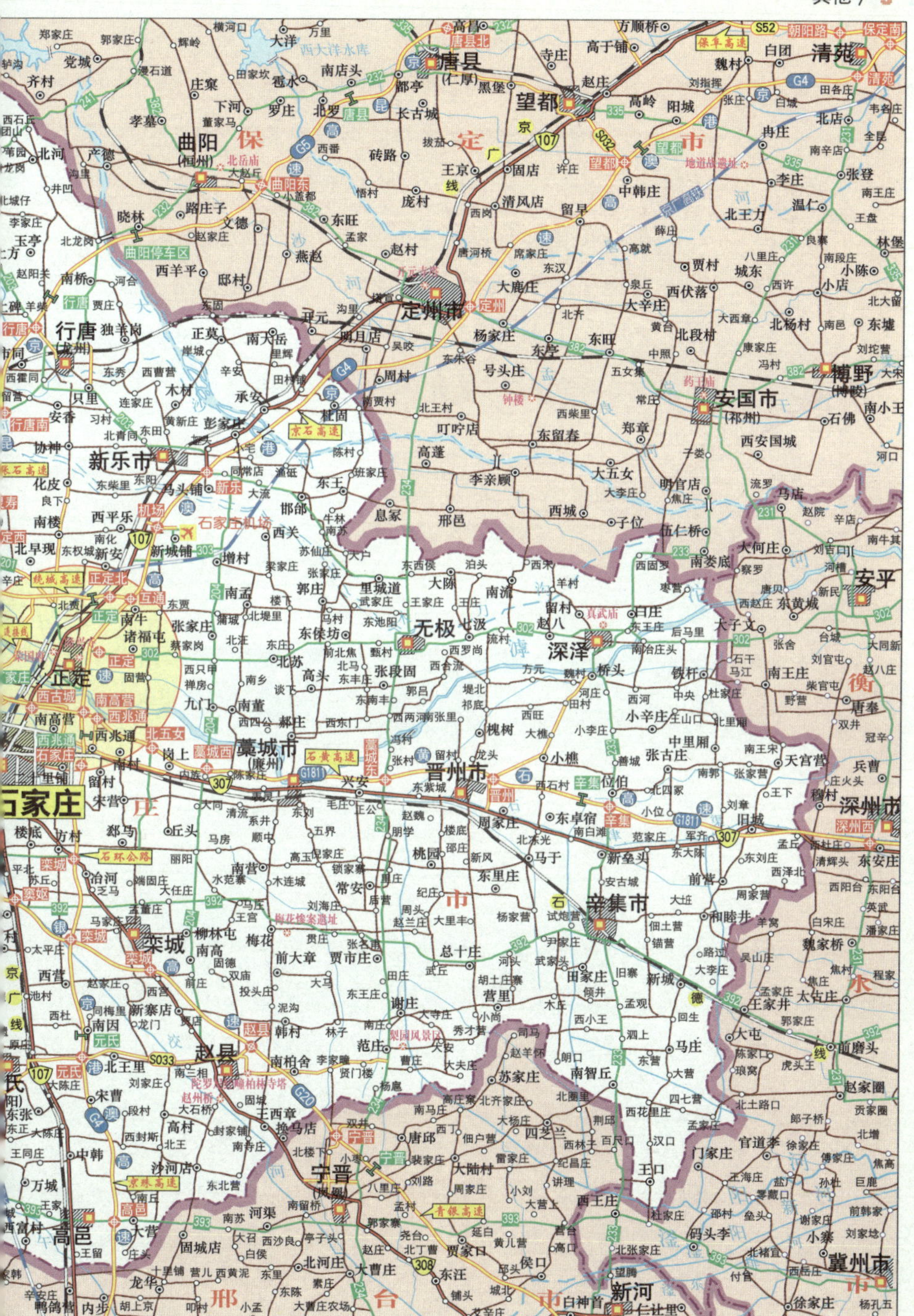

杨柳青古镇

推荐指数：▲▲▲

交通指数：▲▲▲▲

美食指数：▲▲▲

住宿指数：▲▲▲

解读杨柳青古镇

中国北方历史名镇。明清时即为中国北方民间艺术集散地，孕育出了中国四大木版年画之首的杨柳青年画。杨柳青年画鼎盛时期除了镇上的数百家画庄外，杨柳青镇周边的36个村也皆可“家家能点染，户户善丹青”。此外，位于镇中的清末建筑石家大院以其规模宏大、建筑华美而驰名华北。

地理位置： 天津市杨柳青镇

推荐理由： 这里既有著名的杨柳青民间木版年画，还有号称“华北第一宅”的石家大院，民俗风情浓郁。

特色看点： 年画、石家大院

杨柳青，是一曲柔柔的苏北民歌。杨柳青，是中国北方民间木版年画中独具特色的一派。杨柳青，还是藏着幽深院落的历史中的小镇。天津西郊的杨柳青，最适合不过是在叶儿青青的初夏季节到此，夏天的味道一路随着运河水飘来荡去。

地处南北大运河与大清河交汇处的杨柳青，在北宋时期被称为古柳口。据传说金兵灭辽进入中原后，当时京城开封的画师艺匠北迁，在流落他乡的途中来到了天津杨柳青，于是便开始了最初的年画创作。吉祥喜庆的杨柳青年画也顺着水陆之便，把民间意蕴最深厚淳朴的欢乐和祝福，带到了中国北方更多的千家万户中。因此，在中国版画史上，杨柳青年画与苏州桃花坞年画，也并称为“南桃北柳”。

粉生生的莲花瓣，绿盈盈的荷叶尖，精灵灵的大胖小子，你看那“童颜佛身，戏姿武架”，怀抱着鲤鱼，手拿着莲花，仿佛一下能从画中跳脱出来的娃娃，便是杨柳青最具代表性的，也是天津最富有浓郁中国气息的手工艺品——杨柳青年画。过春节，喜洋洋地贴年画，贴门神，驱邪除旧，祈福护佑。那些寓意生活富足、取其谐音的连年有余、子鱼卧莲、刘海戏蟾、掰瓜露子，说来都是民间俗韵中透着传统意味的朴素心愿。

杨柳青年画的制作过程，主要是先用木版雕出画面线纹，然后用墨印在上面，套过两三次单色版后，再以彩笔填绘完成。目前在这里创作刻版的工艺过程是不能公开参观的，而对于年画拓印、填绘的步骤却可以近距离一探究竟。推门步入年画社静静的画室，饶有趣味地看看画案上的

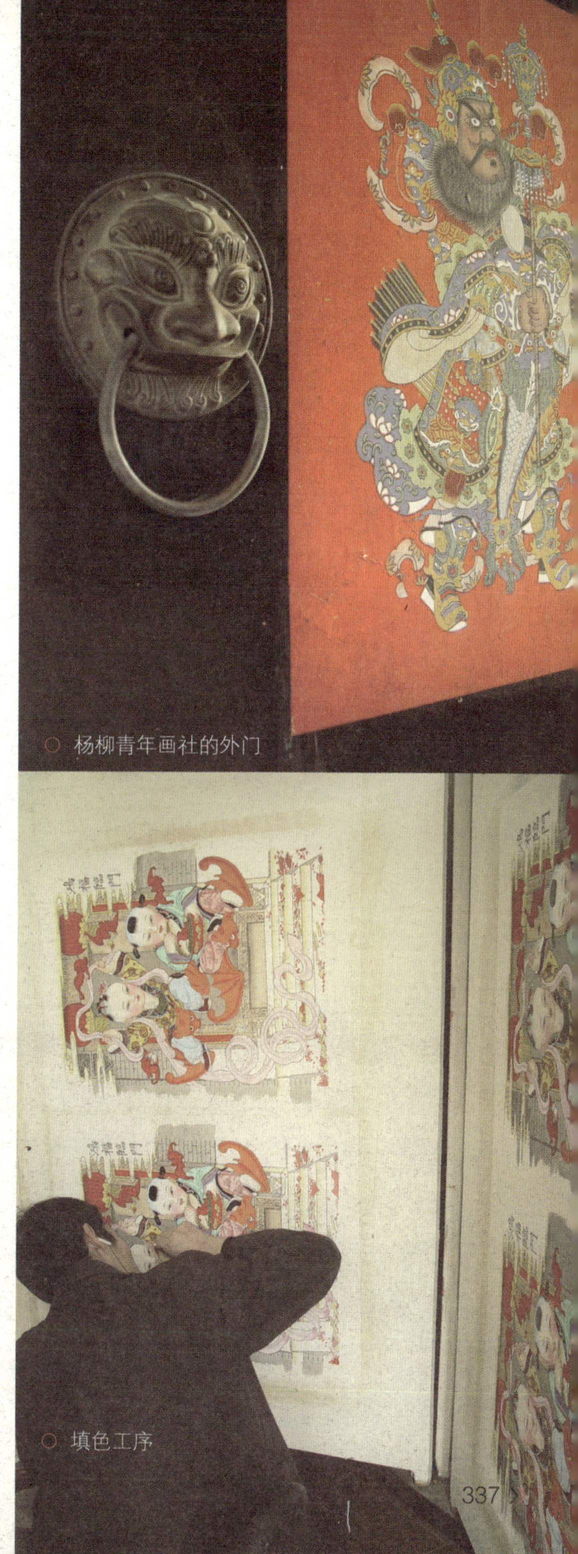

杨柳青年画社的外门

填色工序

○ 艺人所用的笔墨、颜料和水

笔墨、颜料，再看看画师在画幅上点染桃花，淡抹朱唇，清扬衣袖。待走近细看这些线条流畅、表情生动的画中人儿，只觉那人物竟仿佛从这布局匀称丰满的纸张中活了一般，形神皆是活灵活现、活泼自在。试探着问问屏息凝神点染莲花的女画师："天天这样画不觉得枯燥吗？长时间近距离画画，眼睛会很累吧，多少得受点影响吧？"她停下手中的笔，淡淡地笑笑说："不会，习惯就好了。"也对，如果人天天面对那些斑斓的色彩，日日生活在那些民间的灵感与意蕴中，累也是有美感的。

杨柳青还有一个著名的石家大院。石家当年号称杨柳青首富，大院早在清朝光绪年间，也就是1875年，初建时便花去了白银30万两。当时总共建了足有18个院落，四合连套，院中有院，不光砖雕、木雕、石雕皆精美绝伦，不少独具匠心的细节设计竟还是从皇宫里头学来的呢。当时这个样儿的民居气势用咱现在的话说来，足以称之为前卫、时尚了。

迈过石家大院垂花门下的三层台阶，顺着长廊的指引深入里面的雕梁画栋处，这便是后来石家分了家产、所建的四座规模宏大的宅第，也是现如今石家大院四座宅第中仅存的一座——尊美堂。朱漆的大门、火红的灯笼、吉庆的木雕、高升的门柱、精美的石鼓，还有那几尾游鱼、几枝花草、几副楹联，石家曾经的一切早已如烟一般散去，惟有这些往日的物件和昔时的格局留下了那些个思念与惦恋。

现在的石家大院里除了有着婚俗、木版年画、古街貌、影视剧照等展览外，还有不少清式家具的精美考究和美轮美奂，值得细细玩赏品味。但你若说这石家大院之内，哪处最为堂皇？哪处保存最完好？哪处规模最大？那就要数戏楼了。只是如今这宫灯高悬的戏楼子，已不再有那唱堂会时的百转低回。号称“华北第一宅”的尊美堂，也已不再有人各屋点灯。这屋的悲凄，那屋的欢娱，早已随着年代的变迁、漕运的萧条，而被历史结束了它的使命，最终被选择性记忆或是选择性遗忘。

小贴士/TIPS

交通：从天津西站乘153路或从百货大楼乘672路公共汽车在杨柳青下车可达。

门票：年画社5元，石家大院20元。

作者手记：

1. 这边的杨柳青年画比在古文化街买到的价格要便宜许多，其中最知名的玉成号出品的小幅年画不装裱的价格多为60-80元。这里的剪纸也值得买来收藏，其中以大头娃娃怀抱鲤鱼的剪纸最为有特点，一套也就10元左右。
2. 在这里玩一玩年画拓印挺有意思，价格一般为每幅5-15元。
3. 如果在节假日的合适时间，还能遇上在石家大院戏楼举办的堂会演出。

武清区
武
清
区
河
北
省
西青区
杨柳青
杨柳青博物馆（石家大院）
北辰区
红桥区
南开区
河北区
和平区
河西区
天津市
静海县
静
海
县
团泊洼水库
静海
独流
王庆坨
双街
双口
青光
中北
精武
大邱庄
杨成庄
良王庄乡
葛渔城
东沽港
扬芬港
汊沽港
石各庄
陈咀
黄庄
下朱庄
北仓
宜兴埠
辛口
张家窝
大丰堆
双塘
团泊
京沪高速
保津高速
津沧高速
津晋高速
津汕高速
京津公路
津同公路
石各庄互通
当城互通
张家窝互通
青泊洼互通
刘马庄立交
西青道
津静
津文
津淄路
静王路
前毕庄
团泊新城
小孙庄
东五台寺
峰山药王古寺
G2
G3
G18
G2501
S7
S50
S6
104
103
112
205

天津主城区交通旅游图
宁河县
滨海新区
河东区
东丽区
津南区

朱仙镇

推荐指数：▲▲▲

交通指数：▲▲▲

美食指数：▲▲

住宿指数：▲▲

解读朱仙镇

自唐宋以来，一直是水陆交通要道和商埠之地，明朝时是开封唯一的水陆转运码头，朱仙镇因此而迅速繁荣。明末为全国四大名镇之一。古镇人文景观众多，文物古迹星罗棋布，有中国三大岳庙之一朱仙镇岳飞庙和中国木版年画鼻祖——朱仙镇木版年画。

地理位置： 河南省开封城南

推荐理由： 当年的全国四大名镇之一，集南宋的英雄人物和北宋的民间艺术遗存于一身。

特色看点： 岳飞庙、年画社

这里是一座有着悠久历史文化的古老城镇，如果开封的旅行是一本珍藏的古书，朱仙镇就是一页不可或缺的精美书签，书签上印着的正是古老的木版年画里雄姿威武的门神图像。

最早知道朱仙镇，是在收音机里听《岳飞传》：“岳云四将八柄大锤冲在最前面，岳云银锤摆动，严成方金锤使开，何元庆铁锤飞舞，狄雷铜锤并举，金银铜铁锤，八锤大闹朱仙镇。一阵狂轰烂炸，打得金兵弃盔丢甲慌不择路，拚命四散逃窜。”刘兰芳慷慨激昂的声音穿越时空，成了童年关于“民族气节”最早的回忆，连同那时的玩乐，一起深深印在那个懵懂的年纪里。

贾鲁河穿镇而过，把全镇分为东、西两部分，河上的大石桥和二板桥又把

岳王庙主殿

○ 岳王庙堂前跪着的秦桧等人

全镇联成一体。一些古色古香的旧式房屋和新建的楼房比邻而居，没有很开阔的道路，整个集镇呈现着一份玲珑而幽静的氛围。南宋初年，抗金英雄岳飞曾在朱仙镇率兵大败金兀术。明、清时朱仙镇更是成为全国四大名镇之一，是开封通向大运河和南方的重要水陆码头。

镇上的岳飞庙始建于明成化十四年，解放后重新进行修葺，现已修复山门、门前照壁。大殿里的岳飞塑像手拿兵书，脸上的表情却是忧心忡忡的。我想那也许是公元1140年，他刚刚在郾城大破了金兀术的连环马，又在朱仙镇取得了“朱仙镇大捷”。金兀术被迫退守开封，发出“撼山易，撼岳家军难”的哀叹。岳飞正欲挥师开封，恢复中原，却一连接到了12道金牌，命他火速回到杭州。那个“只把杭州当汴州”的怯懦皇帝和阴谋家秦桧，正迫不及待地要致他于死地。

“出师未捷身先死，常使英雄泪满襟”，这样的英雄气短让人只能长叹：

宋朝之后，为什么汉族人的历史写满了屈辱、投降和小人的卑鄙与得逞？也许我们都该多诵读一下刻在庙内石碑上的千古名篇《满江红》，那是一代名帅的愤慨和豪迈。

历史的风华好像岳庙，一路走下来，只有自己的脚步声。推开厚厚的红漆木门，跨出高高的门槛，眼前好一片繁华景象。集市上人头拥挤、人声鼎沸，门里门外如同两个世界。耳边“吱呀”一声，再回头，千年的江山如画已经看不到什么了。

岳庙的东隔壁是关帝庙，朱仙镇木版年画社就在这里。如果说铁塔公园是开封的北宋建筑遗存，那么木版年画则是开封的北宋文化遗存。

朱仙镇是我国四大年画产地之一。早在北宋时，每逢过年过节，家家户户贴门神已成为一种风尚，以祈求人寿年丰、吉祥如意、招财进宝、镇邪除妖。朱仙镇木版年画中最多的就是门神，以秦琼、尉迟敬德两位武将为主。不同人家的房门常贴不同的门神：已婚子女辈房门贴“天仙送子”、“连生贵子”、

◎ 年画师傅

○ 朱仙镇年画

"三娘教子"，中年人房门贴"加官进禄"、"步步莲生"，老年人门口贴"松鹤延年"、"寿星"之类，少年儿童居室则贴"五子夺魁"、"刘海戏金蟾"等。

朱仙镇木版年画社的负责人是张继忠，当年是他把老艺人召集起来重开了年画社。如今年画社规模没怎么扩大，他却胖了许多。年画社的作坊光线昏暗，做年画的老师傅都60多岁了。做最后一道工序的是刘金录，经他最后一次上色，原先还是粗线条的门神、天仙立刻活脱脱从纸上跳了出来。每印一张，他都要微调一下面前的木雕版，以保证质量。刘金录的父亲刘本成是"天成"年画的继承人。如今他们印的年画上还有"天成老店"的字样。说实话，现在的年画因为雕版的日渐减少，已经没有鼎盛时期的水准了。

许多名人都曾收藏过朱仙镇的木版年画。鲁迅先生给予其很高的评价："朱仙镇的木版年画很好，雕刻的线条粗健有力，和其他地方的不同，不是细巧雕琢。这些木刻很朴实，不涂脂粉，人物也没有媚态，颜色很浓重，有乡土

味，具有北方木版年画的独有特色。”这是对朱仙镇木版年画艺术特色的很好概括。现在上海鲁迅纪念馆还珍藏着当年鲁迅所收藏的26幅朱仙镇年画作品。

著名作家冯骥才发起的“抢救民间文化遗产工程”，第一项活动就是抢救朱仙镇年画。2003年，木版年画“天盛老店”、“天成老店”的第四代、第五代传人——73岁的尹辅礼和63岁的尹国全叔侄俩，把珍藏的60多块清末民初的古雕版拿出来亮相，其中有3套6个品种是解放以来从未见过的年画品种。

走出年画社，阳光正好，门口聚集了很多老人在下棋、聊天、晒太阳，朱仙镇的时光依旧是如此轻松悠闲。你还不妨去品尝一下这里的名吃——素有千里香之名的“朱仙镇豆腐干”，当年可是在皇宫宴会上都占有一席之位呢。

再随意地逛一逛这座小镇，历史的刀光剑影不曾留下痕迹，河运之繁华也不复存在，有的只是石桥、古树、雕版、墨香，蛾眉淡扫，素面清新，朱仙镇就是一道随意而清新的风景。

小贴士/TIPS

交通：可在开封相国寺长途汽车站乘发往朱仙镇的班车，全程约40分钟。下车的时候可以不到车站，就在朱仙镇的岳庙大街和公路的交叉口下车，然后步行向东5分钟就到了岳庙。

门票：10元，讲解20元。

作者手记：

1. 岳庙大街每逢周三、周日有农村集会，大大小小的吃食和服装摊子摆得满街都是。如果碰到过年过节，这里还有大集，有民俗表演。
2. 木版年画社的老师傅也是有上下班时间的，千万别赶到吃中午饭的时候来，那时可没什么年画制作可看。
3. “朱仙镇豆腐干”是河南名特食品，远销全国各地，素有“千里香”的美称。连古代皇宫里举行盛大的宴会上都有“朱仙镇豆腐干”的一席之地，且不可小看它呢。可以在岳庙大街上购买，好坏您得自己看明白。

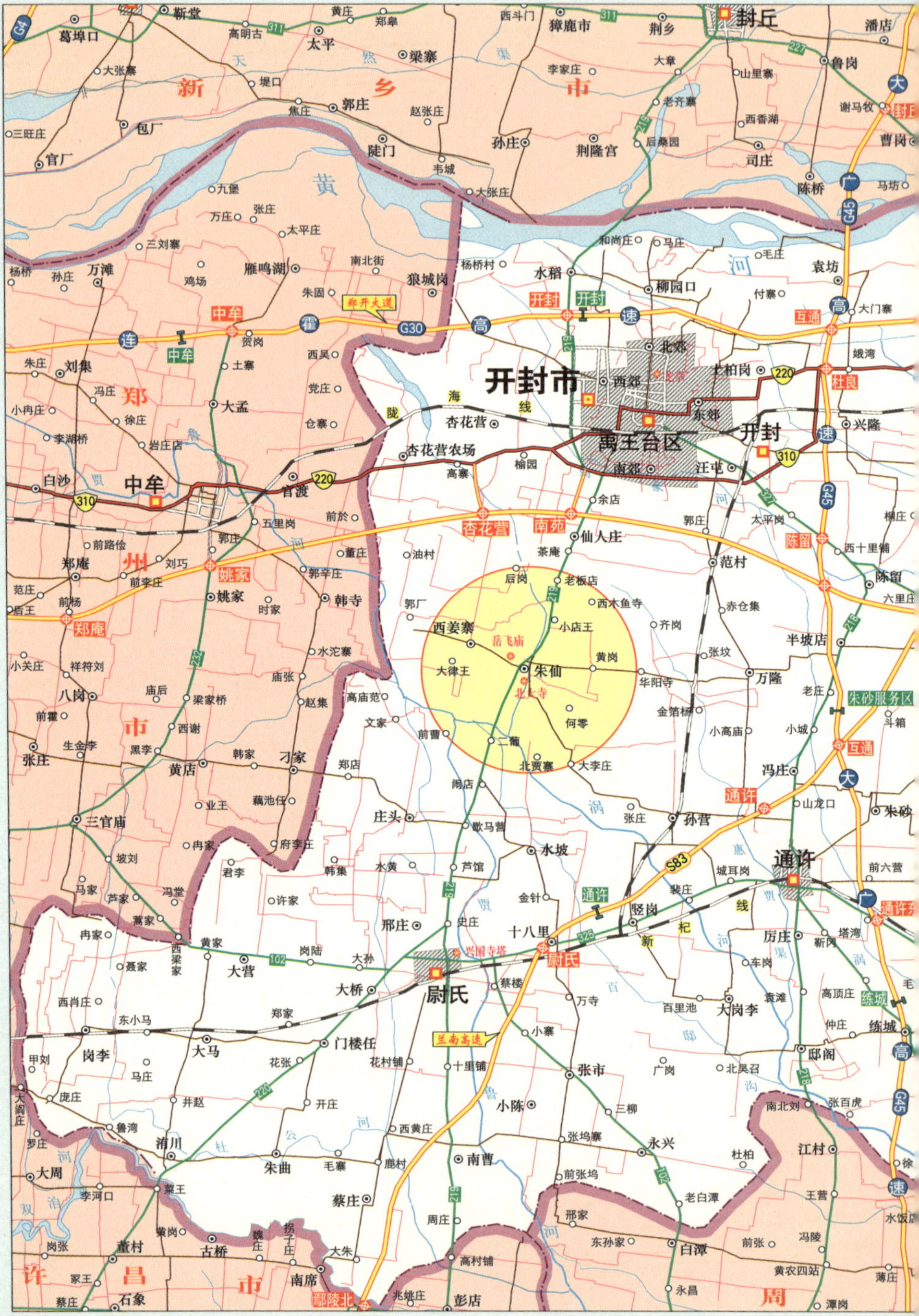

靳堂
黄庄
郑皋
西斗门
獐鹿市
荆乡
封丘
潘店
葛埠口
高明古
太平
梁寨
大张寨
堤口
新
乡
市
李家庄
大章
山里寨
鲁岗
老齐寨
谢马牧
封丘
三旺庄
包厂
焦庄
郭庄
赵张庄
西香湖
官厂
陡门
孙庄
荆隆宫
后桑园
司庄
曹岗
韦城
黄
九堡
大张庄
陈桥
马坊
万庄
张庄
太平庄
三刘寨
和尚庄
马庄
毛庄
杨桥
孙庄
万滩
鸡场
雁鸣湖
南北街
杨桥村
水稻
柳园口
袁坊
朱固
狼城岗
河
郑开大道
中牟
开封
开封
付寨
大门寨
互通
连
中牟
贺岗
霍
G30
高
速
北郊
娘湾
朱庄
刘集
西吴
土寨
开封市
西郊
土柏岗
杜良
冯庄
郑
党庄
海
线
陇
小冉庄
徐庄
大孟
仓寨
杏花营
东郊
兴隆
李湖桥
岩庄店
禹王台区
开封
白沙
中牟
官渡
杏花营农场
高寨
榆园
南郊
汪屯
速
310
220
310
五里岗
前於
余店
郭庄
太平岗
桐庄
前路俭
郭庄
杏花营
南苑
仙人庄
陈留
西十里铺
郑庵
州
刘巧
姚家
董庄
油村
茶庵
范村
陈留
前李庄
郭辛庄
后岗
老板店
六里庄
苑庄
前杨
姚家
韩寺
郭厂
西木鱼寺
赤仓集
后王
时家
齐岗
郑庵
西姜寨
岳飞庙
小店王
半坡店
祥符刘
水沱寨
张坟
小关庄
大律王
朱仙
黄岗
华阳寺
万隆
北大寺
八岗
庙后
庙张
高庙范
老庄
朱砂服务区
梁家桥
赵集
金箔杨
何寨
斗箱
前霍
市
西谢
文家
前曹
小高庙
小城
互通
生金李
黑李
二庙
张庄
韩家
刁家
郑店
北贾寨
大李庄
大
冯庄
黄店
闹店
通许
山龙口
业王
藕池任
涡
三官庙
庄头
张庄
孙营
朱砂
歇马营
冉家
府李庄
坡刘
水坡
通许
前六营
君李
韩集
水黄
芦馆
城耳岗
广
马家
芦家
冯堂
许家
金针
通许
裴庄
线
通许东
蒿家
邢庄
史庄
十八里
竖岗
冉家
黄家
兴国寺塔
尉氏
新
杞
厉庄
靳岗
西梁家
岗陆
102
大孙
326
车岗
聂家
大营
尉氏
蔡楼
练城
西肖庄
大桥
万寺
百里池
大岗李
高顶庄
袁滩
东小马
郑家
兰南高速
小寨
仲庄
练城
甲刘
岗李
大马
门楼任
花村铺
邸阁
马庄
花张
十里铺
张市
广岗
北吴召
高
庞庄
井赵
开庄
小陈
三柳
南北刘
张百虎
大阎庄
鲁湾
西黄庄
罗庄
洧川
张坞寨
永兴
江村
杜柏
朱曲
毛寨
鹿村
南曹
大周
栗王
前张坞
李河口
蔡庄
老白潭
王营
双
泊
河
邢家
水饭店
黄岗
周庄
岗张
董村
魏庄
拐子庄
东孙家
白潭
冯陵
前张
许
昌
古桥
大朱
高村铺
黄农四站
薄庄
冢王
市
南席
永昌
蔡庄
石象
鄢陵北
兆姚庄
彭店
周
潭岗

山东省
焦园
汤官营
马头
桃源集
豫鲁界
孟寨
孙营
庄寨
白茅
水牛叫
南彰
大寨集
油坊
巨岗
黄陵
大杜寨
尹岗
顺河
窑寨
新庄
岳寨
崔寺
谷营
九里庄
固阳
张集
东坝头
李庄
张寨
长胜
爪营
兰考
开封黄河桥
贯台
粗粮
中王庄
南北庄
兰考北
小宋
张庄
阎楼
裴寨
壶堂
南贾寨
杜庄
代庄
田寨
刘店
夹河滩
二坝寨
王庄
红庙
赵庄
楼庄
许河
开封东
束庄
兰考西
关东
马店
葡萄架
贺村
张君墓
大王庄
曲兴
三义寨
焦裕禄烈士陵园
崔楼集
贾堂
段寨
杜良
后场
仪封
王小楼
岗寨
兰南高速
罗王
何寨
马庄
曹里庄
李堂
北花庄
孟角
程庄
楚庄
葛岗
邵脑
东贾寨
马庄
申集
车湾
江集
胡集
八里湾
沟村集
关帝庙
户口
王桥
王楼
双塔
人和
二郎庙
查寨
泥沟
民权服务区
邓寨
常马口
大桥
南张楼
何庄
土山岗
阳固镇
黄集
野岗
刘堂
郝庄
陈留停车区
郭君
孙府寨
马中桥
平岗
黄土岗
民权
祥庄
刘寨
贾窑
平城
西寨
杨楼
罗寨
双楼
商
孙六
仇楼
柿园
小集
尹店
柏木岗
浑子集
大寨
焦寨
韩岗
万寨
码头
新黄寨
龙塘
花园
北王庄
白云寺
葛岗
城郊
白云寺
秦楼
伯党
黄尧
中栗岗
杞县
商代遗址
吕屯
逻岗
焦堂集
曹李庄
张浦
宁陵服务区
丘
曹岗
五里河
农场
蓼堤
黎庄
涧岗
皇台
郑庄
常小庄
王固集
后七步村
曹植墓
高旺屯
高阳
裴村店
恒山汉墓群
龙王殿
董店
程寨
帝丘
前七步村
逍遥寨
榆厢
黄文岗
李庄
长智
虎丘寺
大魏店
尤吉屯
睢县
阳驿
张白
邢口
西陵
尚屯
四所楼
陈庄
沙沃
黄村
苏木
城隍
阮楼
邓圈
市
惠
娄马头
湖岗
付集
韦庄
匡城
周堂
刘楼
五岔口
霍那
赵集
石屯
蔡桥
路老家
五里井
范洼
陈庄
郑营
荆岗
河集
白庙
长岗
玉皇庙
油坊庄
琉璃庙
瓦岗
枣园
胡堂
张弓
圉镇
仲集
马路口
王庄
后台
孙聚寨
六里庙
板木
屈楼
华堡
官庄
于堂
宗店
夏堂
河堤
黄岗
后娄洼
仰韶文化遗址
陈子岗
潮庄
平岗
大郭
竹林
龙曲
郑庄
朱桥
冯洼
转楼
小吴
侯天
白楼
崔桥
芝麻洼
聚台岗
高贤
付楼
柳河
顺河
尚寨
李景彦
刘门
铁佛寺
陈小桥
枣树洼
王集
五里张
王湾
口
市
开封交通旅游图

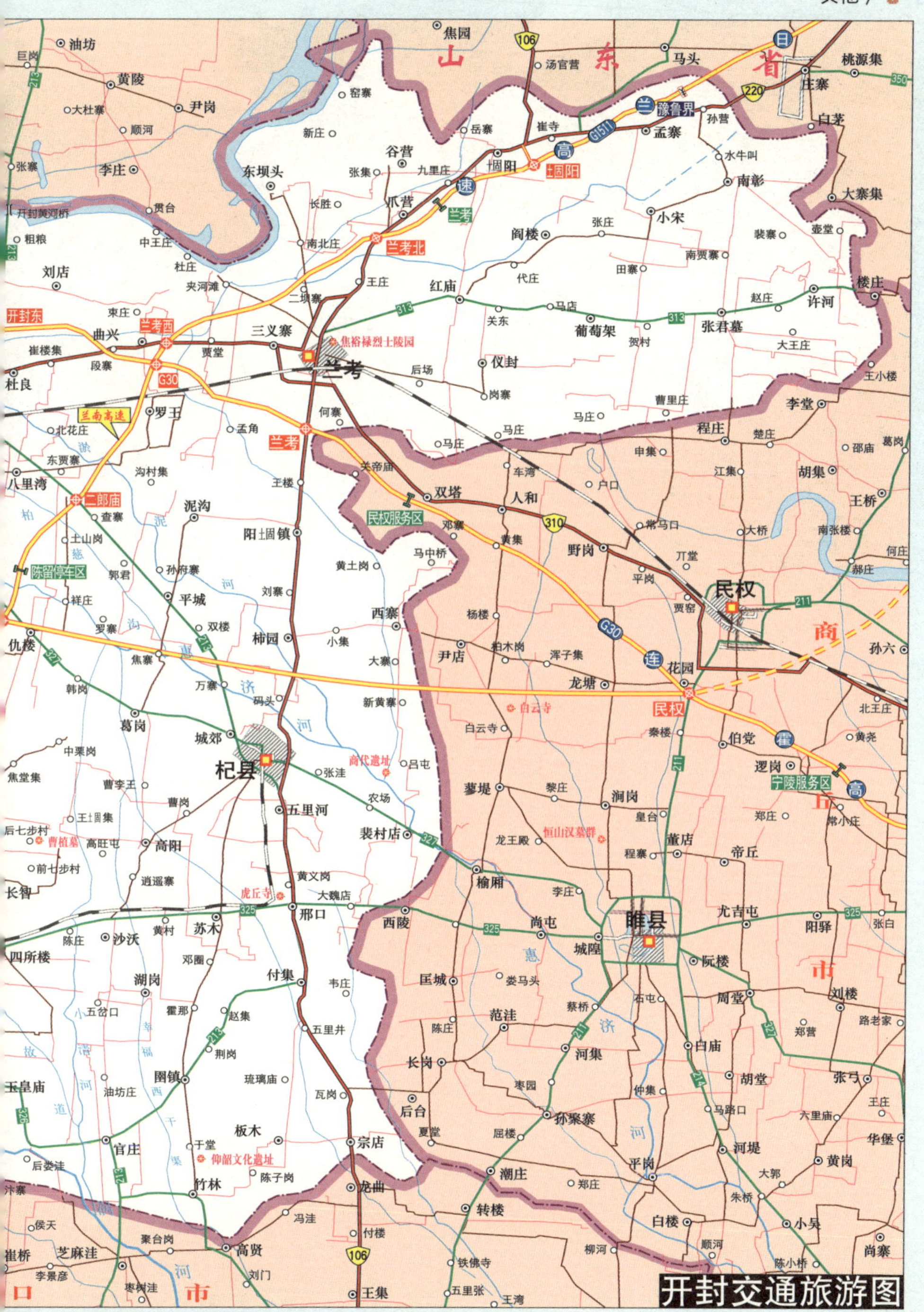

○ 平浪宫

地理位置： 河南省南阳市淅川县

推荐理由： 汉水流域的商贾重镇，保存完好的明清古街，数百间明清古建筑。

特色看点： 明清古街、平浪宫、禹王宫、山陕会馆

荆紫关

解读荆紫关

有2000多年历史的中国历史文化名镇。荆紫关镇形成于唐代，兴盛于明清时期，自古乃兵家必争之地，成语“朝秦暮楚”便源自荆紫关。据资料记载，在荆紫关鼎盛时期的明清两朝，镇上曾经汇集了“三大公司、八大帮会、十大骡马店和二十四大商号”。

推荐指数：▲▲▲

交通指数：▲▲▲

美食指数：▲▲

住宿指数：▲▲

历来“道路通，则家邦兴”，如今前往荆紫关的路况还不错，但是车流稀少，颇觉偏僻。可要知道，荆紫关曾经是南北重要水路通道丹江上的商贾重镇，商贾云集、百货通汇，是豫、陕南下与湘、鄂北上的咽喉之地。

我在一个雪花飞舞的冬日来到荆紫关。昔日“樯帆弥津，千蹄接踵”的景象早已成为记忆，“康衢数里，巨室千家”偶尔还可以从现存的古建筑上寻找到一丝踪迹。古镇上的居民大多数都搬迁到新建的小区去了，街上临街的房子偶尔有些老人居住，说是要改造成商铺。平浪宫、山陕会馆、禹王宫等结社和纪念性建筑也已经修葺。寂静的街道上只听得见自己的脚步声，飘飘洒洒的飞雪，给古镇添加了些许的朦胧。拉着爱人的手，在风雪飘忽的老街上漫步，心里充满了感动。

荆紫关古镇位于河南省淅川县，与陕西省商南县和湖北省郧县相邻，自古就是秦楚接邻的要地，秦楚征战时期，秦胜则归秦，楚赢则属楚，“朝秦暮楚”一词最初就是描述荆紫关的战略地位的。在我国中东部，丹江及其所注入的汉水是重要的南北流向的水系，上游是富庶的八百里秦川，下游是鱼米之乡的荆楚平原，荆紫关位于丹江东岸，地处豫、陕、鄂三省交界，南北货物汇聚于此，南来北往的商旅在此羁留，逐渐形成一个商业重镇。到了近代，铁路和公路兴起，取代了传统水路运输的地位，南来北往的货物不再经由丹江汉水，而是改经陇海、京汉铁路，既快捷又方便。于是，荆紫关古镇迅速走向衰落。

纵观众多古镇的兴衰，大凡商贾重镇的形成都与所处的地理和社会环境密切相关，重镇的衰落也与社会经济发展息息相关。南北大运河上的城镇如是，茶马古道上的古镇如是，丹江岸边的荆紫关古镇也如是。古镇的兴起往往是因为它地处南北通衢或者东西交汇，古镇走向衰落则往往是由于货物流通减少了，往来商旅也就稀少了，于是，古镇的繁华便不再了。但细究起来古镇衰落后的情况却有些不尽相同。一些曾经繁华的古镇，古镇上走南闯北的人们，会在失去以往辉煌的时刻寻找新的出路，于是这些古镇随着近代化和现代化的脚步，抛弃了原来的桎梏，建立了新的格局。这些古镇如今保存下来的往昔的遗迹大多屈指可数，有的甚至完全从我们的视野里消失了，比如，位于右江上游号称“滇粤津关”的剥隘古镇就因建设水库而永远地沉睡于水下了。而另外的一些古镇由于地处闭塞，交通要道的地位失去后，并未找到一个新的发展通道，而那里的人们却有着比较开明的思想，于是离开家乡去寻找自身的发展空间，而把一个古老的家乡原原本本地遗忘在那里。黄河岸边的碛口古镇是这样，丹江畔的荆紫关也是这样。

三省交界的荆紫关古镇由于地位闭塞，水陆交通地位迅速下降，人们甚至来不及对它有任何的改造，很快地就把它淡忘了。在今天看来，塞翁失马，焉知非福？紫荆关古镇留下了一条保存完好的明清古街和街上数百间明清古建筑，既是专家们考察明清商业重镇和明清建筑的样板，也是普通旅游者怀旧之旅的理想目的地，就连影视工作者们也视此地为不可多得的天然外景地。

如今，南水北调中线的源头就在丹江口水库，而荆紫关就在库区流域。这项工程的建设必定会给古镇带来难得的发展通道，但愿新的机遇不至于湮没好不容易保存下来的祖先的财富。

老姐俩

玩花炮的儿童

小贴士/TIPS

交通：荆紫关距离淅川县城75公里，县城有中巴车通往古镇。

门票：无

作者手记：

南阳是一个有文化底蕴的地方，街上的小姑娘细眉细目，似乎都有汉唐风韵。南阳汉画像馆收藏的汉画像石居全国之首，宝天曼自然保护区是近年来颇受瞩目的国家级保护区。

南阳交通旅游图

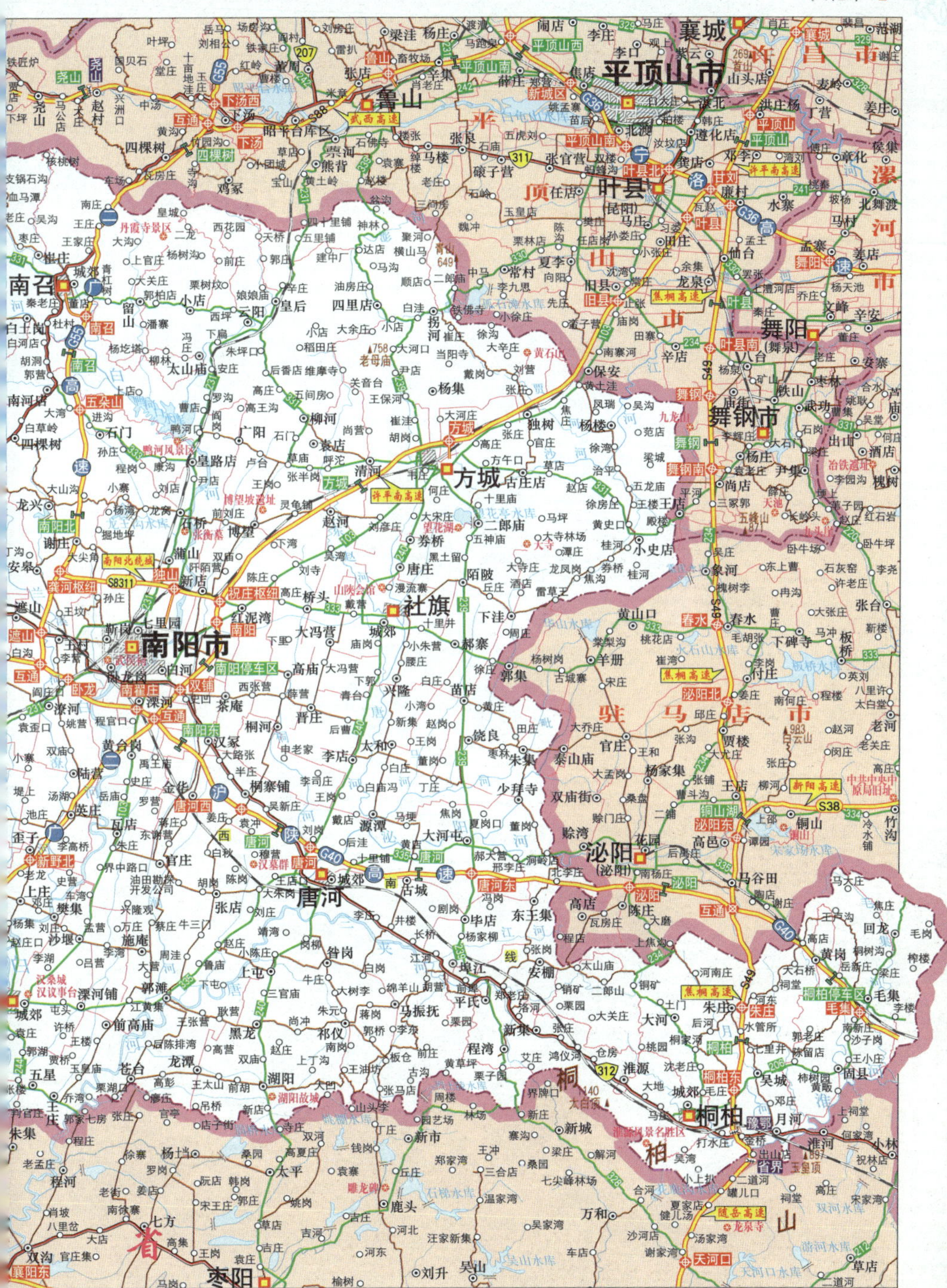
平顶山市
襄城
鲁山
叶县
舞阳
舞钢市
南召
方城
南阳市
社旗
唐河
泌阳
驻马店市
桐柏
枣阳
许昌市
漯河市
平顶山
宁洛高速
许平南高速
焦桐高速
新阳高速
随岳高速
武西高速
南阳北绕城
沪陕高速
大别山

地理位置： 西藏自治区日喀则地区

推荐理由： 历史上有“英雄城”的称号，影片《红河谷》的故事便是以此为背景诞生并在此拍摄。

特色看点： 宗山城堡、白居寺

推荐指数： ▲▲▲▲

交通指数：▲▲

美食指数：▲▲

住宿指数：▲▲

◎ 江孜宗山英雄纪念碑广场

江孜古城

解读江孜古城

西藏历史上的第三大城镇，又被称为“英雄城”，这里曾上演了一幕江孜人民英勇抗击英国侵略者的事迹，至今仍保留着1904年江孜军民保卫祖国领土的抗英炮台。江孜的白居寺是一座名寺，一寺容三派，寺内还有一座十万佛塔。

去江孜之前，对日喀则的这个小镇最感性的认识来自冯小宁导演的电影《红河谷》。亘古的雪山脚下长跪不起的朝拜者，山谷里长流不息的年楚河，爱憎分明淳朴善良的藏族儿女，古老土地上的人们过着他们自己的生活。但是贪婪凶残的英国人破坏了这一切，侵略的炮火在宗山上空响起，宗山军民宁死不屈、保卫家园的反抗随之而起。电影的结尾，最后一个幸存的藏族小伙子格桑用打火机点燃了满地的汽油桶，抱着心爱的姑娘与英国侵略者同归于尽。那悲壮的一幕久久萦绕在脑海中，心中的悲痛、愤怒、压抑和崇敬交织在一起，让我对江孜有了特殊的感情。

那次我们住在宗山饭店，这座饭店的位置实在一流，走廊窗户推开就是宗山城堡的最佳观景台。对于想要拍点能够炫耀的照片而又不大乐意早出晚归的懒人来讲，此处实在是个绝佳的选择。虽然西藏的作息时间很接近我的习惯，但是我仍然不愿意早起。于是，住在这里我可以穿着睡衣推开房门，在走廊中面对朝霞咔嚓咔嚓，然后回房继续酣睡。

江孜城市的气质因这宗山城堡的存在而划上了悲壮的英雄气，赭石山上白墙红顶，这是曾经微缩模仿的小布达拉宫，这是于高处雄视原野坚厚高峻的碉堡工事。100年前，这里回响过枪声、炮声、弓弩声、嘶喊声，这里的山石流淌着勇士的鲜血，一场悲壮的民族保卫战写就了《红河谷》的史诗歌唱。

这是一座没有被旅行者包围的小城，走在英雄路上的人们还依旧遵循着他们原始的生活节奏，我在这里的街头随意拍摄了一些照片，后来每每看到时总有种时光凝滞于此的幻觉，就是那么淡泊平常。藏装的女子在街边卖货聊天的神情，藏餐馆门前的藏文招牌，三轮车远远地驶进落日余辉后的黑暗。我爱这城市的晨昏朝夕，明朗干净、洒意自由，彩霞轻易地洒满天际，英雄城却不轻易哭泣。

江孜白居寺，是我这次在西藏所见的最美丽的寺庙，大殿、佛塔、扎仓、围墙，与宗山城堡遥相辉映，寺内的园圃更是姹紫嫣红开遍，一寺容三派的气度当真不可小觑。只是我在寺门前又被乞讨的小孩子缠住了，不得不说，江孜讨钱的小孩子是我一路上见过最职业的。如果不给钱，他们就会死死地挡在你的镜头前面，愣是不让你拍一幅完整的画面；但如果给了钱，他们就会遵守一

○ 远眺宗山古堡

种默然的承诺，甚至乐于为你服务。比如，我的矿泉水瓶盖子丢了，他们会在垃圾车里翻找一番，试图找一个合适的给我配上。

十万佛塔，内中壁画别有乾坤。带相机进去只收10元，这和桑耶寺内拍照150元的天价相比，实在是性价比超高了。记得在京城智化寺内，有位老者提醒我不要对佛像拍照，他不提任何文物保护的理由，他说那样会对自己不好，即使拍了将来也要在家里供起来。我不是一个虔诚的佛教信徒，但是我信他这话中的善意，我敬这良善的礼佛之心。我不拍摄佛像，可是这佛塔内的壁画太美了，抛开任何宗教信仰的力量，仅仅从纯粹的艺术角度看来，它们也该万世流芳。

77座佛殿，与其说是佛殿，不如说是洞窟，每一座必得弯腰而进，内中空间窄小得架不开三脚架。藏民们匆匆而过，念着经，行礼，抛下1毛钱，继续前行。而我的程序就是咔嚓咔嚓咔嚓，记录那些庄严、祥慈、威武、智慧。不知道有没有出版一本十万佛塔的画册，这些已经斑驳褪色的壁画正在慢慢毁去，即使深锁高塔不见天日，也不能保得时光的永恒，也许记录才是最好的保护。

登上塔顶，脚下俯视的却是一大片密密麻麻的民居，家家屋顶风马飘扬。原来就在城市主干道相距20米的地方竟然还藏着一座城中城，而这里才是真正的江孜古城。

◎ 白居寺佛塔

与其说这是一座古城，不如说是一个村落，并不宽阔的主街石板路上，牛羊的数量远比人多，每一家门口都拴着悠闲的奶牛，有挤奶的妇女正在辛勤忙碌，几个小孩子在学骑自行车。仅仅相隔了几十米，这里的小孩却丝毫没有如白居寺门口职业讨钱者的无理纠缠，他们用一种单纯无邪的目光快乐地注视着陌生的到访者，并且在相机镜头前乖巧地摆好笑脸。阳光如此灿烂，我感觉自己走入了一片桃花源。七转八弯的小路，处处与牛羊狭路相逢，低矮的民居户门紧闭，还是那样原始的土夯房子，用一些零碎的石块加固，偶尔也有几间有着彩绘屋檐和崭新玻璃窗的房屋，屋顶也有电视天线，只唯一不变的还是家家门前那一堵堵厚重的牛粪墙，几百年过去了，牛粪烧火做饭迟迟没有成为历史的定格，斗转星移，世事变迁，牛粪依旧，与时俱进。

这个烈日炙烤的中午，我游走在这片与现代城市格格不入的古老村庄内，迷惘中那些弯曲陡峭的石子小路不知到底能引我向何处，几百年时光轮回倒转，不知我可曾与往世的自己擦身而过。

小贴士/TIPS

交通：日喀则每天有车前往江孜，车程大概1个半小时。

门票：宗山城堡30元，白居寺50元。

作者手记：

1. 虽然日喀则到江孜可以当天往返，但还是建议在江孜留宿一晚，清晨和黄昏才能见到白居寺真正的美。
2. 寺庙门票包括十万佛塔在内，进入佛塔的10元是拍照收费，如果不拍照会被要求把相机留在入口处。但建议携带相机入内，10块钱无限制拍照，跟别处相比实在太便宜了，佛堂内精美的佛像非常值得记录下来。
3. 古堡遗址现在有抗英炮台、抗英勇士跳崖处、江孜宗政府议事厅等景点供游客参观。江孜历史文化陈列馆位于宗山脚下，参观需要另行购票。宗山古堡山脚现在建了宗山广场，立有宗山英雄纪念碑。
4. 建议行前先看一看电影《红河谷》，能对那段历史有更加感性的认识。

日喀则交通旅游图

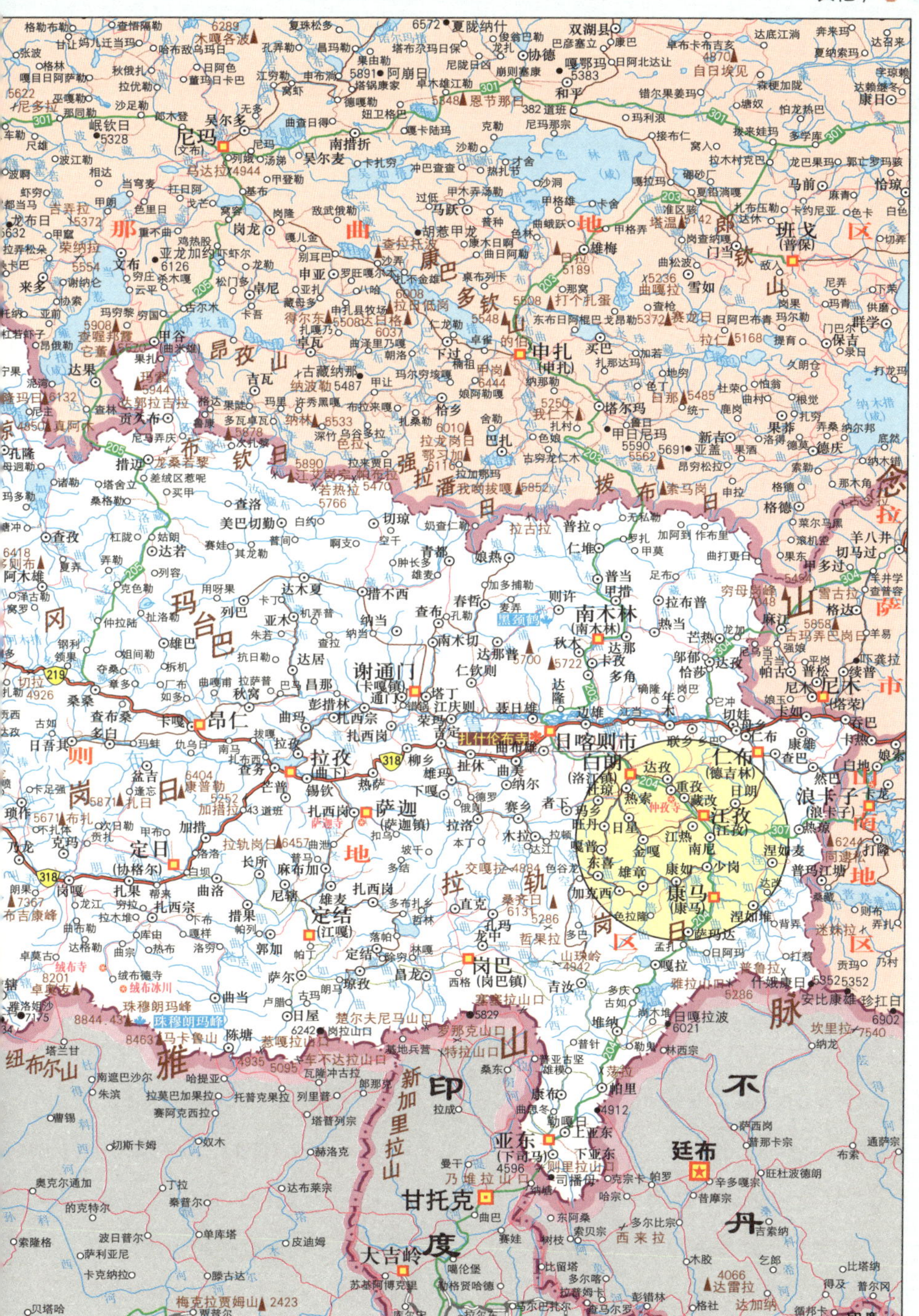

双湖县
夏陇纳什
协德
尼玛
(文布)
班戈
(普保)
那
曲
地
区
申扎
(申扎)
昂孜
康巴多钦山
念
拉
萨
市
南木林
(南木林)
谢通门
(卡嘎镇)
日喀则市
扎什伦布寺
昂仁
拉孜
(曲下)
白朗
(洛江镇)
仁布
(德吉林)
江孜
(江孜)
浪卡子
(浪卡子)
山南
地区
萨迦
(萨迦镇)
定日
(协格尔)
定结
(江嘎)
岗巴
(岗巴镇)
康马
(康马)
亚东
(下司马)
日
喀
则
地
区
冈
底
斯
山
脉
喜
马
拉
雅
山
珠穆朗玛峰
8844.43
纽布尔山
印
度
不
丹
廷布
甘托克
大吉岭
新
加
里
拉
山
乃堆拉山口
318
219
204
307
203
301
205

铺前镇

解读铺前镇

海南岛上最北面的一个镇，三面环海，是当地的侨乡、鱼米之乡。镇上具有南洋风格的胜利街长不过400米，两旁是清一色南洋骑楼建筑，始建于1895年，历经近百年风雨。溪北书院是海南清末著名书院之一。

推荐指数：▲▲▲

交通指数：▲▲▲

美食指数：▲▲

住宿指数：▲▲

地理位置：海南省文昌市

推荐理由：有众多始建于1895年的南洋骑楼建筑和溪北书院。

特色看点：骑楼、溪北书院

铺前镇，海南岛上最北面的一个镇。当年第一代闯荡南洋的文昌华侨，经历了常人难以想象的艰辛困苦，赚到钱就纷纷回乡建大宅。如今，华侨们的血汗就凝结成了铺前老街的古老风景。

班车停靠在铺前汽车站，下得车来，沿公路走出50米，十字路口的一侧便是胜利街，正午的阳光很烈，明晃晃地照在斑驳的墙上，看得人眼睛有些生疼。一条长不过400米的街，两旁清一色南洋骑楼建筑，始建于1895年，历经近百年风雨，有一部分因缺乏保护已显得破旧不堪。斑驳的墙体、残缺的拱券，寂寥落寞中，往日豪宅的气息仍依稀可寻。1840年鸦片战争后的100年间，中国东南沿海的劳工大规模出国谋生，足迹遍及全世界，形成了“海水到处，便有华侨”的格局。据记载，仅清光绪二年至二十四年（1876–1898），从海南出洋的就有24万之众，他们中有一部分人是以自由人的身份去往南洋，但大部分是通过“契约华工”的方式出国，“雾起在南方，雾落在南方，重重迷雾锁南洋”。

如今，那段心酸的历史早已经翻页，唯有残破的骑楼在阳光下静静伫立。

当海风带着咸腥味徐徐吹来，孤独的老人沉默地坐在自家门口独自想着心事，挑担的鱼贩子沿街叫卖却迟迟没有人帮衬生意，老式的理发店店门大开，却不见一个人影，只有风采车在街前不停绕圈兜客，叮叮当当的铃声划破长街的宁静寂寥，只是不知这些骑楼的主人如今身在何处？在他们的身上曾经发生过怎样惊心动魄、心酸曲折的故事？遥想当年，那些衣锦还乡的游子们只将风光的一面带回给家乡，却把沉重的痛苦深深埋在那个久远的年代里，一任岁月的沧桑将其渐渐溶蚀、吞没。

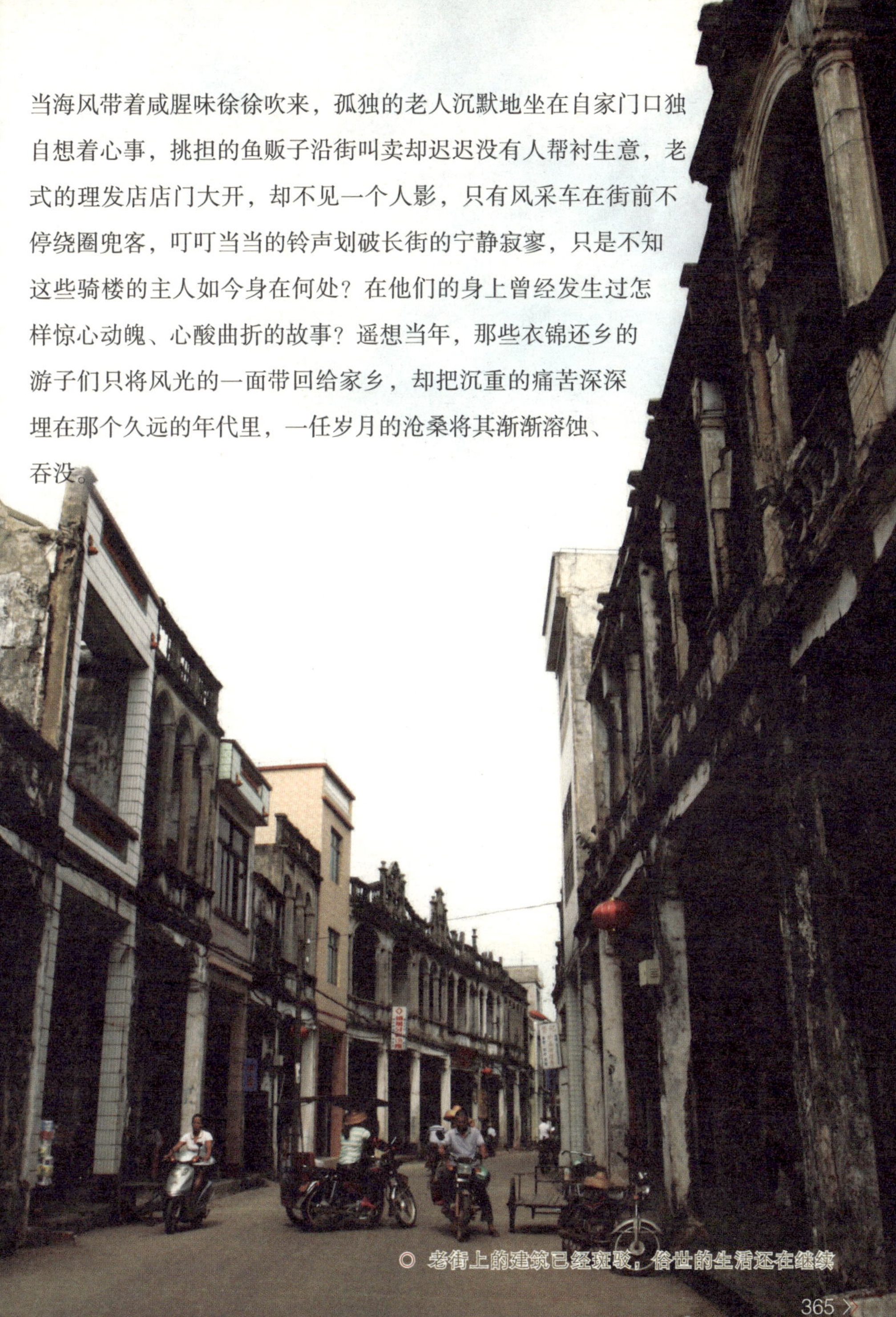

○ 老街上的建筑已经斑驳，俗世的生活还在继续

从胜利街坐上一辆风采车，几分钟就到了溪北书院，书院的隔壁就是铺前文北中学。铺前镇以前的名字叫溪北，因而镇上这座书院就叫溪北书院。我去的时候，文北中学的学生们正在书院的一进院儿里开会，满满一院子书生坐在矮凳上，一棵参天大树团团遮阴，青春的气息和盎然的古意交相辉映。我静静地站在书院门口，仿佛闻到一股浓浓的书卷气。100多年前，这里就曾经书香满溢，那规整的古朴庭院，树下的石桌石椅，工整古拙的匾额，木窗棂透出的点

溪北书院

点光线，空气中似乎隐隐传来上课的钟声，中国式的治学气息，顿时让我肃然起敬。

○ 雅致的窗棂也透出几分书卷气

穿过庭院，是一组四合院式建筑，正堂名“经正楼”，前殿和正殿之间以及东西二廊相互连接，中轴线的两侧和正殿的两翼对称地分布着后配殿和斋舍，殿内设有“讲堂”，这里是书院训导学生的场所，我蹑手蹑脚地走进去，好像一下子就会迎面撞上一个表情严肃的老先生似的。配殿和斋舍已经破败不堪了，门厅荒芜，杂草丛生，有点聊斋中书生栖身的破庙的气息，但其实，那时的学子深夜苦读，必定不是电视剧演绎的那番光景。寂寞枯燥的求学路上，能有这样一座书院接纳，真算是万分幸运。书院门前，是一池碧水，水中开满莲花，映衬着安静而古旧的朱红色围墙。围墙外不远处，便是烦嚣市井，现实世界与精神世界只隔了一条小马路。

小贴士/TIPS

交通：从文昌汽车站乘中巴车可到铺前镇，海口汽车东站有发往铺前的班车。

门票：无

作者手记：

1. 到了铺前，一定要尝一尝“糟粕醋”，这是铺前特产，以酒糟发酵而成的酸醋为汤料，将一些海菜、蔬菜等烫焯之后，用铺前糟粕醋拌起来吃，酸酸甜甜，非常可口。
2. 铺前镇离海南岛最北端的木兰角很近，打摩的30分钟左右车程，那里有一座亚洲最高的航标灯塔，有时间的话可以去看一下。
3. 镇上有一两家小旅馆可供住宿，不过条件都很一般。

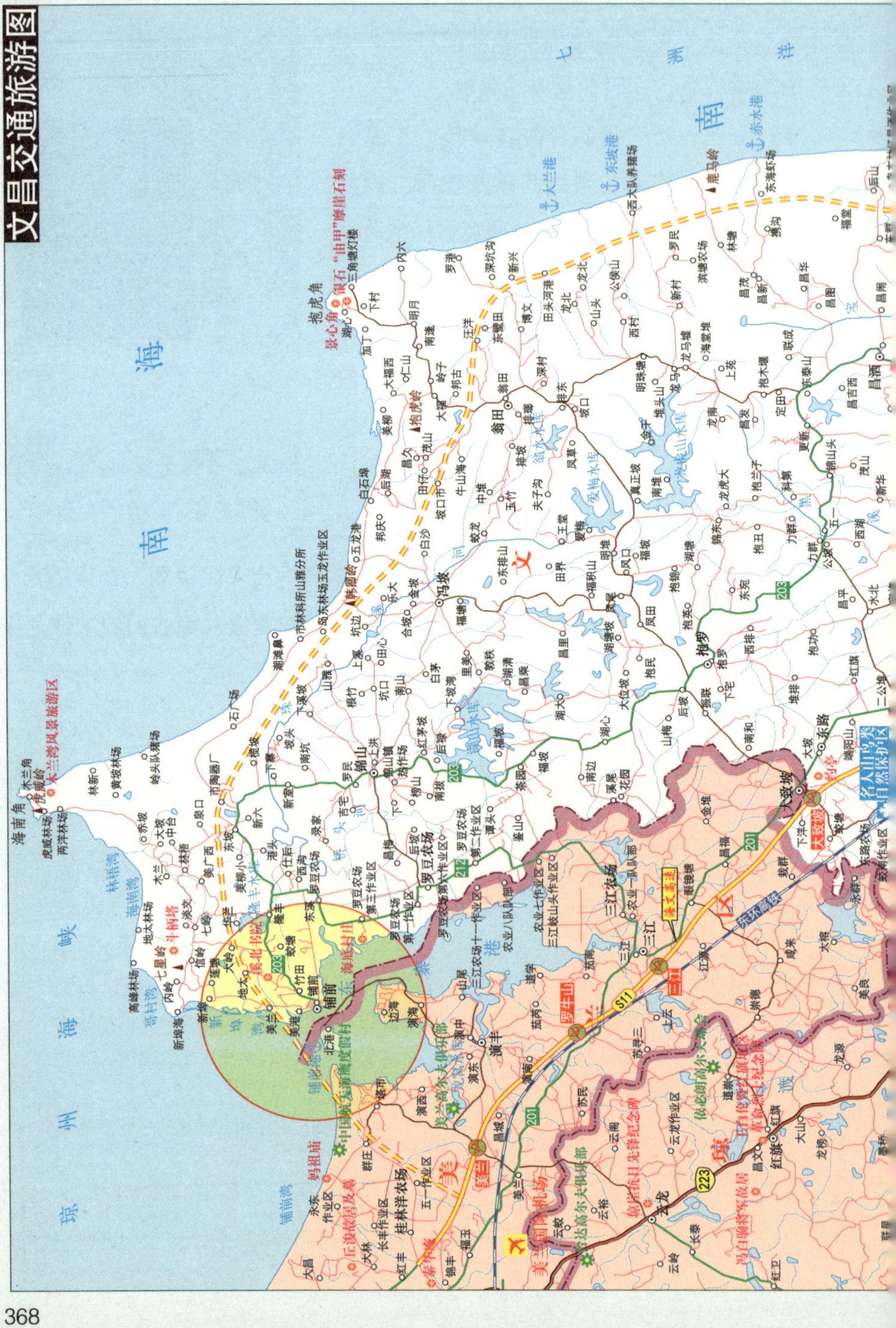

文昌交通旅游图

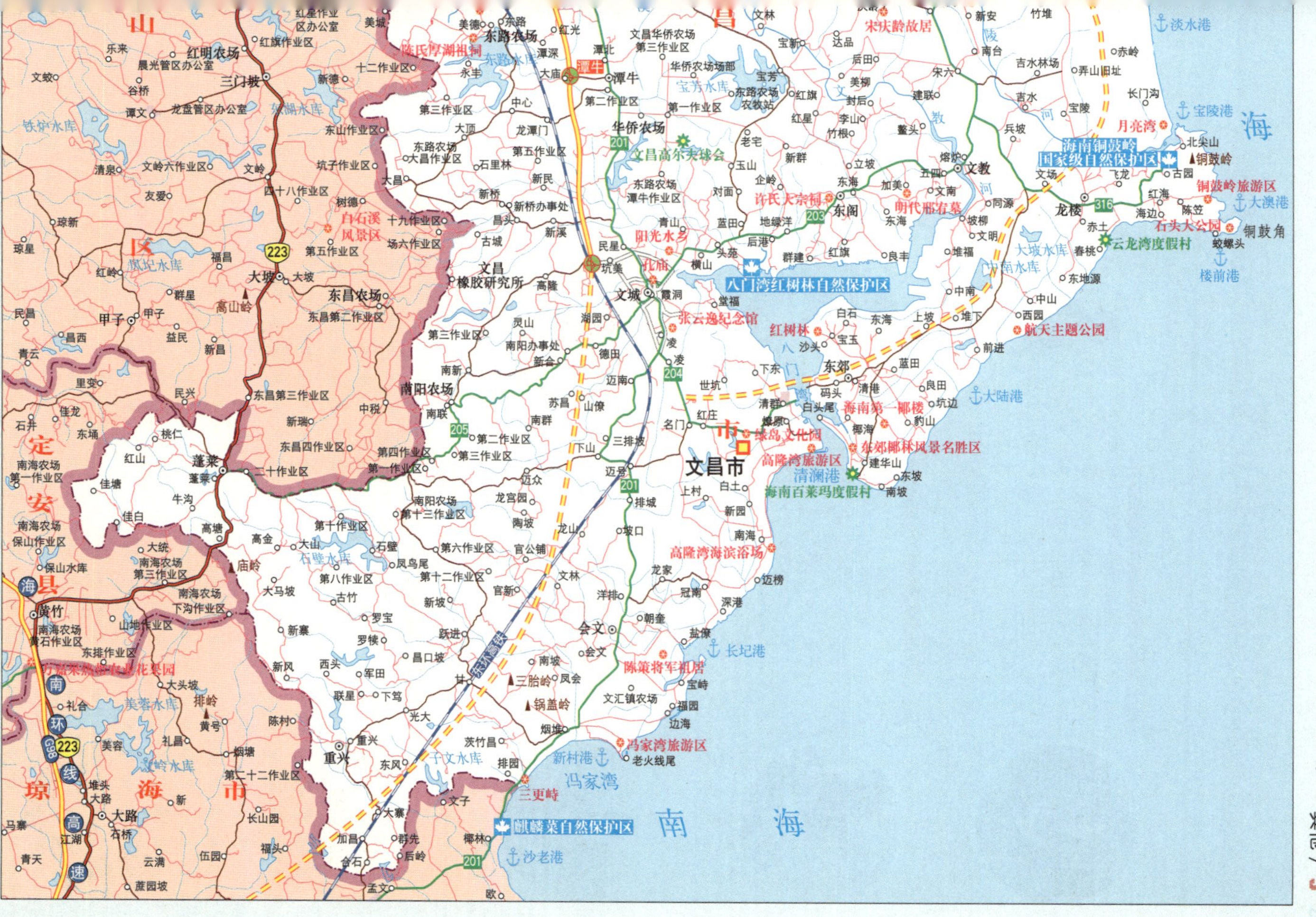
南
海
南
海
文昌市
清澜港
冯家湾
铜鼓岭
铜鼓岭旅游区
铜鼓角
海南铜鼓岭
国家级自然保护区
八门湾红树林自然保护区
麒麟菜自然保护区
月亮湾
石头大公园
航天主题公园
云龙湾度假村
高隆湾旅游区
高隆湾海滨浴场
东郊椰林风景名胜区
海南第一椰楼
海南百莱玛度假村
绿岛文化园
宋庆龄故居
张云逸纪念馆
孔庙
阳光水乡
许氏大宗祠
明代邢宥墓
陈策将军祖居
冯家湾旅游区
文昌高尔夫球会
陈氏厚湖祖祠
白石溪风景区
三更峙
龙楼
东郊
东阁
文教
会文
重兴
蓬莱
潭牛
文城
华侨农场
东路农场
南阳农场
东昌农场
红明农场
橡胶研究所
淇水港
宝陵港
大澳港
楼前港
大陆港
长圮港
新村港
沙老港
三门坡
大坡
甲子
大致坡
黄竹
文昌
昌
陵
山
区
定
安
县
琼
海
市

《最爱古城镇TOP50》主要作者

胡海燕 <<

网名金陵娘子，从事过媒体、广告行业，2000年开始“驴行”生涯。性情淡泊、闲散，无甚大志，但求随心所欲，如闲云野鹤一般欢度短暂人生。著有《最美云南》等书。

王晓雨 <<

酷爱旅行，喜欢行走。在漫漫长路上走走停停，在路上体味成长，在路上学会宽容。著有《湘西旅游圣经》等书。

李霜天 <<

网名梨花香雨。二十多年来，足迹已涉及祖国各地，旅游重心也经历了从久负盛名的名胜古迹，到声名鹊起的自然风景，再到无人问津的乡野之地的转变，如今愈益推崇“美就在身边”的理念。著有《大美山西》。

韩天雪 <<

十余年自助旅行经历，走出自己内心的海阔天空。喜欢享受行走的自由，感受生活的领悟，用文字记录下成长的印迹。著有《十年旅行》。

梅　梅 <<

网名“叮当”，出生于贵州遵义，在厦门度过青春时代，现居北京。曾就职于高校和科研机构，最终选择了自由职业。著有《台北咖啡时光》、《一个人旅行，直到世界尽头》、《最美福建》等书。

王　衡 <<

天平座的女子，喜欢美衣，美食，美景，美人，以及一切美好的事物；热爱行走，热爱自由，以及遥不可及的远方。著有《恋恋四川》。

罗志英 <<

十几年间遍历了国内各省市和港澳特区，寻访了大量的古城、古镇和和古村落。旅途带回来的不仅仅是照片，还有对传统文化的深入了解和深刻感悟。著有《烟雨江南》。

陈玉贞 <<

自由撰稿人，爱吃爱玩爱聊天，有时安静有时热闹，爱聊天，爱撒野。旅行中爱喝酒，爱交新朋友。著有《老上海新上海》。

林秀智 <<

近视眼，偏好蔬菜的杂食性动物，相信科学也相信这世界上无数的未知神秘力量，其中最垂涎的就是可以省下无数时间金钱畅游世界的瞬间移动术。最爱读书与旅行。参与撰写《最美江南》。